南京林业大学经济管理学院资助

微金融
前沿法律问题研究
（第一卷）

喻胜云　原铭敏◎著

知识产权出版社
全国百佳图书出版单位

图书在版编目(CIP)数据

微金融前沿法律问题研究. 第1卷/喻胜云,原铭敏著.—北京:知识产权出版社,2014.12

ISBN 978-7-5130-3162-2

Ⅰ.①微… Ⅱ.①喻… ②原… Ⅲ.①金融法—研究—中国 Ⅳ.①D922.280.4

中国版本图书馆CIP数据核字(2014)第269376号

责任编辑:宋 云　　**责任校对**:谷 洋

封面设计:张 冀　　**责任出版**:刘译文

微金融前沿法律问题研究

(第一卷)

喻胜云 原铭敏 著

出版发行:知识产权出版社有限责任公司　　**网　址**:http://www.ipph.cn

社　址:北京市海淀区马甸南村1号　　**邮　编**:100088

责编电话:010-82000860转8388　　**责编邮箱**:songyun@cnipr.com

发行电话:82000860转8101/8102　　**发行传真**:010-82000893/82005070/82000270

印　刷:北京科信印刷有限公司　　**经　销**:各大网上书店、新华书店及相关专业书店

开　本:787mm×1092mm 1/16　　**印　张**:22.5

版　次:2014年12月第1版　　**印　次**:2014年12月第1次印刷

字　数:367千字　　**定　价**:68.00元

ISBN 978-7-5130-3162-2

序　言

微金融是一个新术语，人们习惯将向小型和微型企业及中低收入人群提供小额度的、可持续的金融产品和服务的活动称为微金融。其实，在当代中国纷繁多样和千变万化的金融活动中，微金融这个概念的内涵和外延很难界定清楚，更难描述清楚。本书对微金融这一颇难定义的新术语做了探索性的研究，提示我们可以从以下四个方面进行理解。

一是从中小企业融资角度来理解。我国存在大量的中小企业，中小企业对中国的经济发展和就业起着十分重要的作用。2012 年我国中小企业融资需求在 16.3 万亿元左右，80% 表现为资金匮乏。其中，95% 的企业从未获得银行贷款，75% 的中小企业贷款需求未能得到满足。❶中小企业融资难、融资贵一直是国家要解决的重点问题之一。同时，中小企业自身存在多方面缺陷，导致其常常难以达到金融机构对正规企业融资的条件和要求。中小企业融资过程中不同于正常规模企业融资过程中的金融现象和金融服务活动，称之为小微金融，或者微金融。不过，对于微金融的理解，不能将之等同于小微金融，“微”不等于“小”，微金融领域涉及资金数量之多、范围之广、影响之大是难以估量的。

二是从民间资本角度理解。我国民间资本总量估计达几十万亿。❷对于民间资本的流转，司法审判的案由为“民间借贷”。在法学界一直有关于“民间借贷”合法性问题的讨论。但是，当法学界还在讨论“民间借贷”的合法性时，现实生活中早已经普遍存在“民间借贷”的现象，而且这一现象已经走向为资金“击鼓传花”的游戏。其实，民

---

❶ 参见“中小企业融资需求难，多地试水‘金融仓储’”，载 http://www.qianzhan.com/analyst/detail/220/131209-cd58cfd7.html。

❷ 参见“30 万亿民间资本遭遇玻璃门”，载 http://blog.soufun.com/30116824/14053608/articledetail.htm。

间借贷已经是我国企业现实生存中不可否认的一种事实，对于其存在的合法性是无须讨论的。为规范民间借贷行为，这些年来，国家从金融风险防范角度采取了一系列疏导措施，尤其是允许民间资本以一定的机构为通道，合理规范民间资本的流转及流向。这些机构的表现形态主要为小额贷款公司、典当行、民间资本管理公司、消费金融公司、村镇银行、农村资金互助社等。这些机构就属于“微金融”机构形态。

三是从影子银行角度理解。我国影子银行主要包括三类：一是不持有金融牌照、完全无监管的信用中介机构，包括新型网络金融公司、第三方理财机构等。二是不持有金融牌照、存在监管不足的信用中介机构，包括融资性担保公司、小额贷款公司等。三是机构持有金融牌照，但存在监管不足或规避监管的业务，包括货币市场基金、资产证券化、部分理财业务等。2008 年国际金融危机表明，影子银行风险具有复杂性、隐蔽性、脆弱性、突发性和传染性，容易诱发系统性风险。在发挥影子银行积极作用的同时，应将其负面影响和风险降到最低。（参见《国务院办公厅关于加强银子银行监管有关问题的通知》国办发〔2013〕107 号）微金融作为影子银行的部分范畴，在具有影子银行的特点的同时，还具有其独有的某些特点。它的无序与庞杂与影子银行的其他范畴相比更为复杂。所以，在理解微金融概念时，更要理解微金融背后资金流转与流向的无序与庞杂，只有这样，才能正视微金融并给予其合理的定位、理解和宽容。

四是从互联网角度理解。网络时代及虚拟世界的出现也创造了微金融。金融借助互联网平台或者手段——最典型的就是借助微信平台——提供金融服务，谈微金融，应当包括这个内容，只是这个内容现在多用互联网金融予以直观表达。

所以，微金融代表的含义在不同角度有不同的理解。微金融不是一个科学的专业词汇，也不是一个专业的学科词汇。微金融是在中国特殊的金融背景下、特殊的时代中具有特殊意义的金融领域称谓。

关于微金融领域法律问题的研究，目前在国内仍属空白。

《微金融前沿法律问题研究》是国内首次对这个领域进行研究的一个阶段性成果汇结。本书具有以下特点：

其一，本书以实证为基础，是作者在实际操作的大量案件基础上所作的经验总结。本书的作者在律师行业业务中一直关注小额贷款公司、担保公司、典当行、民间资本管理公司等的发展，而且接触了大量的这类公司，其业务范围主要集中在这一领域。本书的文章，都是他们在自己实际操作的案例基础上或者为这些非正规金融机构主体提供风险管理的建议的基础上整理成册的。本书中所指涉的问题、案例、政策解读等，都是以大量实证的数据作为分析依据，少有甚至没有缺乏实证数据的文章。实证，是本书的一大特色。

其二，本书以风险管理为核心，是作者在微金融领域法律风险防范可实践操作的经验总结。在金融追求业务增长的同时，风控一直是其管理的核心之一。微金融领域的各金融主体，因为单个规模都比较小，而且人才匮乏，如果像银行等正规金融主体那样建立起整套的风控体系并予以操作，是不现实的。但是，不能因为管理成本太大而忽视风控。风控部门，无论是正规金融主体，还是非正规金融主体，在其营业运营中都起着至关重要的作用。本书的作者在律师业务操作中，抓住风控核心，根据客户的实际需求和客户业务案例操作的具体情形，针对性地利用法律、政策作为依据来设计风控措施。本书便是作者将在实践中已经形成的可操作风控措施整理成文，并汇编成册的。通过第三方平台，以期对微金融领域各金融主体起到系统、理论的指导，是他们努力的一个方向，本书也是他们致力于以微金融领域风控为核心的结晶之一。

其三，本书以政策为基点，是作者因微金融领域法律阙如而对政策的合理分析与解读。在微金融领域，现有的法律体系主要集中在《中华人民共和国民法通则》《中华人民共和国合同法》《中华人民共和国担保法》《中华人民共和国公司法》等。司法实践中，关于微金融领域的借贷业务，已经明确确定的案由为“民间借贷”。但是，从金融角度而言，关于这些金融主体的金融业务的规定，更多的体现为金融政策。这些金融政策主体主要体现为金融监管部门例如小贷公司的银监会、担保公司的经信委、典当行的商务部等。目前，微金融领域金融机构的监管部门已逐步划归于政府部门的金融办。从金融创新的角度，金融办在规范、稳定金融秩序的基础上，是积极支持这些金融创新的。但是，对于这些金融创新，在司法部门存在很多不同的看法。因此，本书在依法分析的前提下，充分解读微金融领域的这些政策，是对这个领域的政策在实践中的贯彻的现实解读。

其四，本书以法理为线索，是作者对微金融领域新现象、新问题而作的法理分析之合理参考。正因为金融创新，所以带来了很多金融创新的问题。例如小额贷款方面，不是简单的资金借贷问题，而是对实体企业起到了融资功能。在典当行业，也存在现有法律规定和典当管理办法相冲突的地方。担保方面，担保公司的有偿担保更是突破了我国担保法所没有涉及的很多问题。对于这些金融创新问题，我们是视为洪水猛兽，还是应当承认并合理规范？如果选择后者，现有的法律框架以及相应的法学原理是否能适应这些金融创新？对此，本书的作者在肯定这些金融创新的同时，也在积极从法学理论的角度分析，为这些金融创新进行必要的法理解释。这也是本书相比于纯实务操作指南之类书籍的理论突破，从法学理论研究角度而言，也不失为起到了抛砖引玉的作用。

当然，本书也有很多不足之处，对政策的解读，以及对金融创新的法理分析，都还有很多不当之处，但在这一领域敢于首先尝试，已经是一种勇气。我们应当肯定、鼓励这种勇气。学问的研究，学术的探讨，都是在争鸣中逐步获得真理的。

作以上言，是为序。

范健

2014 年 6 月 30 日

微金融释义散叙（代自序）

一

世界一下变得“微”小了，世界观察流行的时尚语中，一下子都带了一个“微”字。“微观察”“微语言”“微讲堂”“微采访”“微报道”“微电影”“微视频”“微声明”“微博”“微信”“微议”……似乎所有的话语，若不带一个“微”字，那就证明您是不知从哪个时代穿越到现今时代，而与现今时代格格不入。即使今年的两会期间，各种关于两会的报道，都随处可以见到一个“微”字。现今的整个世界和时代——无论您信与不信——都已浓缩为一个“微”字，历史已用无可辩驳的事实告诉了您，现今已经进入“微时代”。

二

金融，就是高端大气上档次！但金融也是分层次的。像证券、银行、保险、信托、基金等，那是绝对的“高大上”。但这些“高大上”的金融机构，对于个体抑或中小企业的资金需求似乎永远是那么望尘莫及，“高大上”得有点够不着。为解决个体或者中小企业的资金需求，世人创立了“小微金融”。微金融，自是涵盖了“小微金融”的另一别称。中小企业或者资金需求量较少，是对小微金融的量化理解。而中小企业发展的艰难以及符合“高大上”金融机构融资条件的缺失，才是小微金融真正意义的写照。商业银行的中小企业部或者小微金融部，以及（融资性）担保公司，都是为应对这一问题而生，小微金融也是因为这一特殊问题的出现而出现的 。

三

三农问题，即“农业、农村、农民”问题，一直是国家关注的重点问题之一。为解决三农问题中的资金问题，出现了农村资金互助社。农村资金互助社是一种会员制结构，在会员中实行资金互保互借。但是，这一块领域因为缺乏必要的监督和规范，在金融领域出现了很多的风险问题，如借贷资金不还风险、资金管理人跑路风险、资金机构缺乏有效监管风险等。农村资金互助社，不仅在农村存在，城市街道也有很多，尤其是城乡结合的街道，在小贷公司出现之前就已经存在。但是，这些内容毕竟主要是为“农业、农村、农民”之三农问题融资而提出的方案，与“高大上”的保险、银行、证券、信托之类的金融相比，已是边缘得不能再边缘的金融了。所以，将其归类为微金融类，实为“微金融”之“微”字，有边缘、远离之意。

四

民间资本，在总量上是蔚为壮观的，但在资金的流向上是十分无序的。为合理规范、疏导民间资本的无序，民间资金通过设立合法的非银行金融机构，诸如小额贷款公司、典当行、消费性金融公司等方式，来规范、监管民间借贷行为。尽管在这些非银行金融机构的贷款主体中也有些为国有的，但是，既已划归到民间借贷这些算不上“高大上”的非银行金融机构类别，其社会地位甚或法律地位，和“高大上”的金融机构如券商、银行、保险、信托等相比，自然就有些卑微了。所以，微金融的含义，自然是与民间资本尚未入主流之现状等同，也是和“高大上”金融相比较，在社会地位甚或法律地位上具有相对“卑微”之意。

五

民间借贷，本是一件极为正常的事儿，然而在中国却发展得极为

“诡异”。除了诸多的限制之外，还牵连上“非法集资”的高压红线。或许，也正是因为从银行、证券、信托等“高大上”的金融机构融不到资后，才开始转向了民间借贷。当然，民间资本也不甘寂寞，与其把钱存在几乎没有利息的银行而让银行赚取利息差，还不如自己放贷，收取点利息。这本是好事！然而中国的民间借贷已经超出了“民间借贷”的基本含义，变成了资本“击鼓传花”的游戏，尤其民间资本更是玩起了资金的传销。实际上，无论哪类小贷的出现，都离不开民间资本的规范。微金融制度的含义，与规范、治理民间资本的有序是不能完全分开的，中国的民间借贷的含义，已然超出了民间自然人的借贷。很多资金实际上通过民间借贷的形式在掩盖很多目前金融法所限制甚或禁止的圈囿。因此，探讨微金融制度，实际上就是在探讨民间资本制度的改革。

六

“微”，是一个时代的缩影，也是一个时髦的言辞。“微”自然与互联网分不开。从余额宝的嚣张到各大银行与余额宝讨檄，互联网金融已然成为当下的热门话题。而自从微博、微信成为沟通、交流、传播平台以来，大家习惯于在该平台上发布消息。因此，在网络的虚拟空间，微金融与互联网金融有等同之义。虽然互联网金融目前尚处于诟病之态，但是，借助于互联网为金融搭建平台的事实则是不可否认的。此外，对于互联网金融，其致人启迪者，乃是“互联网”思维。互联网思维的含义就是“Think Different”，因此，对于互联网金融来说，也是因为时代的进步，所以金融也出现了不同的革新。而微金融，只是互联网金融在进入“微时代”中与时俱进的一种称谓罢了。

七

因此，“微金融”不是一个科学的专业词汇，也不是一个专业的学科词汇。微金融代表的含义在不同角度有不同的理解。微金融只是时代因为互联网而缩小的金融领域称谓，只是在中国特殊的金融背景下、特殊的时代中具有特殊的意义的金融领域称谓。对于微金融领域的学习和研究，不仅是研究微金融领域的各种现象，更重要的是要研究该领域资金的流动以及对整个金融领域的冲击和影响，防范微金融领域的风险以及整个金融系统的风险。我们致力于《微金融前沿法律问题》，目的便是努力为这一领域做些微薄的工作。我们也恐心有余而力不足，不过既然选择了这一领域，这一领域也选择了我们，即使力量微薄，我们也将长此以往地坚持下去。因研究的不成熟，致使存在很多可争论的观点，也期望社会各界同仁批评指正，我们都将谦虚学习、悉心接受。

喻胜云

2014 年 7 月 10 日

目 录

风控专论

实务创新

担保风控

实证报告

实事评论

互联网金融

诉讼文书

附录
2013 年度微金融领域政策性文件汇编

风控专论

小贷/担保公司风险管理新思维

小贷公司，无论是科技小贷还是农贷公司，其业务范围，虽然相关的法规或者政策有一定的界定，但是事实上，小贷公司的业务范围和银行比较起来，还是有许多特殊性的。小贷公司的业务貌似与银行的业务差不多，主要是借贷业务（有的小贷公司还包括部分担保业务或者投资业务），但是由于业务对象的特殊性，例如中小企业、农户、个体工商户、个人等，其可供抵押物或者担保物会受到法律的或者自然的限制，如果严格按照有效抵押或者质押物保，那么很多业务就可能做不起来。再加上小贷公司内部员工的业务经验、业务专业会受到一定限制，所以，小贷公司业务开展的风险因素要比银行大得多。

由于担保信用的必要，担保公司在企业融资环节起着非常重要的作用。例如，借款人在向银行作借贷融资时，若没有担保公司作保，银行往往要求借款人直接提供担保措施。然而自担保公司出现之后，这种状况发生了变化，银行往往要求借款人寻求信用较好的担保公司作保，而不再需要借款人提供其他的担保措施。这种变化的结果便是，本由银行贷款主体承担的风险转嫁到担保公司的身上，借款人不还款的风险将由担保公司直接代偿，银行贷款主体追偿的风险也因担保公司代偿后而转嫁到担保公司，即由担保公司予以追偿。在实际业务中，担保公司的风险其实更大于银行等金融机构，因为当借款人可以提供信用可靠的担保措施时，银行等金融机构却不需要借款人找担保公司作保，只有当借款人无法提供信用较好的担保措施时，担保公司才参与业务作保，但由此给担保公司带来的风险是更大的。也就是说，在形式上，担保公司承接了银行借贷的风险；在实质上，担保公司承接的风险要比银行直接操作业务的风险更大，因为银行具有业务操作的选择权，而担保公司因为业务发展的需要，其业务操作的选择权是受限制的。因此，担保公司在业务开展中若要盈利，风险控制便是其业务的核心内容。

因此，小贷/担保公司在业务开展中，都没有放松对风险的控制。风险的控制一直是小贷/担保公司业务开展工作的核心内容。然而为什么还是有那么多风险没有办法控制，甚至有的小贷/担保公司感觉业务都没有办法做了？对于小贷/担保公司的风险控制而言，现在大多数小贷/担保公司认为工作可以落到实处的就是做好反担保措施。我们认为，反担保措施的落实只是小贷/担保公司风险管理工作众多方面的一个环节，除了做好具体的风险管理工作之外，对于小贷/担保公司风险管理的工作，在思维上可以进一步开拓。以下便是我们在实践中总结出来的一些经验，供小贷/担保公司的风险管理借鉴。

一是明确风险管理的理念。风险只能控制或者避免，但不能消灭；风险若能消灭，便也意味着没有利润。任何事物都有风险，业务操作的流程归根结底就是控制风险。从管理学角度而言，管理的过程就是控制风险，风险包括市场风险、政策风险、财务风险、自然风险和法律风险。控制住了风险，便意味着公司能够盈利；如果没有控制住风险，那么便意味着经营的失败。面对风险，首先得有一个正确的风险管理理念，就是不要去想消灭风险，更不要奢望有零风险的业务。面对风险，管理层能否有一个基本的态度，也就是公司整体能“hold”住吗？

二是小贷/担保公司的内部治理宜采取团队管理方式。就管理方式而言，主要有两种：一是线性式管理，二是圆桌式或者团队式管理。对于生产性企业处在生产线上的员工，宜采取线性式管理；而对于主要靠人工智慧的工作业务，则宜采取圆桌式管理。人工智慧工作业务，无法将人的工作机械化的工作业务种类，这种工作虽然有分工，但不是流水线上的机械工。例如，公司高管层的管理方式其实就是圆桌式管理，这种管理虽然有分工，但是每一个工作人员的综合素质和综合能力，是生产线上普工无法可比的。

一般而言，小贷/担保公司工作人员有 6 ~ 15 人。就团队管理而言，这也正好是一个团队人数的最佳组合。现在，很多小贷/担保公司的内部治理模式都是参照公司治理模式的，即根据公司业务发展的需要，内部职能部门设置较为齐全，业务分工较为明确，尤其在风险控制上主要采取两种模式：一是将风险控制给予业务员，二是将风险控制责任给予风控部。其实，对于小贷/担保公司而言，经营的是信用，管理的是风险。这种各部门独立工作的线性管理模式很不适合小贷/担保公司。小贷/担保公司宜采取团队的管理模式，整个公司只是相当于其他实业型公司内部的一个团队或者一个小组。也就是说，小贷/担保公司应当让公司的每一个员工都明确，工作的整体核心就是“经营的是信用，管理的是风险”，风险管理不是某一个人的，也不是某一个部门的，而是整个公司的。

三是在业务操作上，应当每一笔业务都作为一个新的案件，对于每一个新的案件都应当量身定做风险防控措施。从公司成本与盈利关系来说，一种商业模式可以不断地反复适用，这是降低成本的有效方式之一。所以，小贷/担保公司在开展业务时，在业务具体操作中决策者都希望有一个可以复制的担保模型，这主要表现为对于公司各种法律文书或者合同模本的依赖，工作人员都是按照流程、模本依葫芦画瓢。其实，这样做的风险是很大的，因为小贷/担保公司的业务合乎规范的不是很多，必须要根据业务的实质来设计方案，在此基础上再起草相应的法律文本，千万不能草率行事。即使对于同一个借款人，在上一笔业务结束后立即开展新的业务，所有的程序也都应该重新走一遍，方案的设计也必须重新思考，不能够在未调查、未思考之前就直接采用上一笔业务的模式予以担保。

四是在事后的监管上不能被动，一旦发现借款人的还款能力有变化，应当及时采取相应措施，而不是非要等到已经出事之后才采用诉讼追偿的方式予以救济。小贷/担保公司甚至可以考虑与资产处理公司合作，或者有自己关联的资产处理公司，对于借款人或者反担保人反担保措施的相应物保有处理保物的能力。这样才能将风险的控制力紧紧抓在自己的手中。切忌将诉讼手段作为化解风险的唯一手段，要知诉讼也是具有风险的。

五是在强调风险控制的同时，一定要有风险分散或者风险隔离的意识。例如，联保反担保措施起到了风险分散的作用，但是对于同行业联保则没有起到风险隔离的作用。浙江出现的同行业因联保而致亏损的风险就是很明显的例子。其中，风险隔离主要在表现在两个领域：一是在业务开展之初担保方案及反担保措施的设置上，可以考虑风险隔离的方式；二是担保业务开展之后，一旦发生可能引起还款不能的风险，可以考虑风险隔离，如借款人的股东发生重大变化而可能引起借款人还款能力的变化，这时可以考虑风险隔离来化解风险。

六是所有的风险最终都会落脚到法律风险。法律风险不是一个独立的问题，而是蕴含在担保业务操作的各个行为之中。一单业务，通常就是三句话和两个问题：能不能做；能做的话，怎么做。法律风险管理贯穿于始终，能不能做的过程必须要考虑法律上能不能做，能否逾越法律障碍，而操作业务必须要有专业律师或者法务人员把关。怎么做，更是需要避免法律风险，在一系列的方案设计中，都要保证法律上过硬。对于这个过程，大到法律方案的设计，小到每一份合同或者每一份法律文件的起草，都需要谨慎处理。法律风险，绝不是等到已经打官司了，找律师诉讼了，才是法律风险。其实，任何一个法律风险在出现诉讼之前都处于潜伏期，等诉讼出现的时候，已经是潜伏期风险彰显出来了。所以，对于法律风险的管理是风险管理中非常重要的工作内容。

七是在法律风险管理模式上，真正走与律所合作模式，以防范风险。与律所合作的模式是小贷/担保公司法律风险管理模式的最佳选择。虽然这种模式的费用相对而言高一些，但毕竟律所的法律综合实力要比公司内部自己组建法律风险管理部门专业得多。除非是大型集团公司，公司内部可以自己组建公司律师部则另当别论。

小贷/担保公司有效防控法律风险模式选择

一、小贷/担保公司法律风险控制部门的设置

无论是小贷公司，还是担保公司，在风险控制内部部门设置上都会设置风控部或者风控中心。根据相关的文件规定，在小贷公司风险控制的人员选择上主要是两个：一是风控经理，二是首席合规官。实践中，很多小贷/担保公司有风控经理，但是没有首席合规官，而是招聘一法务人员，这便是风控部门的人员组成了。

其实，对于风险，除了法律风险外，还有市场风险、决策风险、战略风险及运营风险。对于法律风险而言，我们总是狭隘地理解为没有遵守法律的规定或者合同的约定而可能产生的否定性评价。法律风险除了这种理解外，还应当理解为，任何风险都最后引发为或者表现为法律风险。而这一点，恰是小贷公司、担保公司在业务操作时经常忽视的一个常识性问题。

对于小贷公司、担保公司的风险控制，我们认为，财务与法务的完美结合是比较好的风控模式。而法务这一块，据我们的调研，是很多小贷公司、担保公司在风险防控上做得比较薄弱的地方。法律风险防控的模式主要有三种：一是直接招聘法务人员；二是聘请法律顾问；三是与律师事务所合作。

二、法律风险防控三种模式优劣的比较（见表1）

表1 法律风险防控三种模式比较

	法务人员模式	法律顾问模式	与律所合作模式
薪酬成本	相对较低（公司根据劳动法的规定以及公司的实际情况给付员工薪酬）	比较适中（因律师知名度不一样，顾问费也不一样）	相对于一般法律顾问较高，但是与知名度较高的律师法律顾问差别不大

续表

	法务人员模式	法律顾问模式	与律所合作模式
专业特色	没有专业特色，法务人员在该公司工作时间久了，有一定的专业特色	根据公司聘请法律顾问时是否考虑顾问律师的专业特色而定：考虑，则有专业特色；不考虑，则没有专业特色	律所根据公司的不同需求，组建不同专业特色的律师服务，具有很强的专业特色
工作效率	较低，因为法律调整对象的复杂性，一个或者几个法务人员很难快速通晓相关法律知识并运用相关法律知识	很低，因为法律顾问没有时间为某一顾问单位的非诉法律问题进行研究，往往根据其经验作常识回答	很高，律所律师根据其专业特长以及某领域经验，可快速解决相关法律问题，且团队合作可相互取长补短
工作时间	有保障，作为公司员工，公司有规章制度约束其工作时间	没有保障，顾问律师根据自己的时间与其顾问单位随机约定	有保障，律所有规章制度约束律师的工作时间
工作地点	比较固定，公司内部为员工提供工作地点	不固定，顾问律师在律所虽然有办公室，但是因为经常出差，所以工作地点不固定	比较固定，律所组建的非诉律师团队在律所有固定的工作地点。根据特殊情况需要，律所可以向公司派驻律师至项目结束
工作方式	根据公司内部的规定确定工作方式	非常随意，没有比较固定的工作方式	根据律所内部的规定确定工作方式。律所可以衔接公司内部规定的工作方式
工作便捷	便捷程度很高，作为公司员工，可以随时听从公司安排	便捷程度很低，公司只能与顾问律师提前约定，且顾问律师经常违约	便捷程度略低于公司法务人员模式，但办公电子化解决了空间距离的不便
工作效用	较低，法务人员知识结构欠缺及学习时间的不充分导致工作效用较低	没有效用，顾问律师因没有对具体法律问题的深入研究，很难提出建设性建议	较高，律所律师的专业特长及律师团队人员的专业特长互补，会使工作效用很高

续表

	法务人员模式	法律顾问模式	与律所合作模式
风险防控	法律风险防控很低，法务人员知识结构单一，诉讼经验缺乏，很难有效防控法律风险	法律风险防控很低，虽然顾问律师具有诉讼经验，但因缺乏对具体非诉案件的研究而导致法律风险防控很低	法律风险防控很高，律所组建的律师团队优化了律所律师的各自特长，优化组合的律师团律师包括诉讼律师

根据以上的详细比较，公司法务人员模式的最大弊端是很难招聘到合适的通晓全面法务的人才来全面负责公司所有的法务工作。之所以这样，其原因有二：一是在法务工作中，不存在全面通晓法务工作的人才；二是即使有通晓法务工作的全才，也不可能去做一个公司的法务工作，即使愿意去做，除非公司给予法务工作人员（或者经理）极高的工资，而这一点实践中又几乎很难做到。法律顾问模式的最大弊端是法律顾问很难有时间保证工作的质量。“公司法务人员模式＋法律顾问模式”看似合理，但实践中没有起到整合之后应发生的效果。只有与律所合作模式才是最好的法律风险防控模式，因为这种模式才是真正的“公司法务人员模式＋法律顾问模式”的优化和有机整合，也才会起到应有的法律风险防控的效果。

三、法律风险防控三种模式的选择

法律风险防控的模式主要是三种：公司法务人员模式、法律顾问模式、与律所合作模式。从法律风险模式组合上选择法律风险防控模式，主要有四种方式。

一是不选方式，即小贷/担保公司认为小贷/担保公司的行为没有法律风险，不需要法律服务。这种情况是小贷/担保公司既不需要固定的法务人员，也没有必要聘请法律顾问。如果将来出现了法律问题，再咨询或者聘请相关法律人士（包括律师）来解决已经发生的法律问题。在我国，绝大部分公民和很大一部分小贷/担保公司选择这种模式，这种模式也就是法律术语中经常说的事后调整。

二是单一选择模式，就是小贷/担保公司在公司法务人员模式和法律顾问模式二者中选择其一，小贷/担保公司内部设置了公司法务人员，就不再聘请法律顾问；小贷/担保公司聘请了法律顾问，就不再设置公司法务人员。

三是组合选择模式，因为与律所合作模式是一种新型的模式，所以组合选择模式其实就是公司法务人员模式与法律顾问模式的组合选择，即小贷/担保公司既在公司内部设置公司法务人员，同时又在外面聘请法律顾问。目前阶段，绝大部分小贷/担保公司选择了组合选择模式。

四是选择与律所合作模式。因为与律所合作模式是一种新型的模式，而且这种模式对律师事务所的要求相对较高，所以目前阶段较少有这种模式的选择。

对于以上四种法律风险模式选择，普遍认为组合模式既避免了单一模式选择的各自弊端，也优化组合了公司法务人员模式与法律顾问模式的各自优点，所以绝大部分小贷/担保公司选择了这一模式。但是，实际运作的情况并非我们想象的那么理想。组合模式的实际运作情况是：小贷/担保公司法律风险的防控还是集中在小贷/担保公司内部的公司法务人员上，外聘的法律顾问根本就起不到作用。所以，很多小贷/担保公司抱怨，聘请一个法律顾问，实质上是白养一个人。其实，导致这种结果的原因主要是：组合模式的选择只是最简单的“1+1”模式，小贷/担保公司的公司法务人员和外聘的法律顾问在法律风险防控工作上并没有有机地结合起来。

正因如此，现在很多小贷/担保公司出于多种原因而逐渐愿意选择单一的公司法务人员法律风险防控模式，即强化公司法务人员。强化公司法务人员的唯一路径就是对法务人员的强化，然而现实中，小贷/担保公司强化法务人员却又碰到很多难题，其中最主要的难题是很难招聘到合适的人：令小贷/担保公司满意的法务人员不一定愿意在小贷/担保公司仅做一个法务人员；而愿意在小贷/担保公司做法务人员的，其能力又很难胜任小贷/担保公司法律风险防控的工作要求。其实，现实中仅靠小贷/担保公司内部设置公司法务人员来有效防控法律风险，只有公司规模巨大者或者政府部门才可以做到，因为规模巨大的公司在内部可以设置律师部，由公司律师部的公司律师专门为其提供法律服务。根据我国相关法律规定，公司内部设置律师部的，其实质是在公司内部单独设立了一个“律师事务所”，一般小贷/担保公司达不到法律规定的基本要求。再者，即使公司内部设置了律师部，这种模式恰好就是与律所合作模式的另外一个版本。政府部门可以依靠公司法务人员有效防控法律风险，是因为根据我国的相关法律规定，可以聘用专职的“公职律师”，对此，一般的小贷/担保公司也不具备相关的条件。所以，强化小贷/担保公司内部的公司法务人员对于非巨大的公司（即没有能力设置律师部的公司）而言都不具有可行性。

因此，有效防控法律风险的最佳模式是与律所合作模式。

与律所合作模式，能形成一种独立的、新型的法律风险防控模式，正是对公司法务人员模式和法律顾问模式有机的优化整合，这种模式才真正地既避免了单一模式选择的各自弊端，也优化组合了公司法务人员模式与法律顾问模式的各自优点。

四、与律所合作模式的操作程序

与律所合作模式的操作程序如下：

（1）小贷/担保公司设置其与律所合作的联系人，该联系人可以单独为法务人员，也可以由行政部人员或者人力资源部人员兼任，其主要工作是将小贷/担保公司的法律需求和要求传达给律所，再将律所提供的法律服务成果传达给小贷/担保公司。

（2）律所设置其与小贷/担保公司合作的联系人，该联系人可以是律所律师团的负责人，也可以是律师团中的律师，还可以单独专门设置一个联系人。其主要工作是与小贷/担保公司的联系人进行工作对接。

（3）律所根据小贷/担保公司的法律需求和律所律师的专业特长组建律师团。

（4）律所联系人将小贷/担保公司的法律需求传达给律师团负责人。

（5）律师团负责人组织律师团成员完成小贷/担保公司的法律服务需求。

（6）律师团负责人将法律服务的成果交予律所联系人。

（7）律所联系人将法律服务的成果传达给小贷/担保公司的联系人。

（8）小贷/担保公司的联系人将律所的法律服务成果交予小贷/担保公司的主管人员签字。

以上程序的流程如图1所示。

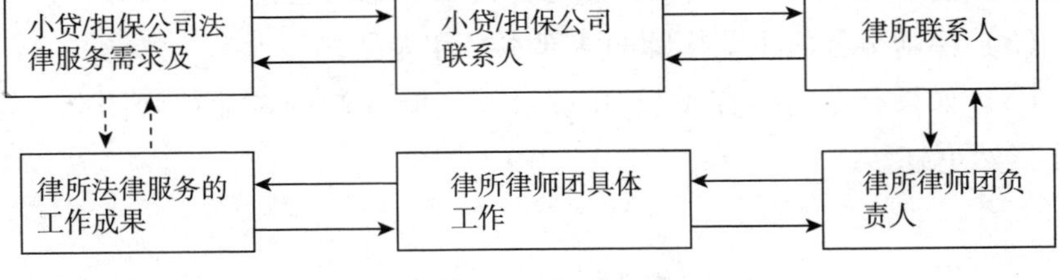

图1　与律所合作模式的操作程序

与律所合作模式相比于其他选择模式，弊端是程序比较复杂；优点是真正起到了法律风险防控的作用，同时也降低了小贷/担保公司法务人员设置的成本。

五、法律风险防控律所律师的选择

单一选择模式和组合选择模式并不强调小贷/担保公司对律师事务所的选择，因为对于这两种模式的选择，如果需要律师服务，主要建立在小贷/担保公司对某一律师的信任上。即使法律顾问模式中，虽然法律顾问合同形式上是小贷/担保公司与律师事务所签订的，但是因为律师事务所律师管理的松散性，在实质意义上还是小贷/担保公司与律师事务所的某一律师形成相应的法律服务关系。

与律所合作模式则必须强调对律师事务所的选择。因为与律所合作模式将小贷/担保公司对律师的信任转化为对律师事务所的信任。小贷/担保公司只需要选择它所信任的律师事务所，至于具体律师的法律服务水平以及律师的人品道德，则完全由律师事务所去选择。如果因为律师事务所律师的原因而导致小贷/担保公司蒙受损失，小贷/担保公司直接去找律师事务所，由此也强调了律师事务所对在其律所执业律师的更高要求。

与律所合作模式下，小贷/担保公司选择律师事务所时参考的主要因素有：

（1）小贷/担保公司自己的法律服务需求；

（2）律师事务所的规模，如果律师事务所规模较小，则很难形成律师团队的优化合作；

（3）律师事务所内部法律职能部门的设置是否齐全，且管理是否规范；

（4）律师事务所品牌，是否为国内乃至国际知名所，因为律师事务所的品牌会直接反映该律所的法律服务能力及道德问题；

（5）律师事务所主要律师的法律水平和人品；

（6）如果有专门研究小贷/担保公司风险控制的专业律师团队，与其合作当然更好。

专业律师在小贷/担保公司风控中的作用

小贷/担保公司作为非正规金融类的主要主体，经营的可谓是银行、证券、保险、信托等金融主体都看不起的业务。农村小额贷款公司的经营范围主要是额度较小的信贷业务，这些业务的主要特点就是额度小，但风险高。科技小额贷款公司的经营范围除了小额信贷业务之外，还有股权投融资，虽然其业务范围与农村小额贷款公司有所区别，但是同时也增加了风险，这也对科技小额贷款公司的人才提出了更高的要求。担保公司，尤其是融资性担保公司，其经营范围涉及凡是可提供担保的业务，对之都可以具体操作，但是，担保公司经营的风险可以说要比小贷公司的风险还要大。可以这么说，小贷/担保公司经营的核心就是风险，这相比于银行经营的核心为信用有很大的区别，尽管银行的风险控制也非常重要。

风险包括法律风险、市场风险、决策风险、战略风险及运营风险。对于法律风险而言，我们总是狭隘地理解为没有遵守法律的规定或者合同的约定而可能产生的否定性评价。法律风险除了这种理解外，还应当理解为，任何风险都最后引发为或者表现为法律风险。而这一点，恰是小贷/担保公司在业务操作时经常忽视的一个常识性问题。

在风控管理上，小贷/担保公司内部都设有风险管理部，风险管理部的组成人员通常包括主任、法务人员和其他职员，风控部由主任负责。在实践中，风控部主任主要由具有财会或者金融学科背景或者从业经历者担任，很少由具有法律背景的人担任。然而在风控措施上，实际上风控部门的人所做的事情恰恰涉及法律内容的偏多，主要就是风控措施、法律手续、各种担保、反担保是否到位。当然，小贷/担保公司除了在内部管理机构中设置风险管理部门之外，外面一般也会聘请一个法律顾问。但是，对于法律顾问的运用，由于多方面的原因，现在普遍都感觉并不良好。由此，很多小贷/担保公司都将风险控制着重于公司的内部职员上。

由此而导致的结果就是，律师在小贷/担保公司风险控制中所起的作用十分渺小。

其实，如果重视律师尤其是专业律师的作用，且用得很好，（专业）律师在小贷/担保公司中的作用是十分巨大的。

概括起来，（专业）律师在小贷/担保公司风控中的作用体现如下：

（1）为小贷/担保公司决策提供依据。无论是小贷/担保公司内部的法务人员，还是外部聘请的法律顾问，如果比较专业的话，都能够很好地为公司决策提供依据。法务人员或者法律顾问在提供决策依据的时候，并不只是将相关法律的禁止性或者限制性规定提供给决策层，而是要根据项目本身参与到决策中去，为公司决策的每一种商业模式操作提供法律分析。如果该项目的商业模式操作存在法律上的风险，法务人员或者法律顾问需要论证还有没有更好的方式来合理规避相应的法律风险。如果经过论证找不出更好的风险可控方式，且风险大于利益预期，则需要建议该项目不宜操作。当然，为小贷/担保公司提供决策依据时，法务人员或者法律顾问不仅仅需要懂得法律，同时还需要懂得项目的操作，并能够将项目操作的内容在法律框架内合理地执行。

（2）专业性问题的法律论证。小贷/担保公司是近年来新型的金融创新制度。对于这些金融创新，很多现有的法律制度是比较滞后的。鉴于创新金融的问题和滞后的法律，就需要专业的律师或者法律顾问进行充分的论证。例如，担保公司为债务人作担保，按照现有的法律规定，担保公司和债务人对债权人（银行等）承担连带责任。但是，普遍的实际做法是基本上都由担保公司先行代偿，而且，担保公司在作担保的时候都会收取保证金。问题是，担保公司是否一定要先行代偿，然后进行追偿？担保公司收取的保证金属于什么法律性质？我国现有的担保法规定是否适用于这类金融创新中出现的问题？碰到这些问题时，都需要专业的且熟悉担保公司行业领域的律师进行专业性的论证。

（3）参与公司的内部治理。小贷/担保公司内部的治理，从结构方面来说还是比较简单的，不像很多实体企业的内部治理那么复杂。但是，小贷/担保公司内部治理的核心目标是风险管理，而且最后落脚点是法律风险管理。所以，专业律师顾问对于公司内部治理具有很好的指导作用。当然，必须是专业的律师，即对小贷/担保公司有较深研究的律师，才是比较好的顾问。

（4）指导公司法务专员的工作。一般而言，法律顾问合同中，法律顾问的一条工作内容就是（协助）草拟或审核公司的法律文书及合同。这部分工作内容，在小贷/担保公司内部主要就是法务专员的工作。对于法律文书或者合同审核，很多公司都是根据事先的模本填写，而专业律师作为法律顾问，再进行一道程序的审核，这对于风险的防范有百益而无一害。同时，专业律师的法律顾问对于项目的意见不仅仅作合同文本的审核，更重要的是对这个项目的整体思路及法律关系有一个相当宏观的把握，而这一点恰是法务专员所不具备的。法务专员如果失去了律师事务所支撑，对工作中很多问题的细节则很难进行较全面的控制。

（5）分享同行业的业务经验。专业律师法律顾问对于同行业出现的问题往往都有一个较深入的研究，对于其他小贷/担保公司的商业运作方式也有较深入的研究。所以，专业律师法律顾问对于同行业的业务经验可以分享。分享的方式就是通过业务培训、经验交流等。一般而言，法律顾问对于顾问单位在一年度内都至少有一到两次的法律知识讲座，因此，专业的律师可以和小贷/担保公司的员工就业务经验进行分享。

（6）可否诉讼的专业分析。在小贷/担保公司开展业务中，诉讼是避免不了的。专业律师法律顾问不仅要对案件提供未来可能性的判决分析，同时就本案件是否马上应该作出诉讼的决定、还有没有其他的办法、诉讼一旦发生后会有什么样的后果等都应该作出比较专业的分析意见，供公司决策层作参考。如果小贷/担保公司经研究决定需要进行诉讼，当然也可以直接委托法律顾问或者法律顾问团队进行诉讼。

（7）其他律师业务。法律顾问身份的前提是，他必须是一个律师。所以，凡是涉及律师业务的内容，基本上都可以咨询自己的法律顾问。律师业务的专业化不是指律师只擅长某一个领域，而是指律师在具备律师基本业务的同时，在某一个领域有比较深入的研究。所以，有关律师基本业务的内容，都可以咨询自己的法律顾问。

一个专业律师，在小贷/担保公司领域所起的作用是非常大的。目前，小贷/担保公司基本上都聘请了法律顾问，但是，该法律顾问是否非常专业则是小贷/担保公司在聘请法律顾问时需要着重考虑的。因为获取专业的法律服务是小贷/担保公司营业中首先要考虑的。

小额贷款公司风险防范应当注意的几个方面

近几年来，随着国家政策的放开和支持，小额贷款公司如雨后春笋般茁壮成长起来。就江苏省来说，小额贷款公司已经将近600家。关于小额贷款公司的主要业务，主要是两个通知明确界定了小额贷款公司的业务范围。《江苏省金融办关于同意农村小额贷款公司开展融资性担保业务的通知》（苏金融办发〔2011〕10号）规定，农村小额贷款公司新的业务范围是：面向“三农”发放贷款、提供融资性担保、开展金融机构业务代理以及其他业务。科技小额贷款公司参照执行。《江苏省金融办关于明确科技小额贷款公司具备开展融资性担保业务资质的通知》（苏金融办发〔2011〕42号）规定，科技小额贷款公司的业务范围是：面向科技型中小企业发放贷款、创业投资、提供融资性担保、开展金融机构业务代理以及监管部门批准的其他业务。根据小额贷款公司的业务范围，无论是借贷业务、担保业务还是创业投资业务，其业务类型都是技术性和风险性很高的业务。小额贷款公司在业务开展中若要盈利，风险控制便是其业务的核心内容之一。

事实上，小额贷款公司在业务开展中很重视对风险的控制。然而为什么还是有那么多风险没有办法控制，甚至有的小额贷款公司感觉业务都没有办法做了？对于小额贷款公司的风险控制而言，现在大多数小额贷款公司认为在风险控制上的工作就是做好尽职调查、签好合同、落实担保措施。我们认为，这些都只是小额贷款公司风险管理工作众多方面的一个环节，对于小额贷款公司风险管理工作，以下便是我们在实践中总结出来的一些经验，供小额贷款公司的风险管理借鉴。

一是明确风险管理的理念。据我们的调研，很多小额贷款公司虽然说业务上要严格控制风险，实际做法却恰恰相反，将“风险控制”只是挂在口头上而并无实质做法。这主要表现在以下方面：

（1）风控部形同虚设。根据要求，小额贷款公司都设置了风控部门，但是风控部门的工作主要是业务之前做尽职调查，业务之后做追偿，在关键的时候并没有起到什么作用。例如，风控部门对业务是否能做应当实行一票否决制，但是在评审委员会中，风控部门几乎没有说话的权利。另外，一旦小额贷款公司的股东或者其他关系人要求贷款时，风控部门就更是靠边站了。

（2）普遍没有首席合规官。根据风控要求，应当设置首席合规官，但是小额贷款公司或许因为降低成本的需要，普遍没有设立首席合规官，有的甚至连法务专员都没有。对于业务的操作，就是根据自己公司早已制定好的各种合同模板或者法律文件进行机械的填写。对于法律方面的风控几乎是空白，由此也失去了很多业务机会。

（3）有的小额贷款公司甚至搞总经理承包制。即公司的业务及风控全部由总经理一人把控，公司内部的管理就是总经理一人的一言堂。这类小贷公司，潜在的风险十分巨大。

（4）公司业务员缺乏对风控的正确认识。业务员找来业务当然不容易。业务操作过程中，一旦风控部门否决其业务时，业务员便意见很大，甚至有的公司的业务员游说公司评审委员会的相关人员，以便其此笔业务通过评审委员会审核。

（5）风控部门的人不专业、无经验。对于风控人员的要求，主要集中在三个方面：一是懂财务金融，二是懂相关法律，三是有必要的业务经验。有的小额贷款公司的风控部门人员，不要说业务经验了，就是起码的专业知识都不是很懂，还谈什么风控呢？

所以，关于风控理念，不仅仅是小额贷款公司风控部门事情，而是整个小额贷款公司都要有风控理念。另外，小额贷款公司对于风控的理念还需要明确，风险只能控制或者避免，但不能消灭；风险若能消灭，便也意味着没有利润。

二是小额贷款公司的内部治理宜采取团队管理方式。小额贷款公司的内部治理都是千篇一律式的，都是相互照搬照抄式的。小额贷款公司工作人员一般有 6～15 人。就团队管理而言，这也正好是一个团队人数的最佳组合。现在，很多小额贷款公司的内部治理模式都是参照公司治理模式的，即根据公司业务发展的需要，内部职能部门设置较为齐全，业务分工较为明确。尤其在风险控制上主要采取两种模式：一是将风险控制给予业务员，二是将风险控制责任给予风控部。其实，对于小额贷款公司而言，经营的是信用，管理的是风险。这种各部门独立工作的线性管理模式很不适合小额贷款公司。小额贷款公司宜采取团队的管理模式，整个公司只是相当于其他实业型公司内部的一个团队或者一个小组。也就是说，小额贷款公司应当让公司的每一个员工都明确，工作的整体核心就是“经营的是信用，管理的是风险”，风险管理不是某一个人的，也不是某一个部门的，而是整个公司的。

三是在业务操作上，业务单一，没有针对客户的实际情况合乎实际地设置风险控制方案。对此，应当是每一笔业务都作为一个新的案件，对于每一个新的案件都应当量身定做风险防控措施。为了控制风险，很多小额贷款公司的业务非常单一，例如，有的小额贷款公司必须要有房产抵押才能做，或者有的小额贷款公司想像银行那样设置金融产品，但是因为金融业竞争的激烈以及小额贷款公司自身实力的局限，从设置金融产品角度普遍都不理想。就公司成本与盈利关系来说，一种商业模式可以不断地反复适用，这是降低成本的有效方式之一。所以，小额贷款公司在开展业务时，决策者都希望有一个可以复制的担保模型。然而因为小额贷款公司业务对象的局限，模式化的产品设置很受局限。所以，对于小额贷款公司的业务，应当是根据客户的客观情况，设置适合于每一个客户的具体模式，决定是否放贷，并设定合乎实际情况的风控方式，且用规范的法律文件固定下来。在具体业务操作中，过于依赖公司现有的各种法律文书或者合同模本，工作人员都是按照流程、模本，依葫芦画瓢，这样做的风险太大了。因为小额贷款公司的业务合乎规范的不是很多，必须要根据业务的实质设计方案，在此基础上再起草相应的法律文本，千万不能草率行事。

四是事后的监管上不能被动，一旦发现借款人的还款能力有变化，应当及时采取相应措施，而不是非要等到已经出事之后才采用诉讼追偿的方式予以救济。对于小额贷款公司而言，利用诉讼方式追偿，胜诉一般不是问题，问题主要在于：一是债务人或者担保人有偿还能力；二是如果以物抵债，则物能够及时变现。所以，对于小额贷款公司而言，对于事后的救济，能采取的措施也不是单一的诉讼方式，而应综合考虑什么样的方式能够最大地实现以金钱方式偿还债务。这就要求事前的尽职调查尽量完善，同时根据尽职调查的情况，设置合法合理的操作方案。只有这样，才能在一旦债务人债务恶化的时候采取恰当的方式，实现风险防控。对此，小额贷款公司甚至可以考虑与资产处理公司合作，或者由自己关联的资产处理公司来处理借款人或者担保人担保措施中的相应抵押物或者质押物。这样才能将风险的控制力紧紧抓在自己的手中。切忌将诉讼手段作为化解风险的唯一手段，要知诉讼也是具有风险的。

五是小额贷款公司在强调风险控制的同时，一定要有风险分散或者风险隔离的意识。例如，联保担保措施起到了风险分散的作用，但是对于同行业联保则没有起到风险隔离的作用。其中，风险隔离主要在表现在两个领域：一是在业务开展之初担保方案以及担保措施的设置上，可以考虑风险隔离的方式；二是担保业务开展之后，一旦发生可能引起还款不能的风险，可以考虑风险隔离，如借款人的股东发生重大变化而可能引起借款人还款能力的变化，这时可以考虑风险隔离来化解风险。

六是小额贷款公司对国家产业政策、国家金融政策、最新法律法规要随时了解，并做到未雨绸缪。和银行比较起来，这方面的风控上，小额贷款公司是相当滞后的。例如，对于国家产业政策，对于淘汰型的行业性风险，小额贷款公司几乎没有感觉，虽然道听途说这些风险，但是在采取风险管理措施上几乎没有什么办法。再如，对于国家金融政策的变化，小额贷款公司也是几乎没有感觉，如最近国家一系列金融政策的变化，小额贷款公司对此几乎没有感觉，在如何应对这些政策、调整小额贷款公司的业务及创新上都是十分被动的。对此，小额贷款公司要么依赖其他机构通过培训获知相关信息和知识，来达到防范此风险的目的，或者是小额贷款公司自己内部研究这些政策带来的风险，实现有针对性的业务创新。

小额贷款公司业务操作风险防控

中国银行业监督管理委员会和中国人民银行《关于小额贷款公司试点的指导意见》（银监发〔2008〕23号）第4条规定："小额贷款公司应遵循国家法律、行政法规，执行国家金融方针和政策，在法律、法规规定的范围内开展业务，自主经营，自负盈亏，自我约束，自担风险，其合法的经营活动受法律的保护，不受任何单位和个人的干涉。"指导意见明确指出："小额贷款公司应建立健全贷款管理制度，明确贷前调查、贷时审查和贷后检查业务流程和操作规范，切实加强贷款管理。小额贷款公司应加强内部控制，按照国家有关规定建立健全企业财务会计制度，真实记录和全面反映其业务活动和财务活动。"

小额贷款公司业务操作风险防控主要表现在以下方面。

一、贷前调查的风险防控

对借款人的贷前调查是防范风险的前提。针对自然人或法人，调查的内容不一样。

1. 针对自然人的调查

小额贷款公司对于要求自然人提供的资料，都应该据实核查：

（1）应具备的条件（年满18周岁、资信良好、无重大慢性疾病、无不良经营记录、无吸毒赌博等嗜好、可信的贷款用途、经营项目不少于30%的自由资金）。

（2）应提交的基本资料（身份证、户口簿、婚姻状况证明、重要专业资格、收入及财产状况证明、真实住址的费用单据、经营的证据、抵押物所有权证明等）。

（3）对资料的审核要点（材料是否齐全及有无矛盾、是否有效、真实性与可靠性、是否具有相应资格）。

（4）获取相关口头证据。

（5）实地调查（外围调查、以往还款信誉调查、生产生活及经营状况调查）。

2. 对法人申请借款人的调查

（1）对贷款申请人经营发展历程情况的调查。

（2）对贷款申请人的设立情况及现有资本的调查：检查其验资报告、投资协议、资产评估报告、政府对特殊行业的设立批复、营业执照、工商注册登记表、贷款申请人的章程等；关注其股权是否存在相应的质押、诉讼冻结等情况；检查其是否已产生纠纷，或评估是否存在潜在纠纷的可能性。

（3）对贷款申请人股东进行调查：调查股东的背景与实力；了解其主要股东与其所处的行业是否相同或近似。

（4）对贷款申请人的组织结构进行调查：贷款申请人的组织结构是否完备、合理，以及分工是否明确，在很大程度上影响着贷款申请人经营的效率与效果。

（5）对贷款申请人的生产规模进行调查：贷款申请人的经营规模是否恰当，应该与其所处的经营环境及行业要求相匹配；主要从其净资产规模、资产规模与结构、员工人数、销售规模、经营门店（场地）规模、用电量规模等方面进行调查。

（6）对贷款申请人的内部控制进行调查：了解其实际控制人与关键管理人员的管理理念和风格；授权程序的科学性和责任划分的明确性；人事政策与人员素质。

（7）对贷款申请人的性质进行调查：分析贷款申请人的股东是以法人股东还是自然人股东为主；法人股东是国有还是民营，是否有外资成分；贷款申请人是自然人还是个人独资企业、合伙企业、有限责任公司或者股份有限公司；性质不同，申请人承担的民事责任不同，以此来设计适当的贷款产品及担保措施，从而更科学地防范和控制相应的风险。

（8）对贷款申请人重大事项的调查：重大事项是指该事项发生的结果往往对贷款申请人的还款能力有重大影响，甚至直接影响到贷款申请人的持续经营能力。这主要包括：违反法规的事项（税法、环保法、市场竞争法等）；重大的或有事项（未决诉讼或仲裁，未决索赔、税务纠纷，债务担保，产品质量保证事项，重大财务承诺事项等）；隐形债务；重大的项目投资事项；贷款申请人取得或丧失重要合同；重要的关联方及关联交易；自然灾害等。

（9）对贷款申请人持续经营能力的调查：如贷款申请人的经营信息、财务信息及其他情况；四种容易倒闭的贷款申请人类型：其所处的经营环境持续恶化、缺乏管理经验或缺失战略优势、贷款申请人与其利益相关者的关系恶化、贷款申请人过度乐观或重大疏忽。

（10）对贷款申请人特殊优势的调查：吸引贷款申请人的产品、服务，独特的经营位置与场所，具有地理优势；具有经营活动所需要的先进技术、技能与资源；与供应商、分销商、重要贷款申请人是否形成特殊的良好关系；是否能对现有成功的商业模式进行复制；当地是否有政策能促进其所在行业的发展；具有成本比较优势。

（11）对贷款申请人的资源和能力的调查：资源包括有形资源和无形资源；能力包括组织资源的能力、管理能力、研发能力、营销能力、财务能力等。

二、贷时审查风险防控

小额贷款公司在完成前述调查后，便进行贷时审查。在贷时审查时，主要可以分为三个组别予以审查：一是市场行情的审查，即对贷款申请人的市场前景、生产能力、可持续发展能力进行审查；二是财务组别审查，主要对贷款申请人的财务情况及未来现金流量进行审查；三是法务组别审查，主要是对贷款申请人的所有文件的合法性及其现有的行为在未来产生的法律效果进行审查。在对这三个组别分别审查后，作成报告，提交小额贷款公司决策层商议决策。同时，由法务组别完成所有的合同文本及相关的法律文件。

三、贷后检查

小额贷款公司在贷后检查中力求早日发现风险隐患，对重大问题及时提出预警报告，并采取相应措施降低风险。检查内容主要如下。

（一）基本情况

主要检查贷款申请人的主体资格是否仍然有效，包括：

（1）营业执照是否经过工商行政部门或主管部门年检合格；

（2）贷款卡是否经中国人民银行年审通过，同时应检查贷款登记记录；

（3）贷款申请人是否正常纳税；

（4）贷款申请人的名称、公章、财务专用章、法人代表及高层管理人和股东是否变更或准备变更；

（5）贷款申请人经营组织形式是否变更或准备变更；

（6）贷款申请人的资本结构是否变更或准备变更；

（7）贷款申请人的经营范围是否调整或准备调整。

对于以上几点，都应分析其变更或调整的主要原因，以及其对小额贷款公司信贷资金安全的影响程度。

（二）经营状况

通过了解贷款申请人所在行业和企业内部各类因素的变化对贷款申请人生产经营的影响，分析贷款申请人经济效益和还款能力的变化状况和趋势：

（1）国家对贷款申请人所在行业和主产品相关法律、政策的调整及其所产生的影响。

（2）贷款申请人所在行业的特点对贷款申请人的经营产生何种影响，该行业处于何种发展阶段，行业经济周期与国家、国际经济周期的关系，以及行业的经济和技术环境。

（3）贷款申请人在行业中的地位，行业排名及占有率的变化。

（4）贷款申请人生产用主要原材料的供应渠道的变化情况，以及其对正常生产经营的影响程度；产品市场价的变动及其对经济效益的影响程度。

（5）贷款申请人生产是否正常运行，机器设备是否满负荷运转。

（6）贷款申请人产品占有率的变化情况，检查贷款申请人与主要供应商及销售商之间的供销合同及结算凭证，了解贷款申请人真正的生意伙伴及销售业绩。

（7）贷款申请人的上下游企业集中程度和贷款申请人对他们的依赖程度。

（8）贷款申请人生产的产品（服务）被其他产品（服务）替代的可能性。

（9）贷款申请人生产技术、产品开发状况。

（10）其他经营状况。

四、经贷后检查，出现的预警信号

（1）已拖欠到期的本金或利息。

（2）贷款申请人在银行的信贷风险分类结果下调一级。

（3）无法解释的应收款与存货增加。

（4）产品过于集中。

（5）债务增长迅速，特别是短期信用贷款的增长超过正常生产经营的需要。

（6）销售额增长，但利润减少。

（7）产品严重积压滞销，长期停工停产。

（8）净现金流量大量减少或出现负值，不足以支持正常业务。

（9）关联企业间非正常地大量转移资金。

（10）企业出售、变卖主要的生产、经营性固定资产。

（11）坏账损失增加。

（12）转盈为亏，亏损额呈逐步增加的趋势。

（13）长期严重亏损或资不抵债。

（14）已经或准备申请破产或清盘，以及正在破产清算。

（15）发生了造成重大损失的安全事故、泄露事件，或出台重大人事调整等，可能或实际已经严重影响企业生存发展和债务清偿能力。

（16）股票价格相对于市场发生重大变化。

（17）准备实施重大的经营政策。

（18）兼营不熟悉的业务，或在不熟悉的地区开展业务。

（19）国家出台了不利于企业的法规政策。

（20）私营和外商独资企业业主突然出国、死亡或失踪。

（21）涉及重大法律诉讼、仲裁或重大经济纠纷，不能正常经营和还贷。

（22）准备进行兼并、收购、分立、股份制改造、资产重组等重大改制。

（23）所属行业或与之相关的行业的经营策略出现较大的调整。

（24）对外提供大额的担保，接近或超过自身的承受能力。

（25）贷款申请人和担保人资产大量被抵押。

（26）金融机构，特别是曾提供较大额度授信、历史较长的国有商业银行突然退出。

（27）信贷业务用于建设的项目被取消或停缓建。

（28）信贷业务用于项目的建设条件、技术条件、产品市场发生重大变化。

（29）担保人出现财务风险或支付风险。

（30）未经本公司同意，擅自处理抵（质）押物的。

（31）无法与贷款申请人取得正常联络。

（32）对检查中发现的问题和纠正意见持不理睬或应付态度。

（33）无正当理由而拒绝接受本公司担保检查或对例行检查应付了事。

（34）无正当理由而不按时报送财务报表，经多次提醒却不纠正或敷衍了事地应付。

（35）持续向银行及本公司提供虚假财务报表等经营信息，或者隐瞒重要事实的资产负债表、损益表等财务资料，并以难以自圆其说的理由进行搪塞。

（36）因违法违纪受到税务、海关、工商等部门的追究和处罚。

（37）因较为严重的不良行为而被新闻媒介披露。

（38）长期（1 年以上）或者有意拖欠贷款和利息，信誉极差。

（39）以兼并、分立、承包、租赁、股份制改造、与其他经济组织合资或合作、假破产、藏匿和转移资产等形式悬空或逃避银行债务。

（40）多次不按贷款合同规定的贷款用途使用贷款，逃避银行和本公司监督，将大量贷款挪作不正当用途，以及从事违法等活动，或者本公司要求其改正上述不正当行为而拒不改正的。

（41）企业及其核心管理人员违法乱纪、走私贩私、商业侵权、贪污，以及生产经营假冒伪劣产品。

（42）被吊销（或停止使用）贷款证、法人营业执照、专营权、主导产品生产许可证，或被勒令停产整顿，被查封、冻结资产。

（43）贷款申请人被外管局、人民银行等权威机构列入黑名单或取消其有关经营资格。

（44）发现银行开出的银行承兑汇票、信用证、保函无真实的贸易基础。

（45）超常规地连续开立金额较大的银行承兑汇票、信用证、保函。

小额信贷风险管理20语词释义

1. 信用风险

信用风险也称违约风险，是指债务人或交易对手未能履行合同所规定的义务或信用质量发生变化，从而给债权人造成经济损失的风险。小额信贷信用风险的主要表现形式为借款人还款能力的降低、还款意愿的变化或者恶意欺诈逃债等道德风险。信用风险是小额信贷存在的最大风险。

2. 市场风险

市场风险也称系统性风险，是指因客户所经营项目或企业受到市场价格或市场环境变化的影响，导致客户经营遭受损失而无法偿还贷款的风险。

3. 经营风险

经营风险是指由于企业经营的不稳定性或经营能力导致企业不能持续经营而带来的风险。

4. 自然风险

自然风险是指因发生自然灾害，直接或间接给企业带来经济损失，从而使企业失去还款能力。特别是与农产品相关的和灾害频发地区的行业，更易受自然灾害的影响。对企业来讲，自然灾害的影响一般都是间接的，大部分自然灾害的影响可以通过财产保险来转移风险。但对于从事传统种养殖业的农户而言，其对自然条件的依赖性极强，如降雨、日照、季节等因素，一场严重的自然灾害可能造成农户的巨大损失，导致农户很高的违约率。

5. 政策风险

国家宏观经济政策调控使得部分行业或产业面临调整或关闭，从而影响该行业及相关行业。随着行业调控重要性的不断加强，那些涉及环境污染或耗费能源的行业将被压缩或关闭。

6. 法律风险

法律风险指小额信贷机构签署的各种合同因不符合法律规定或得不到法律保护而造成损失的风险。目前关于贷款和担保的法律很不完善，执法环境也存在一定问题，故法律风险很大。

7. 流动性风险

流动性风险包括小额信贷机构资本的流动性和变现性。正常业务要有足够的现金流，一旦出现坏账和损失时要有足够的现金寸头；也包括担保资产的变现性，否则将严重影响小额贷款公司的信用水平和经营能力。

8. 利率风险

利率风险是指由于市场利率波动而造成小额信贷机构持有资产的损失和对其收益产生影响的金融风险。

9. 操作风险

操作风险是指小额信贷机构因信贷管理系统不完善、管理失误、控制缺失、诈骗或其他一些人为错误而导致信贷资产的损失。操作风险直接与小额信贷机构的信贷管理体制有关，一旦发生，引起的损失可能非常巨大。

10. 风险诊断

风险的诊断是小额信贷风险管理决策的第一步，也是至关重要的一环。信贷员必须善于发现、预见、捕捉客户在经营过程中面临的各种潜在风险。

11. 风险矩阵

风险矩阵是描述风险及其发生频率和强度的图式，来源于自我评估结果或风险损失事件的数据，可以提示内在风险和经过控制后的风险。横坐标表示风险发生的可能性，纵坐标表示风险一旦发生的影响程度，而所有的贷款业务都可以被置于这张图中。

12. 风险敞口

风险敞口是未加保护的风险，指因债权人违约行为导致的可能承受风险的信贷余额。

13. 风险分散

风险分散是指小额信贷机构总体风险分配不能过分集中在少数企业或少数行业中，而应尽量分散在相关性很低的众多企业中，这样，小额信贷机构的总体风险才可明显降低。

14. 风险对冲

风险对冲是指小额信贷机构通过衍生产品来冲销潜在的风险损失的一种风险管理策略。风险对冲是管理利率风险、汇率风险、股票风险和商品风险非常有效的办法。

15. 风险转移

风险转移主要是指小额信贷机构通过与担保公司、中介公司合作，转移客户风险。在转移风险时，必须按风险递减原则转移风险。

16. 风险预防

风险预防是指在损失发生前为了消除或减少可能引发损失的各种因素而采取的一种风险处理方式。

17. 风险预警

风险预警是一个系统的名称，全称为“风险预警系统”。风险预警系统实际上就是根据所研究对象的特点，通过收集相关的资料信息，监控风险因素的变动趋势，并评价各种风险状态偏离预警线的强弱程度，向决策层发出预警信号并提前采取预控对策的系统。

18. 风险补偿

风险补偿是指小额信贷机构应建立准备金制度。为了应付未来可能发生的损失或亏损，小额信贷机构应在正常经营活动范围内计提一定比例的呆账准备金。

19. 风险考核

风险考核是指为了使员工更好地遵循相关法律、法规、规章、政策及公司制定的各项制度与流程的要求，使公司各项业务和管理工作更好地合规、合程序地进行，减少甚至避免相关员工在业务处理与各项管理活动中因道德不良、疏忽大意、技能生疏等原因而产生相应的道德风险与操作风险，而按照既定的风险考核标准对员工的相关风险与违规行为进行考核的活动。

20. 风险管理

风险管理是指如何在一个肯定有风险的环境里把风险减至最低的管理过程。风险管理包括对风险的量度、评估和应变策略。

实务创新

民间借贷的商业模式归纳

1. 化整为零模式

简介：根据小额贷款金融政策的要求，一般要求小额贷款公司坚持额小、分散的原则。而为了规避这一政策要求，小额贷款公司对同一贷款人通过跨月或跨季的形式分割同一贷款项目，或者将同一贷款项目发放给几个关联贷款人，变相发放大额贷款，规避贷款额度限制。

2. 变相提高利率模式

简介：根据司法解释规定，民间借贷中，利率不得超过同期银行贷款基准利率的4倍。为收取较高甚至更高的利息，贷方往往同时还额外收取咨询费、风险评估费、财务顾问费等所谓的“管理费”，来规避司法解释中规定的同期银行贷款基准利率4倍的限定。

3. 化零为整模式

简介：民间借贷中，为满足大额资金的需求，贷方例如典当行、抵押贷款中介公司、投资管理公司等中介机构便聚集闲散资金“化零为整”，提供给借款人，自己则从中赚取利差或获取担保费、中介费。然而这种方式下，贷方在聚集资金时也是通过民间借贷的方式实现的，因此一旦贷方不能收回借出去的资金，则会转化为非法集资。

4. 民间标会、互助会自发信用融资模式

简介：标会由发起人（称会头）邀请若干人（称会脚）参加，约定时间按期举行，每次各缴一定数量的会款，轮流交由一个人使用。在会头优先无偿使用第一次会款后，以后按期由愿意付一定利息的会脚把汇款标走。不需要钱的人可以吃到这份利息，标到钱的人又在自己承受范围之内支付一定的利息，可以说，这是一种民间互助的理财方式。标会、互助会通过零钱积整、资金筹措和获取利息收益的功能参与民间借贷。

5. 及时处分借款人财产模式

简介：这主要是贷方为了将来实现债权而采取的必要措施，主要是一些担保公司或员工在与借款人订立借款合同、担保合同时，同时要求借款人签署一系列空白凭据、单证、委托授权书、行使抵押权的申请书等法律文件，以方便其随时处分借款人的财产。而对于这种方式在实践中是否会获得法院的认可，不同地区的法院有不同的认可方式和认可程度。

6. “中间人”借贷模式

简介：中间人细分为两种：一种是“中间人”依靠私人关系放贷。“中间人”一般是在朋友圈中比较活跃的女性，人际关系广，而且在长期的“从业经历”中被证明比较“靠谱”，有能力将亲戚朋友手中的闲钱聚拢起来，然后通过借贷赚取稳定的收益。每位出资人出资的金额不会太大，但经过“中间人”之手后聚沙成塔，总的资金量并不比专业的担保公司少。他们得到的利息在保证出资人收益的前提下，会留下一部分作为中介费，中介费的高低根据资金额度、投资方向、借贷时间的不同而略有差异。

第二种“中间人”一般是银行职员、政府官员，或者大型企业的老板。他们利用自己资信较高、比一般中小企业更能获得银行贷款的优势，将从银行拿到的钱再以更高的利率借给其他人，从中赚取利差。这些人放出的每笔贷款往往数额较大，因为要确保借款人一定能按时还钱，他们事前往往要对其还款能力、信誉度、投资项目的风险等进行严格的考察。

7. 部分公司以其法定代表人或员工的名义进行放贷模式

简介：一些担保公司往往以员工个人的名义与借款人签订借款合同，同时订立房屋买卖合同。借款合同约定款项由员工个人出借（实际上系担保公司出借）；房屋买卖合同约定，借款人将其自有房屋出卖给“出借人”。之后，“出借人”即要求借款人办理产权过户手续，将借款人房屋的产权过户到“出借人”名下。房屋买卖合同虽也约定房屋买卖价款，但“出借人”并不实际支付该价款，而是将之作为借款的担保。一旦借款人不能还本付息，“出借人”即可任意处置借款人的房产。

8. 与营业范围不一致模式

简介：根据法律或者司法解释规定，原则上企业之间是禁止拆借资金的，除非是为了生产性经营需要。为了规避这些规定，企业则通过其他方式而在实际上也从事民间借贷的业务。例如，一些企业以担保公司、投资顾问公司、投资咨询公司等名义对外挂牌经营，而实际上主要从事的还是民间借贷业务。

9. 预扣利息模式

简介：在民间借贷中，因为约定的利息都比较高，为规避高利息违法规定，在借贷时，一些出借人往往从银行账户中汇出借款金额，待借款人从银行取款后，再将当扣利息拿回。

10. 预收利息模式

简介：借款合同尚未到期，贷款人则向被借款人预收相应的到期才发生的借款利息，而对尚未到期的借款合同以各种理由予以中止或解除，不予退还已经实际收取的利息，从而赚取实际尚未发生的利息。

11. 本息归总计入本金模式

简介：对借款人没有偿还的已经到期的借款本息折算成本金，重新计息给贷款人延期使用或另行签订一定期限的借款合同使用。

12. 用借据的合法性掩盖高利贷实质

简介：在借据上只载明借款数额，不区分本金和利息。不论借据中是否写明利率，出借人往往在出借款项时先将利息扣除，但借据上写明的借款数额仍是全部款项。

13. 利息和违约金并用

简介：在签订合同时既约定利息，又约定违约金，对未能到期偿还的借款人收取远远超过按实际约定利率计算所得的利息。

14. 利息和罚息并用

简介：除约定高息外，还约定了逾期付款的高额罚金，多以“日”计算，大多在每日200元以上。

15. 倒签合同或延签收据

简介：此即通过倒签借款合同来赚取实际借款合同日期与倒签日期之间期间的利息，或通过延期签收借款人的还款收据来赚取实际还款期间与延期签收的还款收据之间的利息。

16. 以个人名义掩盖企业拆借模式

简介：部分公司以其法定代表人或员工的名义借款，再由该公司进行抵押担保，以规避企业间的相互拆借。

17. 虚构合同掩盖企业拆借模式

简介：通过签订虚构的买卖合同“买空卖空”行为，以合法的形式掩盖企业间相互拆借的违法行为。

18. 以所谓房屋买卖合同的名义，行高利贷与房屋抵押之实模式

简介：名为房屋买卖合同，实为民间借贷合同，往往会约定一定回购期，超过回购期的，则由借款人协助出借人办理房屋所有权转移登记，个别合同甚至在签订的同时即办理了房屋所有权转移登记。这既规避了国家关于禁止高利贷的法律与政策，也规避了物权法中的相关规定。

19. 新型（主要以票据形式）民间借贷标的模式

简介：以承兑汇票作为民间借贷标的，从银行开具远期承兑汇票，然后进行买卖融资。一些当事人买卖、转让票据不经过背书环节，得款交票后恶意申请公示催告。

20. 青岛“五色土”模式

简介：放贷人通过借款中介或投资公司向债务人交付借款，借贷双方并不相识。五色土模式的民间借贷类似于国外的抵押银行，既是一种投资形式，又是一种融资渠道。其主要是通过五色土牵线搭桥，促成投融资双方借贷关系成立；通过引入不动产抵押作担保，化解投资者的放贷风险；通过方便快捷的方式，解决急需资金者的融资难题。

21. 民间借贷与商业交易混同模式

简介：以投资入股、委托理财等形式进行民间借贷，与正常商业交易混同。

22. 法定代理人还贷模式

简介：放贷人有意向低龄人群放贷，出现无法偿还贷款时，通常要求其父母代为偿还。

23. 过桥借贷模式

简介：岁末年初类似于“过桥资金”的民间借贷。

24. 非法债务合法化模式

简介：有部分非法债务以借条形式试图通过审判程序谋求合法化。

25. 洛阳“浩亚达”模式

简介：特点有三。一是“一对一”，就是指一对一安排放款人和借款人对接；二是“不摸钱”，放款人直接付钱给借款人；三是“担保代偿”，指贷款到期后，如果借款人不能偿还，将由担保公司无条件代偿。

26. 温州民间借贷登记服务中心模式

简介：温州民间借贷登记服务中心并不直接参与借贷业务，而是让各类中介机构和服务机构入驻，为达成借贷提供一个公共的平台。其盈利模

式是通过向进驻机构收取一定的场租费、服务手续费。市民如需要借或者贷，可到温州民间借贷登记服务中心现场免费登记，也可访问温州民间借贷登记服务网，免费注册登记。

温州民间借贷登记服务中心的服务流程分为五部分：建立资金供求信息库，提供中小企业融资需求和民间资金供给信息；通过信息服务系统进行信息配对；安排资金供给方和需求方见面；协助资金供给方、需求方办理借款手续，并登记备案；为借贷双方整理资料并归档，向主管部门备案。

27. 四川第三模式

简介：第三方公司作为中介 + 第三方公司提供担保，一旦发生坏账，担保公司在 5 个工作日内作出代偿。

先由第三方公司的专业人员对借贷人的资金用途、还款来源、保障措施进行风险评估及严格审查，将符合条件的借款人推荐给理财客户，由理财客户决定是否出借资金。当双方达成借贷意向后，第三方公司作为中介方协助出借人办理抵押登记，完善担保措施等。当所有手续完成后，出借人将资金直接划拨到借款人账户，出借人每日获取理财收益。

小额贷款公司项目评审事前尽职调查的要点

小额贷款公司之所以会出现重大风险，主要就是其不恰当的经营行为导致的，不恰当的经营行为主要是指违规行为与错误的贷款决策或不当的贷款操作。而项目评审事前尽职调查是小额贷款公司防范风险的第一步，是一个非常基础且异常重要的工作。本文主要是分析对于管理体制和财务核算不太正规的中小微企业和个体工商户及自然人进行尽职调查的要点。

一、尽职调查前的准备工作

（一）思想上的准备

1. 系统全面的思考

客户申请向小额贷款公司借钱，之前不认识和不了解客户，为了作出贷或不贷的决定，需要掌握怎样的信息？此处需要牢记，尽职调查需要的是关于客户个人、家庭及其生意的全面信息，而不能仅仅停留在简单的财务数据上。

2. 树立正确的观念

（1）风险无处不在，但风险并不可怕，要在变幻莫测的市场和风险面前永远保持谦卑的态度。

（2）责任心无比宝贵，要秉持严谨的态度。

（3）尊重客户，以客户为中心，但要不卑不亢。

（4）永远不和不诚实的人打交道，因为江山易改，本性难移，好人不等于好客户，但坏人绝对等于坏客户。

（5）负面传闻一般是真的，要十分当心。

（6）什么是风险？频繁的人员更换等于风险，远大的前景等于风险，异乎寻常的高规格接待等于风险，财务指标异常等于风险。

（7）过去不等于现在，现在不等于未来，过去的现金流不能还款。

（二）明确尽职调查的核心

尽职调查的核心是贷款本金和利息收入的安全性，须按照客观性、完整性、重要性的原则进行调查。

（三）尽职调查需要的信息

收集客户家庭及生意的客观性非财务信息、客户人品的主观性非财务信息、客户家庭及生产方面的财务信息，评估客户的品质、诚信和商誉、贷款需求、偿还能力、潜在风险。

（四）收集申请资料完毕后，应及时整理、阅读客户提供的申请资料

如发现客户提供的资料存在要件缺失、内容不详、资料前后各期数据不连续等情况，应及时与客户联系补充材料。避免在申请资料不清晰的情况下开展尽职调查工作。

（五）在实地调查前，应该已经了解和掌握的信息

（1）客户的个人及家庭的基本信息；

（2）生意的基本信息；

（3）初步了解了客户的贷款目的；

（4）核查了客户的身份；

（5）查询了客户的征信信息，包括个人基本信息、个人信用交易信息和个人信息查询信息；

（6）通过接待受理，对客户形成了初步的印象和判断；

（7）获取了客户所从事行业的基本知识，包括政策环境、法律环境、经济环境及行业环境；

（8）对获取的资料和信息作出了初步的分析；

（9）做好现场调查的提纲。

二、尽职调查的原则

尽职调查的过程也叫评价过程，主要包括三方面的工作：一是对客户的评价，二是对业务的评价，三是对担保的评价。这三方面的工作称为客户识别。对于一个新客户的识别，应着重分析客户在合法前提下的实际营运能力和财力状况，以商业化经营原则和审慎原则为指导思想，实事求是地客观评价。

第一，商业化原则，就是以公司盈利为最终目的，只有识别对象提供现实的或潜在的利润，并考虑潜在风险损失后，仍能获得公司可接受的利润率，该对象才是我们的目标客户。

第二，审慎原则，就是在预测时，假设潜在风险最大化，设想在公司采取了相应的风险防范措施后，敞口风险是否在公司可接受范围内。

三、尽职调查的方式

尽职调查应采用现场调查和非现场调查相结合的方式。现场调查包括现场会谈和实地调查。非现场调查包括搜寻调查、委托调查等方式。实地调查常用的方法有观察法、实验法、问卷法、询问法。

四、尽职调查人员

尽职调查主要由小额贷款公司的信贷经理和风险管理经理进行。但为了保证调查的效率，对于一些贷款申请额度较小、发展较好的老客户，也可以只安排信贷经理调查。

五、实地调查的流程

（1）预约客户。

良好的预约可以避免唐突，提高调查工作的效率，是成功调查的第一步。突击调查要谨慎使用，一般在经过初步调查后，对有些信息产生疑问，客户又不太配合的情况下使用。

预约客户时，需要告诉客户你会去他家看，告诉客户你需要占用他多长时间，提醒客户你会问详细问题。

（2）核实客户身份和产权。

（3）了解客户经营历史。

（4）了解客户业务结构。

（5）询问客户经营和损益数据，包括销售额、进货、毛利润、固定费用、净利润。

（6）索要客户的经营单据和资料，此处要先口头询问，再索要、查看书面资料。

（7）核实有关经营数据。

（8）询问家庭及开支情况。

(9) 简单计算月可支配收入能否偿还每月还款，如果初步判断不能偿还，需要询问客户。

(10) 清点应收、预付账款金额。

(11) 确定应付、预收等负债金额。

(12) 盘点存货、固定资产。

(13) 查看现金、银行存款，注意不能触碰客户的现金，请客户为你清点。

(14) 总体思考、明确客户的贷款使用计划。

(15) 结束营业场所调查，对重要资料进行归整、留存。

(16) 家庭现场调查。

(17) 结束调查，向客户说明贷款还需要通过内部的审批，不能向客户作出任何贷款承诺。

六、担保情况的调查

调查客户可用于贷款抵押/质押担保的权属、财产价值，预计变现的难易程度，以及客户实收资本情况。

如果是抵押/质押担保，信贷员应实地察看抵质押物。如果是第三方保证担保，信贷员应向申请人和保证人分别询问其关系历史、保证人愿意为申请人担保的原因、保证人与申请人之间有无债权债务关系等。信贷员应在借款人和保证人提供的联系方式之外，通过其他渠道对保证人的个人基本信息、住址、联系方式、工作单位、职务及收入状况进行调查核实和交叉检验，了解保证人是否具有担保能力。

调查须遵循两个原则：第一，贷款的担保不能取代借款人的信用状况；第二，贷款的担保并不一定确保贷款得以偿还。

七、间接调查

调查人员除了通过查询人民银行征信系统及有关信贷档案来了解客户及保证人信用状况及信用记录外，如有必要，还可以通过到工商、税务、海关、国土、环保等有关行政主管机关，以及行业协会、会计师事务所、评估机构、律师事务所等社会中介机构，查询或索取相关资料，核实客户提供资料的真实性，通过咨询主要供应商、主要销售客户和竞争对手，侧面了解客户和保证人的实力、生产、经营、信用、同业地位等状况，通过收集报刊、杂志、电视、广播、互联网等公开媒体上有关客户及保证人的报道，获取相关信息。

对于公证机关、司法机关、行政机关及其他具有公信力的社会机构、人民团体提供的法律文书、行政公文、证明书、信函等原件，可直接采信；对于上述复印件，须与原件核对一致后方可采信。对于客户和担保人提供的身份证明、主体资格、财务状况等信息、资料，须经核实后方可采信。

八、特别注意的问题

（1）掌握一个可行的衡量标准，从客户那里离开的时候，调查人员可以作为一位经理来做这项生意或成为一个行家。

（2）注意沟通技巧，要避免客户产生“被调查”、“被审问”的感觉。

（3）注意识别骗贷。

（4）财务报表分析具有极大的局限性。

①会计政策和方法的可选择性，决定报表的数据具有一定的弹性。会计政策与方法的可选择不是偶然现象，它存在于会计核算的各个方面。诚然，选择不是随意的，会受到某些制约和监督，但在可选择范围内足以造成的差异也是明显的，这必然会影响财务数据的准确性。

②人为的某些因素会影响财务报表的客观性。报表编制者有时为了实现某些目的，会故意掩盖、夸大或缩小某些数据，使会计数据不能客观反应经营活动的情况。

③通货膨胀是现代经济生活中的经常现象，是会计报表分析的又一个难题。财务报表是以历史会计成本报表为依据进行的，但在出现通货膨胀、货币本身的价值发生剧烈变动时，资产、负债、所有者权益、收入、费用和利润表现出来的价值就会不真实，从而影响我们的判断。

所以，调查人员分析财务报表时最重要的一点是，对借款人进行实地考察，尽可能多地了解财务报表内不能看到的情况。

九、分析和论证

在通过调查获取到完整、真实、有效信息的前提下，调查人员应针对行业、资信、业务、财务和其他非财务因素进行综合分析，对信贷业务的必要性、可行性、风险程度和风险防范措施进行论证。

十、尽职调查报告的撰写

尽职调查报告的写作在格式上大体可分为两类：一类是表格式，即按照固定表格逐项填写内容。表格式写法比较简便，容易书写，一般来说，申请贷款数额较小、申请贷款内容简单的个人贷款适用这种形式。另一类是制作式，即制作出完整的书面材料，主要是申请贷款数额较大、涉及的内容比较复杂的一般企业贷款适用这种形式。

优秀的尽职调查报告在内容、结构逻辑和表述等方面必须符合以下要求：

（1）实事求是。

（2）条理清晰。

（3）分析透彻。

（4）逻辑合理。

（5）文从字顺。

尽职调查报告的主要内容包括：

（1）所采取的调查方式；

（2）客户基本情况及贷款用途分析；

（3）客户经营情况、管理水平分析；

（4）行业前景分析；

（5）财务分析，主要包括偿债能力指标、财务效益指标、资产营运指标、发展能力指标；

（6）具体业务分析评价；

（7）担保情况及担保能力评价；

（8）综合效益分析；

（9）可能存在的风险及风险防控措施；

（10）是否同意办理该项业务。

十一、调查人员如何自我保护

1. 拒绝腐蚀，守住底线

2. 尽心尽职

3. 充分合理地揭示风险

4. 持续关注与跟踪，不断调整策略

5. 验证方法：问自己四个问题

（1）自己的钱敢贷吗？

（2）钱贷出去心里觉得踏实吗？

（3）我尽职了吗？

（4）风险充分揭示了吗？

江苏省科技小额贷款公司的设立计划书

一、编制范围和依据

1. 编制范围

通过对相关背景、设立方案、市场分析、效益预测、风险管理的全面分析，对在江苏省建立科技小额贷款公司的可行性进行综合评价。

2. 编制依据

（1）《中华人民共和国公司法》（以下简称《公司法》）。

（2）中国银行业监督管理委员会、中国人民银行《关于小额贷款公司试点的指导意见》（银监发〔2008〕23号）。

（3）《江苏省人民政府办公厅关于开展科技小额贷款公司试点的意见》（苏政办发〔2010〕103号）。

（4）《江苏省人民政府办公厅关于开展农村小额贷款组织试点工作的意见（试行）》（苏政办发〔2007〕142号）。

（5）《江苏省人民政府办公厅转发省财政厅关于促进农村金融改革发展若干政策意见的通知》（苏政办发〔2009〕32号）。

（6）其他相关文件。

二、科技小额贷款公司的设立条件

1. 公司类型

农村小额贷款公司和科技小额贷款公司，本报告拟设立的公司类型为科技小额贷款公司。

2. 公司组织形式

有限责任公司或股份有限公司。

3. 公司名称

科技小额贷款公司的名称应由行政区划（试点市的名称）+字号+行

业（科技小额贷款）+组织形式依次组成。

4. 发起人与股东

（1）有限责任公司应由50个以下股东出资设立；股份有限公司应有2～200名发起人，其中须有半数以上的发起人在中国境内有住所。

（2）出资设立小额贷款公司的自然人、企业法人和其他社会组织，拟任小额贷款公司董事、监事和高级管理人员的自然人，应无犯罪记录和不良信用记录。

（3）科技小额贷款公司的股东必须遵纪守法，诚实守信，无各种违法违规和严重失信等不良记录。

5. 注册资本

（1）最低注册资本金苏南为2亿元人民币，苏中为1.5亿元人民币，苏北为1亿元人民币。

（2）科技小额贷款公司的注册资本金必须是股东自有合法资金，为认缴资本，以货币形式出资。首期到位注册资本金必须在50%以上，剩余部分按《公司法》要求，由股东自公司成立之日起两年内缴足。

（3）单一自然人、企业法人、其他社会组织及其关联方持有的股份，不得超过小额贷款公司注册资本总额的10%。

（4）科技小额贷款公司的主要资金来源为股东缴纳的资本金、捐赠资金，也可通过向不超过两个银行业金融机构融入资金、经过批准的股东借款、科技小额贷款公司之间资金调剂拆借等方式，融入不超过资本净额100%的资金。

（5）在法律、法规规定的范围内，科技小额贷款公司从银行业金融机构获得融入资金的余额，不得超过资本净额的50%。融入资金的利率、期限由小额贷款公司与相应银行业金融机构自主协商确定，利率以同期“上海银行间同业拆放利率”为基准加点确定。

6. 章程、管理制度、组织机构、营业场所

科技小额贷款公司应有符合规定的章程、管理制度和组织机构，拥有固定的营业场所，且必须设立在试点开发区（园区）内。

7. 主要组成人员

（1）科技小额贷款公司主要业务工作人员应不少于6人，遵纪守法，诚实守信，无违法违规和严重失信等不良记录。

（2）其中，主要负责人应有5年以上从事金融工作或创业投资工作经

验，信贷负责人应从事金融业务工作 5 年以上，创业投资负责人应从事创业投资工作 3 年以上，财务人员应持有《会计证》并从事会计财务工作 3 年以上，其他人员应从事相关经济工作 3 年以上。

（3）主要管理和经营人员均应参加省金融办组织的专业培训并取得合格证书，持证上岗。

三、科技小额贷款公司的设立过程

（1）申请设立科技小额贷款公司，由试点开发区（园区）管委会通过公开招标方式确定股东后，向所在省辖市金融办提出筹建和开业申请，市金融办会同市科技局审核批准后，再向省金融办提出筹建和开业申请，经省金融办会同省科技厅审核批准后，中标股东持省金融办批准开业文件到当地工商行政管理部门申请办理注册登记手续，并领取营业执照。

（2）此外，还应在 5 个工作日内向当地公安机关、中国银行业监督管理委员会派出机构和中国人民银行分支机构报送相关资料。

（3）小额贷款公司在当地税务部门办理税务登记，并依法缴纳各类税费。

（4）小额贷款公司应向注册地中国人民银行分支机构申领贷款卡。向小额贷款公司提供融资的银行业金融机构，应将融资信息及时报送所在地中国人民银行分支机构和中国银行业监督管理委员会派出机构，并应跟踪监督小额贷款公司融资的使用情况。

四、科技小额贷款公司的服务对象和业务范围

（1）服务对象面向高新技术产业开发区（园区）内企业。

（2）科技小额贷款公司的业务为面向科技型中小企业发放贷款、创业投资及省金融办批准的其他业务。鼓励科技小额贷款公司积极探索适合科技型中小企业的信贷与投资管理模式。

（3）科技小额贷款公司贷款业务不得超出所在试点市。其中，用于支持开发区（园区）内科技型中小企业的贷款余额之和占全部贷款余额的比重不低于 70%，期限在 3 个月以上的经营性贷款余额之和占全部贷款余额的比重不低于 70%，小额贷款（具体标准由市金融办会同当地科技部门确定，报省金融办备案）余额之和占全部贷款余额的比重不低于 70%，单户贷款的最高余额不超过资本净额的 5%。在符合国家有关法律法规的前提

下，贷款利率由借贷双方自主约定。

（4）科技小额贷款公司可以开展创业投资业务，即向具有高成长潜力的未上市中小创新型企业进行股权投资，并为之提供创业管理服务，以期所投资企业发育成熟后，通过权益转让获得资本增值收益。科技小额贷款公司在开发区（园区）内的创业投资总额不得低于其创业投资总金额的60%；对单个企业的创业投资总额不得超过科技小额贷款公司资本净额的5%，也不得超过被投资企业资本净额的10%。创业投资总金额不得高于科技小额贷款公司资本净额的30%。

（5）科技小额贷款公司应在当地银行业金融机构开立账户，委托办理现金收付和转账业务，并在业务发生后做好相应的账务处理，不得从事结算业务。

五、科技小额贷款公司的优惠扶持政策

（1）试点期间，科技小额贷款公司原则上可享受农村小额贷款公司各项优惠扶持政策。

我省农村小额贷款公司的税率参照农村信用社改革试点期间的相关税收政策执行，即所得税按12.5%、营业税按3%的税率征收；对新型农村金融组织为农服务业务缴纳的所得税地方留成部分和营业税，省财政按50%给予奖励；各地农村小额贷款公司按照实际纳税额享受税收奖励政策。

根据江苏省出台的最新政策，从2009年起至2012年年底，农村小额贷款公司等各类新型农村金融组织可获得6项奖补扶持。这6项奖补扶持包括：按小额贷款公司到位注册资本的2%给予一次性奖励；对小额贷款公司为农服务业务缴纳所得税地方留成部分和营业税，按50%的比例给予奖励；小额贷款公司年度涉农贷款的新增额度，按2%的比例给予风险补偿；对于小额贷款公司，按其涉农担保月均余额的2%给予风险补偿；小额贷款公司发放农民创业贷款的，对其年度新增贷款按基准利率的50%给予奖励；小额贷款公司发放农民专业合作组织贷款的，按基准利率的50%给予奖励。

（2）其科技贷款业务经省有关部门评估审核，符合相关贴息和风险补偿规定的，可享受有关优惠扶持政策。

（3）其创业投资业务经省有关部门评估审核，符合《江苏省人民政府关于鼓励和促进科技创新创业若干政策的通知》（苏政发〔2006〕53号）

和《江苏省人民政府办公厅转发省发展改革委关于加快创业投资发展若干意见的通知》（苏政办发〔2008〕141号）等相关规定的，可享受有关优惠扶持政策。

（4）各试点开发区（园区）也要研究制定鼓励科技小额贷款公司发展的政策扶持措施。

六、科技小额贷款公司发展现状

自2005年以来，国家政策鼓励发展小额贷款公司；自2010年以来，国家鼓励发展科技小额贷款公司，尤其是在“十二五”科技规划的背景下，发展科技小额贷款公司具有良好的政策环境。

截至2011年12月末，全国共有小额贷款公司4282家，贷款余额3915亿元，全年累计新增贷款1935亿元。

截至2011年9月30日，内蒙古小额贷款公司机构数位列全国第一，其次是辽宁、江苏和安徽等省。在贷款余额上，全国3791家贷款机构共有贷款余额3358.85亿元，而江苏省一直位列第一，2011年9月30日显示的数据为693.49亿元，比第二名浙江省多出了207亿元；而在平均每家小额贷款机构的贷款余额上，浙江省高达3.04亿。

截至2012年12月31日，全国共有小额贷款公司6080家，贷款余额5921亿元，全年新增贷款2005亿元。其中，江苏以实收资本798.38亿元排在第一，浙江以实收资本518.83亿元排在第二。

七、科技小额贷款公司的运作模式

（1）公司将不吸收公众存款，经营小额贷款业务。

（2）同一借款人的贷款余额不超过小额贷款公司资本净额的5%。

（3）贷款利率实行市场化贷款利率，由借贷双方商定，贷款利率下限不得低于央行同期贷款基准利率的0.9倍；利率上限放开，但不得高于央行同期贷款基准利率的4倍。

（4）科技小额贷款公司涉及的税种主要是企业所得税和营业税，所得税按12.5%、营业税按3%的税率征收。

（5）科技小额贷款公司参照商业银行贷款五级分类办法划分贷款形态，识别贷款风险，并足额计提贷款风险拨备。

（6）科技小额贷款公司采用全省统一的小额信贷管理系统、会计账务系统和业务监管系统等，并按省金融办要求联网运行。

（7）科技小额贷款公司接受省有关部门的定期业务考核，贷款业务和创业投资业务不符合规定的，省科技小额贷款组织试点工作领导小组予以限期整改、停止试点及提交工商行政管理部门给予停业整顿、吊销执照等处罚。

（8）科技小额贷款公司接受社会监督，不得以任何形式吸收或变相吸收公众存款，不得从事账外经营，不得暴力收贷，一经发现，将提交工商行政管理部门给予停业整顿、吊销执照等处罚。违反法律法规的，由当地主管部门根据有关法律法规实施处罚，构成犯罪的，依法追究其刑事责任。

（9）人民银行南京分行对科技小额贷款公司的利率、资金流向进行跟踪监测，并将科技小额贷款公司纳入信贷征信系统。科技小额贷款公司应定期向所在地人民银行分支机构报送利率执行、信贷收支、资产负债及其他相关统计信息资料。

八、科技小额贷款公司的效益预测

1. 业务收入预测

科技小额贷款公司主要业务为对外发放小额贷款。业务收入为利息收入，利息收入平均按同期贷款基准利率的 3 倍计算。

2. 成本和费用预测

科技小额贷款公司的主要成本和费用为：融资借入资金利息支出、资产损失、综合管理费用及其他支出。

向金融机构融资借款利率以中国人民银行 2011 年 7 月 1 日公布的金融机构人民币贷款基准利率调整表为基础确定，考虑融资借款一般为 3 ~5 年的中长期贷款，本次测算按借款基准利率的 7.74% 确定。

综合管理费用，包括薪酬及相关费用、招待费、办公费、日常经营管理费用、业务宣传费、折旧费、监管及其他费用等，参照行业平均水平，按利息收入的 20% 计算。

资产损失，根据谨慎性原则，对各项资产预计可能发生的损失合理计提。

3. 税率

科技小额贷款公司涉及的税种主要是企业所得税和营业税，所得税按

12.5%、营业税按3%的税率征收。

九、风险管理

见《小额贷款公司风险点综述研究报告》。

江苏省科技小额贷款公司创业投资业务概述

创业投资自1946年在美国出现以来就备受推崇，发展迅速且推动了技术进步和经济增长。创业投资作为20世纪以来全球金融领域最成功的创新成就之一，于20世纪80年代传入我国。此后的20年，我国的创业投资一直进行着探索式的发展，规模很小，直到股权分置改革后，我国创业投资的规模才日益扩大，投资风格也逐步形成。

一、创业投资的概念

创业投资（Venture Capital），也叫风险投资，是一种“支持创业的投资制度创新”，包括金融创新、制度创新和管理创新，被誉为高科技企业的“孵化器”。

二、江苏省科贷创业投资业务的源头

江苏省创业投资的发展始于20世纪90年代，早在1992年就由省财政出资1.5亿元设立了“江苏省科技发展风险投资基金”，并成立了江苏省第一家创业投资公司——“江苏省高新技术风险投资公司”。

2010年8月14日，江苏省出台了《江苏省人民政府办公厅关于开展科技小额贷款公司试点的意见》，允许科技小额贷款公司面向科技型中小企业开展创业投资业务，即向具有高成长潜力的未上市中小创新型企业进行股权投资，并为之提供创业管理服务，以期所投资企业发育成熟后，通过权益转让获得资本增值收益。

三、科贷创业投资业务的一般流程

国内外无论是非组织化创业公司，还是组织化创业公司，都有一套适合自己的运作程序和管理制度，但是在投资契约订立时一般都遵循大家共同认可的主要方法、主要步骤和主要内容。科技小额贷款公司开展创业投资业务也不例外，也遵循创业投资的一般流程。

1. 项目搜寻和项目初审

（1）项目搜寻。创业投资项目主要有四个来源：

①利用公共渠道来搜寻项目。依托创业投资公司、咨询公司、会计师事务所、律师事务所收购兼并业务，投资对象为初创期、成长期、扩展期及 Pre－IPO 的科技型中小企业。

②同业合作渠道。与国内外创业投资公司、科技小额贷款公司结为策略联盟，如联合投资，或与其他创业投资公司、科技小额贷款公司等互通信息。

③派出专门人员跟踪和研究国内新技术及资本市场的新热点，通过项目洽谈、寄送资料、报刊资料、电话查询、项目库推荐、访问企业或网上搜索等方式寻找项目信息，做好项目储备。

④独特渠道，如个人关系网、陌生开发等。

签署保密协议：在要求提供完整的商业计划书之前，创投项目经理应主动与企业签署保密协议。若企业一开始提供的就是完整的商业计划书，则在接受对方的商业计划书之后就可与其签署保密协议。

（2）项目初审。创投项目经理在接到商业计划书或项目介绍的 7 个工作日内，对项目进行初步调查，提出可否投资的初审意见并填制《项目概况表》。项目经过初选后分类、编号和入库。

立项申请与正式立项：项目初审后，认为需要对企业做进一步调查研究的，创投项目经理填写《立项审批表》，报公司项目考评会批准立项。立项批准一般在两个工作日内完成，对于经批准的项目，可以进行尽职调查工作。

2. 尽职调查和详细评估

项目一旦通过了初审，就进入了缔约前的尽职调查阶段，主要目的在于进行企业家与管理团队调查、风险调查、政策法律调查、可行性调查、确定合理价格区间和退出制度方式设计等。立项批准后，创投项目经理或律师入驻项目企业进行尽职调查，并填写完成企业《尽职调查报告》，认为可以投资的企业与项目，创投项目经理应编写完整的《投资建议书》。尽职调查工作一般在 20 个工作日内完成。

3. 双方谈判和交易设计

（1）投资评审（决策）委员会审查。董事会下设投资评审（决策）

委员会，由该委员会代董事会行使投资评审决策权。投资评审（决策）委员会采用会议及信函两种工作方式，投资项目应取得投资评审（决策）委员会多数通过，当投资评审（决策）委员会中对所提交讨论的投资项目赞成与反对票各占 1/2 时，由投资评审（决策）委员会主席作出投资决议。所有内部审查工作自接到创投项目经理提交完整材料之日起10 个工作日内完成，并形成《投资评审（决策）委员会决策意见表》。在项目投资具体实施的过程中，若因客观原因遇到与投资评审（决策）委员会通过之相关投资决策不符的情况，应撰写书面报告并提交投资评审（决策）委员会重新决策。

经过第一、第二阶段的尽职调查和详细评估，如为可行，科贷公司和该科技型中小企业则开始对双方的合作方式、投资工具、投资金额、交易价格、股权安排、契约保护等进行一次或多次的谈判，在满足两个独立主体的目标收益函数最大化的同时，还要达到帕累托效率和均衡的制度安排和交易设计，将其谈判成果书面契约化，以实现双方资源共享、风险共担和利益共享的长效机制。

（2）签订投资协议。对于投资评审（决策）委员会审查同意进行投资的企业或项目，经公司法律顾问审核相关合同协议后，由董事长或董事长授权代表与合作对方签署投资协议。

4. 投资生效后的监管和增值服务

经过谈判，成果书面契约化且双方签字盖章后，投资即开始生效，投入资本金按协议到位，科贷公司便开始履行合伙人或合作人的职责与义务，对企业进行监督管理和提供增值服务，通过有效监管和增值服务，实现生产资料、技术、劳动力和管理的有机结合，生产出包括创业利润在内的创新产品。

5. 退出

科贷公司创业投资退出途径选择的基本原理是通过创业企业股票的公开上市获得价值增值，或者通过转让股份收回投资并获利。根据我国创业投资的退出经验，创业投资的预期退出路径有：公开上市 IPO 交易（海外上市、本土上市）、股权转让与出售（合资并购、管理层回购 MBO、创业企业回购、同行出售）、二次增发、清算等。

四、科技创业投资业务的特色部分

（一）政策扶持和限制

1. 管理部门

省发展改革部门、省金融办。

2. 优惠扶持政策

经省有关部门评估审核，符合《江苏省政府关于鼓励和促进科技创新创业若干政策的通知》（苏政发〔2006〕53 号）和《江苏省政府办公厅转发省发展改革委关于加快创业投资发展若干意见的通知》（苏政办发〔2008〕141 号）等相关规定的，可享受有关优惠扶持政策。

同时，其也可享受各试点开发区（园区）研究制定的鼓励科技小额贷款公司发展的政策扶持措施。

3. 政策限制

科技小额贷款公司在开发区（园区）内的创业投资总额不得低于其创业投资总金额的 60%；对单个企业的创业投资总额不得超过科技小额贷款公司资本净额的 5%，也不得超过被投资企业资本净额的 10%。创业投资总金额不得高于科技小额贷款公司资本净额的 30%。

4. 违规经营的后果

省科技小额贷款组织试点工作领导小组予以限期整改、停止试点，以及提交工商行政管理部门给予停业整顿、吊销执照等处罚。

（二）创业投资业务操作

1. 负责人要求

科贷公司创业投资负责人应从事创业投资工作 3 年以上。

2. 投资对象

（1）不得超出所在试点市；

（2）60% 的投资对象为省级以上（含省级）高新技术产业开发区（园区）或规模较大的省级科技园区内未上市的科技型中小企业。

（3）省科技管理部门协助省金融办推荐创业投资对象。

3. 投资领域

新能源、新材料、生物技术与新医药、节能环保、软件和服务外包、物联网和薪易贷信息技术等新兴产业。

4. 投资阶段

科技型中小企业的初创期、成长期、扩展期以及 Pre－IPO。

5. 账户管理

科技小额贷款公司应在当地银行业金融机构开立账户，委托办理现金收付和转账业务，并在业务发生后做好相应的账务处理，不得从事结算业务。

6. 投资方式

一般是阶段参股和跟进投资。

阶段参股是与社会创投机构合作，由参股创业投资企业实现对创业期科技型、创新型中小企业投资，参股方式的原则是参股不控股，股权比例一般最高不超过 20% 。

跟进投资是指对创业投资企业选定投资的创业企业，与创业投资企业共同出资，一般最高不超过 500 万元。

7. 实际情况

大多数科技小额贷款公司并未开展创业投资业务，反而开展的是与创业投资相关的业务，比如创业投资贷款、融资顾问服务。

五、科贷创业投资业务的风险

1. 资金严重短缺，抗风险能力低

科技小额贷款公司的主要资金来源为股东缴纳的资本金、捐赠资金，也可通过向不超过两个银行业金融机构融入资金、向经过批准的股东借款、科技小额贷款公司之间资金调剂拆借等方式，融入不超过资本净额 100% 的资金。在法律、法规规定的范围内，科技小额贷款公司从银行业金融机构获得融入资金的余额，不得超过资本净额的 50% 。科贷公司筹集资金的渠道很少，运作效果也欠佳，对于高风险的项目很难把握，往往容易导致运作过程中资金链断裂，抗风险能力偏低。

2. 主观因素造成的风险

在选项过程中，由于科贷公司本身的经验和水平的局限性，或者错误判断该科技成果商品化的可能性，或者没有对项目的产业化价值和市场价值作系统考虑和量化分析，导致选择项目失误。

3. 投资对象本身的风险

科技小额贷款公司创业投资的对象是科技型中小企业，高技术本身由于其前期的技术成熟度低、技术上成功的不确定性、产品生产和售后服务的不确定性、技术效果的不确定性、技术寿命的不确定性、产权市场不健全、知识产权保护机制不完善等，具有很大的风险性。财务风险在初创期最为突出，技术风险仍然存在，同时市场风险开始显现。在成长期，技术风险和财务风险已成为次要矛盾，市场风险成为主要矛盾。

4. 信息不对称导致的风险

科技小额贷款公司创业投资的对象是科技型企业，其中又以中小型企业为主，在公开市场上的企业信息很少，并且信息的可靠性很难保证，这就使得投资市场上的信息不对称问题比其他市场更加严重。

5. 退出过程中的风险

这一阶段是科贷创业投资的收获季节，也是退出阶段。创业投资能否顺利退出成为最大风险。若创业资本不能适时、顺利撤离，滞留的资本将使投资的科贷公司陷入投资的死循环，无法及时获得投资收益并进行新的投资。

小额贷款公司融资新途径简介及风险评析

资金来源有限是小额贷款公司发展的一大瓶颈，为解决资金短缺问题，各地小额贷款公司和监管机构正积极探索融资渠道。本文按时间线索归纳了当前小贷行业尝试破除资金瓶颈的途径，并对其利弊进行了评析，以供参考。

一、小贷资产收益权凭证

【简介】

2011 年 7 月，重庆市金融资产交易所首只小贷资产收益权凭证（以下简称小贷凭证）正式上线。该产品是由小贷公司作为发行人，以其小额贷款资产包产生的现金流为支持，基于应收债权出让其收益权的资产转让方式。根据当时的规定，该产品要求小贷公司必须到期回购，并以其所有的资产负责自己的回购。而该产品的投资方包括机构投资者，以及注册为该交易所会员的个人投资者。与此同时，为了防范风险，该产品还建立了六道“防火墙”，分别是：小贷公司的筛选、做市商制度、小贷公司回购机制、担保机构提供担保、投资者保护基金，以及第三方审核。

尽管设计“周全”，但商业银行仍然嗅到了风险。在小贷凭证业务推出一个月后，银监会便向各商业银行下发了一份名为《小贷资产证券化有关风险提示的通知》（以下简称《风险提示》），直指上述小贷凭证业务。后来，尽管该产品停发数月后恢复，但其投资方变为仅限于机构投资者。银监会除了对商业银行提出小贷凭证的“禁入令”外，还要求银行业金融机构设立好与小贷公司的“防火墙”，并按照《关于小额贷款公司试点的指导意见》，严守融资比例限制。

【评析】

从事后影响来看，该文件不仅一度令小贷凭证业务的发展受阻，更直接影响了小贷公司与商业银行的整体合作。尽管不少小贷公司对于 1∶0.5

的低杠杆率叫苦不迭，但实际上，从整个小贷行业来看，能从商业银行获得资金的小贷公司屈指可数，0.5 的融资比率还远未达到。由于商业银行本来就趋于保守，对于风险的容忍度较低，该文件下发后不久，其便大幅收紧了与小贷公司的合作。

二、信贷资产转让

信贷资产转让是银行业近年来新兴的一种金融创新，兼具资产负债管理工具、融资工具和风险管理工具的性质。其主要是指金融机构之间，根据协议约定转让其在经营范围内自主合规发放但尚未到期的信贷资产的融资业务。

【简介】

自 2011 年开始，小贷公司将其众多客户打包成一个信贷资产包，转让给合作银行。通常的操作方式是，由和小贷公司同属一个集团的担保公司向银行提出担保贷款申请后，银行再按照客户的资信和担保情况进行审核放款。这样一来，银行既避免了风险，也可以借道小额贷款公司放贷，贷款利率一般年息都在 10% 以上，相比于央行一年期贷款基准利率 6.0% 来说，上浮幅度超过了 50%，这对于银行来说也是颇有吸引力的。

还有一种模式是，通过小贷公司申请“信贷资产转让”类贷款，企业在贷款时，小贷公司即会事先告知贷款会进行转让。具体交易模式则是，银行向小贷公司支付等值资金买断贷款后，到期由企业向银行归还贷款。贷款转让后，企业从小贷公司贷款时的利率并不发生改变，且企业支付给银行的利息也是通过委托小贷公司代付的形式完成。比如，小贷公司给某专业市场的众多商户总共发放了额度为 1 亿元的贷款，贷款期限为 1 年（2012 年 1 月 1 日～2013 年 1 月 1 日）。小贷公司把这 1 亿元信贷资产打包卖给银行，银行拆包逐笔审核后，买下了这个资产包，但购买的时间仅为 10 个月（2012 年 2 月 1 日～2012 年 12 月 1 日），而非该信贷资产包的 1 年。原因如下：一则审核需要时间，所以购买是从 2012 年 2 月 1 日起。二则回购需要时间，所以，2012 年 12 月 1 日小贷公司以企业的名义提前还贷，实质上相当于从银行回购信贷资产。其中的奥秘是，2012 年 12 月 1 日，有一笔钱（实际来源为小贷公司）以贷款企业的名义还贷给银行，至此，银行与企业的信贷关系解除。此后的债务是：贷款企业要还小贷公司一年的贷款本息。需要审慎处理的是，这个资产转让模式中会涉及银监会明令禁止的“回购”问题。表面看来，这是一个“卖断”的信贷资产转让模式。不过，在银行合同之外，小贷公司与企业的贷款合同条款中设置了回购渠道，资产到期前1个月，小贷公司借道贷款企业，把信贷资产又做了“回购”。

【评析】

（1）信贷资产转让业务的主体限于金融机构，小贷公司不具备金融机构的性质，只是因为与银行等金融机构业务部分具有同质性，模仿银行等金融机构的做法，将经营范围内合规发放但尚未到期的信贷资产予以转让。小贷公司信贷资产转让的合法性有待商榷。

（2）在小贷公司与银行的合作中，要让处于强势地位的银行承认小贷公司并参与进来，并非易事。对此，除了保证银行的收益外，同时更要解除银行最怕的“风险”之忧。

（3）信贷资产转让属于一项融资业务。而目前针对小额贷款公司的监管规定，小贷公司外部融资额不得超过其注册资本金的50%，且仅限于两家银行业金融机构。如小贷公司能获得信贷资产转让业务资格，在其他外部融资已饱和的情况下，再从事信贷转让业务，从融资角度来讲，有可能涉及违反监管规定的问题。

（4）客户提前还款而引起的转让合同期限设定难问题：银行业金融机构从事的信贷资产转让业务中的转让贷款的期限都是固定的（银行基本不允许客户提前还款）。而小额贷款公司允许客户提前还款，信贷资产受让方考虑到此因素，可能会与转让方在转让合同的期限设定问题上费一番周折。

三、信托

【简介】

2011年年末，银监会口头通知部分信托公司“严禁信托公司与小贷公司、担保公司、典当行等机构进行业务合作”。2012年9月，阿里小贷重启信托融资。2014年4月，宜信小贷与中航信托发行了天宜系列第一只小额贷款结构化集合资金信托计划。运作3个月后，中航信托又连续发行了11只小额贷款集合资金信托计划。目前，小贷与信托公司合作主要有两种模式：一种是募集资金后以信托公司名义发放小额贷款。捷信、宜信等与信托公司的合作模式均属这一种。另一种是由信托公司购买小贷公司的信贷资产收益权，对小贷公司而言就是存量信贷资产转让。阿里小贷与信托公司、券商的合作均采取了转让存量信贷资产的模式。

【评析】

(1) 如何有效控制风险，是小贷公司与信托公司合作的最大难点。为降低风险，小贷公司无论与信托公司还是券商合作，无一例外均设计了双层结构或者多层结构，由次级或者劣后级投资者主要承担部分坏账损失风险，降低优先级受益人的本息偿付风险。次级或劣后级信托受益权则大多由小贷公司及其关联公司认购。

(2) 期限匹配和金额匹配是小贷融资产品设计的另一大难题。由于小额贷款的期限大多较短，小贷公司与信托公司合作发行的集合资金信托计划大多期限不长，以 1 年期居多。

(3) 疑似打融资擦边球。信托或券商承接存量信贷资产是一种投资行为，而如果针对增量的小额贷款则是一种融资行为，就会受到相应的制度约束。如果小贷公司与信托公司合作发放小额贷款的模式被认定为融资行为，则将面临不得超过资本净额 50% 的融资规模约束。

四、联姻 P2P

【简介】

越来越多小贷公司联姻 P2P，为民间借贷充当渠道代理商角色。2012 年年底由国开行江苏分行、国有企业金农公司发起成立的网络借贷平台开鑫贷，已有 40 余家小贷公司成为其担保方，为资金提供借贷的企业目标，并对融资方进行风险审核。开鑫贷的操作模式是，小贷公司向开鑫贷推荐借入人，为其承担担保责任，并进行贷后管理。在融资一端，开鑫贷将融资信息公布在自己的网站上，投资者可以以类似于网络购物的方式，在网上直接“购买”投标。后台交易系统撮合完成交易后，资金经由江苏银行托管、划转。当资金筹集额满之后，江苏银行便将之转入借入人开设在江苏银行的账户，至此，交易宣告完成。这一系列划转都伴随着电子合同、电子签名的自动生成。

【评析】

(1) 开鑫贷平台属于 P2P 平台，又与传统的 P2P 平台有所区别。最大的区别在于，开鑫贷平台不接触资金，不会出现“卷款跑路”的问题。

(2) 开鑫贷不承担任何担保责任，平台本身不存在风险。若借款人发生借款风险，将由担保的小贷公司作为第一还款资金来源，还款后负责进行追偿或对抵押物进行处置。而小贷公司的担保费率仅在3%左右。

五、中小企业私募债

中小企业私募债券自2012年诞生，具体是指中小微型企业在中国境内以非公开方式（投资者不得超过200人）发行和转让，约定在一定期限还本付息（发行利率不得超过同期银行贷款基准利率的3倍）的公司债券。目前，小额贷款公司试点的定向债和集合私募债本质上都属于中小企业私募债。

2013年4月初，浙江省开展了小额贷款公司定向债试点。2013年7月22日，在浙江股权交易中心，温州瑞安华峰小额贷款股份有限公司、苍南联信小额贷款股份有限公司及德清县升华小额贷款股份有限公司成功发行了小额贷款公司定向债。截至目前，瑞安华峰小额贷款股份有限公司首期5000万元小贷债，以及德清升华小额贷款股份有限公司5000万元的小贷债已完成发行，期限为3年期（第2年年末附发行人上调票面利率选择权和投资者回售选择权），票面利率均为8.5%。苍南联信小贷定向债材料已经在浙江股权交易中心报备完毕，审批完毕即可发行。小贷债为私募发行，投资者均来自小贷公司所在区域。

发债主体须在浙江省金融办年度考核中连续两年获A级以上，且融资后，公司融资总额不得超过资本净额的100%。认购主体方面，则要求注册资本不低于人民币1000万元的企业法人和个人名下的金融资产总额不低于人民币200万元的自然人才可参与小贷债认购和交易。

然而就在当地监管部门高调宣布“成功发行”不到一周时间，首批小贷债的发行便被商业银行“间接”叫停。小贷债“搁浅”的直接原因应该是银行认为小贷公司发债融资后将触及50%的“红线”，再加上发债后小贷公司的负债率提高，银行从风险防范的角度考虑，收贷也是正常的。

【评析】

（1）银监会2008年下发的《关于小额贷款公司试点的指导意见》规定，小贷公司只能向不超过两家金融机构借款，额度在其实收资本的50%以内。这意味着小贷公司并无向机构投资者发债的资格。

（2）小贷定向债和集合私募债是省级监管机构与银监系统博弈的创新产物。小贷公司是持特殊经营牌照的类金融企业，是纳入银监局和金融办的监管范围的，因此，发债应该得到相关监管机构的同意批复，以及有相关的政策法规支持。现在省级的监管机构并没有对应的管理办法去审批和监管，那么出了问题由谁来兜底，谁来负责任？

（3）很难界定这些资金是对外融资还是非法吸存部分。

六、纳斯达克上市

【简介】

2013年8月13日，江苏吴江市鲈乡农村小额贷款股份有限公司（NASDAQ: CCCR）成功登陆纳斯达克证券交易所，实现挂牌上市。鲈乡农村小贷公司IPO定价为6.5美元，位于此前6~7美元发行价区间中间价位，发行140万股，融资900万美元。周二当日该公司股价下跌1.69%，收于6.39美元，首日股票成交量32万，公司市值约7000万美元。鲈乡小贷的上市采用了“VIE协议”模式，这也是国内众多互联网公司如新浪等登陆美股的方式。本次在纳斯达克上市的主体是中国商业信贷有限公司（China Commercial Credit Inc.，以下简称CCC），于2011年12月19日成立于美国特拉华州。CCC通过几家控股子公司和协议控制，实际控制了鲈乡小贷。虽然国内并无法律禁止外资控制小贷公司，但鉴于此前并无先例，因此吴江鲈乡信息科技咨询有限公司（以下简称WFOE）得以成立。WFOE和鲈乡小贷签订了一系列合约，以对后者实现协议控制。

【评析】

（1）鲈乡小贷成功上市后，不少小贷公司表现出对赴美上市融资的强烈兴趣。然而鲈乡小贷的上市路径仍然有鲜明的独特性，并非所有小贷公司可以模仿。

（2）美国纳斯达克的政策导向是“宽进严管”，鲈乡小贷之后会否通过其严格的监管仍属未知。

（3）美国上市需要缴纳的监管费用很高，鲈乡小贷能否承担高额的费用同为隐忧。

（4）中国上市公司在上市进程中若存有不规范的操作，达不到一系列的监管要求，将会成为相关机构的把柄，被以此进行敲诈勒索，信任的损失将会对其名誉和品牌造成不可挽回的伤害。

七、小额再贷款公司或小额贷款公司融资中心

（一）小额再贷款公司

【简介】

2013 年 6 月，广州市金融办下发了《广州小额再贷款公司业务试行办法（征求意见稿）》及其实施细则，具有小贷机构“央行”角色的“小额再贷款公司”终于浮出了水面，经过一拖再拖，预计 10 月开业。再贷款公司将直接向广州地区的小贷公司放款，可组织小贷公司做“同业拆借”，还可购买、转让小贷公司的信贷资产。同时，其还将负责处置本地小贷的不良贷款，开展咨询服务及票据贴现等业务。

【评析】

（1）小额再贷款公司打了个擦边球，由于小额再贷款公司不属于银行类金融机构，因此其业务可能超出银监会规定的小贷公司的融资范围。

（2）小额再贷款公司的性质与职能也很混乱。从小额再贷款公司的名称来看，其是一个商业性机构；而从业务性质来看，其却像管理机构。该办法中指出，小额再贷款公司向小贷公司收取贷款余额的 1% 作为风险准备金。一般情况下，风险准备金本身是金融机构的一种内部管理机制。如果计提，也应该是由金融机构自身保管和使用，而非像该办法规定的那样，需要将之交给小额再贷款公司保管。事实上，如果小额再贷款公司是一个商业性机构，那么它就应该按照商业机构运作的模式独立承担风险，没有权力收取“风险准备金”。

（3）再贷款公司除了承担此前向小贷公司进行融资的业务外，还将直接面对小贷客户，这意味着再贷款公司与小贷公司会形成正面竞争，从而引发其他小贷公司的抵触。

（二）小额贷款公司融资中心

【简介】

2013 年 1 月，重庆正在筹建中的小贷公司融资中心已敲定三大投资方，注册资本金在 30 亿元左右，当时预计最快将在 2014 年一季度挂牌。已敲定的投资方也大有来头，主要由韩国未来资产管理公司、中信证券和一家大型金融机构联合注册成立。未来资产管理公司是韩国最大的基金管理公司，其超过 50% 的海外投资配置在中国。本次投资小贷融资中心，被

业内认为是其渗透中国金融市场的试水之举。此外，作为一个以成为“中国版高盛”为目标的投行，中信证券参与成立重庆小贷融资中心也正是其多元化战略的体现。继2012年9月正式参股前海股权交易中心之后，中信证券投资小贷融资中心，意味着这家以提供直接融资服务为主的传统券商开始试水间接融资类的金融业务。

据了解，小贷公司融资中心主要是汇集境外资金和小贷公司的闲置资金，给资金短缺的小贷公司提供同业拆借服务，同时也会扮演“中介”角色，成为银行和社会资金进入小贷公司的渠道。这也意味着，小贷融资中心除专门为小贷公司完成融资授信外，还旨在打造“类金融平台”，让小贷公司完成同业资金拆借。小贷融资中心的收益来源主要包括：为小贷公司融资获取利息收入和小贷公司“同业拆借”所缴纳的平台手续费用。

新三板能否成为担保/小贷公司崛起转型通道

随着我国金融市场的逐步完善，更多的创新型企业加盟，其中担保/小贷公司是近年来比较热门的话题，这些公司之所以能在中国市场上占据重要地位，主要是基于中小企业数量与日俱增，国家政策法律的要求不断放宽的背景。以新修订的《公司法》为例，它除去了一般企业的“实收资本”、最低注册资本及验资等要求，而这更加大了金融机构的放贷风险，很可能导致未来在放贷审核上更严谨。新规出台前，金融机构放贷的程序、要求等就相当繁杂，且必须中小企业提供反担保，收取的费用也相对较高。而担保/小贷公司的出现，很大程度上缓解了金融机构的信贷风险，同时拓宽了一般中小企业的贷款渠道。然而对于担保/小贷公司自身而言，其发展却是风险重重，如何使这些企业“走得长远”值得深思。

一、担保/小贷公司的融资现状

1. 担保/小贷公司的融资渠道

目前，担保/小贷公司的性质绝大部分属于中小企业，因此和其他中小企业一样可能面临融资难的问题。而中小企业之所以“融不到资”，主要是因为我国缺少相关政策制度及法律规范，同时对于它的融资渠道却给出了限制，这更使得这些企业生存困难。无奈的是，我国目前的市场现状是中小企业多，融资难；民间资本多，投资难。因此，如何让过剩的民间资本进入这些中小企业必将成为未来市场关注的焦点。

而目前，我国中小企业的资金来源于以下两个方面。

（1）内源融资。

内源融资，即企业内部形成的资金，包括企业初创阶段由发起人及股东投入的资金和企业持续经营过程中形成的折旧资金，以及由利润的一部分构成的企业自有资金。

然而任何企业要想长远发展，光靠内源融资肯定是不够的，因此最终必定是向外开拓资金。

（2）外源融资。

外源融资，即源于企业外部的资金。这部分资金又由两方面构成：

①直接融资。直接融资是指企业进行的首次上市募集资金（IPO）、配股和增发等股权融资活动，因此又可称为股权融资。在我国，直接融资主要是在证券交易所内（上交所和深交所）进行。

②间接融资。间接融资是指企业资金来自银行、非银行金融机构的贷款等债权融资活动，所以也称为债务融资。

相比较而言，股权融资一般融到的资金较多，但问题是法律的限制也相对要多，程序上比债务融资要纷繁复杂得多。而间接融资很可能产生的风险是资本金用完后再增资的问题。因此，无论是股权融资还是债务融资，中小企业操作起来都有较大风险。

2. 担保/小贷公司的融资限制

之所以说中小企业“融不到资”，主要的体现就在于政策法律等给出的限制较多，因此真正可进行融资的很少，而且一旦操作不当就会构成“非法集资”。这无疑加大了中小企业生存的难度。那么导致中小企业融资难的限制因素到底有哪些呢？

（1）法律规定担保/小贷公司必须是实收资本，且有最低出资资本的要求等。

《关于小额贷款公司试点的指导意见》规定：“小额贷款公司的注册资本来源应真实合法，全部为实收货币资本，由出资人或发起人一次足额缴纳。有限责任公司的注册资本不得低于500万元，股份有限公司的注册资本不得低于1000万元。单一自然人、企业法人、其他社会组织及其关联方持有的股份，不得超过小额贷款公司注册资本总额的10%。”

《融资性担保公司管理暂行办法》第8条第1款规定：“设立融资性担保公司及其分支机构，应当经监管部门审查批准。”第10条规定：“监管部门根据当地实际情况规定融资性担保公司注册资本的最低限额，但不得低于人民币500万元。注册资本为实缴货币资本。”

（2）法律禁止非金融机构的企业之间进行借贷。

1996年中国人民银行下发的《贷款通则》第61条明确规定，“企业之间不得违反国家规定办理借贷或者变相借贷融资业务”。

在司法实践中，法院一般也会根据1996年9月23日《最高人民法院关于对企业借贷合同借款方逾期不归还借款的应如何处理的批复》及1990年11月12日《最高人民法院关于审理联营合同纠纷案件若干问题的解答》，判决企业间签订的借贷合同违反有关金融法规，属无效合同，由使用借款方向发放借款方返还本金，对利息则一般不会支持。

（3）法律禁止以非法集资为目的的民间借贷。

《最高人民法院关于如何确认公民与企业之间借贷行为效力问题的批复》规定："公民与非金融企业（以下简称企业）之间的借贷属于民间借贷。只要双方当事人意思表示真实即可认定有效。但是，具有下列情形之一的，应当认定无效：（一）企业以借贷名义向职工非法集资；（二）企业以借贷名义非法向社会集资；（三）企业以借贷名义向社会公众发放贷款；（四）其他违反法律、行政法规的行为。"

（4）法律对于民间借贷的利息也有最高限额规定。

《最高人民法院关于人民法院审理借贷案件的若干意见》第6条规定："民间借贷的利率可以适当高于银行的利率，各地人民法院可根据本地区的实际情况具体掌握，但最高不得超过银行同类贷款利率的4倍。超出此限度的，超出部分的利息不予保护。"

那么对于超出部分的利息如何处理呢？

我们认为，对于这部分利息，按其法律性质，应视为自然债务，法律虽然对这部分利息无法强制执行，但若当事人自愿履行且未受胁迫，即便事后反悔，法院也不应予支持。因为根据该条款，债权人只是丧失了胜诉权，但实体权仍在。

（5）法律对于担保/小贷公司的资金来源、融资额度、利率有限制。

《关于小额贷款公司试点的指导意见》规定："小额贷款公司的主要资金来源为股东缴纳的资本金、捐赠资金，以及来自不超过两个银行业金融机构的融入资金。在法律、法规规定的范围内，小额贷款公司从银行业金融机构获得融入资金的余额，不得超过资本净额的50%。融入资金的利率、期限由小额贷款公司与相应银行业金融机构自主协商确定，利率以同期'上海银行间同业拆放利率'为基准加点确定。"

（6）法律对于股东对外投资有限制。

进行股权融资时，对于新增股东本身是另一家公司股东的情形，法律有限制规定，即《公司法》第16条第1款规定："公司向其他企业投资或者为他人提供担保，依照公司章程的规定，由董事会或者股东会、股东大会决议；公司章程对投资或者担保的总额及单项投资或者担保的数额有限额规定的，不得超过规定的限额。”

（7）法律对于企业公开发行证券有限制。

《中华人民共和国证券法》（以下简称《证券法》）第10条规定：“公开发行证券，必须符合法律、行政法规规定的条件，并依法报经国务院证券监督管理机构或者国务院授权的部门核准；未经依法核准，任何单位和个人不得公开发行证券。有下列情形之一的，为公开发行：（一）向不特定对象发行证券的；（二）向特定对象发行证券累计超过200人的；（三）法律、行政法规规定的其他发行行为。非公开发行证券，不得采用广告、公开劝诱和变相公开方式。”

（8）公司股权上市门槛限制过高，上市过程所需的资金过多，对上市后增资的要求也较高。

①主板上市：发行前3年的累计净利润超过3000万元；发行前3年累计净经营性现金流超过5000万元或累计营业收入超过3亿元；无形资产与净资产比例不超过20%；过去3年的财务报告中无虚假记载；发行前不少于3000万股；上市股份公司股本总额不低于5000万元；公众持股至少为25%；如果发行时股份总数超过4亿股，发行比例可以降低，但不得低于10%。

②中小板上市：发行前股本总额不少于3000万元；发行后股本总额不少于5000万元；最近3个会计年度净利润均为正且累计超过3000万元；最近3个会计年度经营活动产生的现金流量净额累计超过5000万元；或者最近3个会计年度营业收入累计超过3亿元；最近一期末无形资产占净资产的比例不高于20%。

③创业板上市：发行后股本总额不得少于3000万元；最近两年连续盈利，最近两年净利润累计不少于1000万元，且持续增长；或者最近一年盈利，且净利润不少于500万元，最近一年营业收入不少于5000万元，最近两年营业收入增长率均不低于30%；发行前净资产不少于2000万元。

在上市过程中，一般还需要耗费大量的费用在券商等中介机构上，以及“进场费”，这些费用对于中小企业而言无疑是巨额的负担，即便达到“上板”的要求，也极有可能在挂牌阶段因耗费过高而导致企业破产。

另外是上市后的增资，《证券法》等也有相关规定，必须是在满足前次发行达到一定比例等多项综合要求下才能进行增资扩股。

（9）担保/小贷公司的担保物缺乏，人员意识不高。

二、挖掘新的融资渠道——新三板

针对担保/小贷公司的融资现状，要追求长远发展，必须寻求新的融资渠道——新三板。那么如何理解新三板是担保/小贷公司新的融资渠道呢?

1. 政策和法律鼓励发展担保/小贷等中小企业

国办发〔2000〕59 号《关于鼓励和促进中小企业发展若干政策意见》规定："逐步扩大中小企业的直接融资渠道，逐步放宽中小企业特别是高新技术企业上市融资和发行债券的条件……鼓励社会和民间投资，探索建立中小企业风险投资公司，以及风险投资基金的管理模式和撤出机制。"

《中华人民共和国中小企业促进法》第 3 条规定："国家对中小企业实行积极扶持、加强引导、完善服务、依法规范、保障权益的方针，为中小企业创立和发展创造有利的环境。"

2. 新三板挂牌门槛低，费用少，政府对于挂牌企业有资金补贴

（1）新三板主体的条件：

对企业挂牌不设财务指标，申请挂牌公司不受股东所有制性质的限制，也不限于高新技术企业。

①依法设立且存续满两年。有限责任公司按原账面净资产值折股整体变更为股份有限公司的，存续时间可以从有限责任公司成立之日起计算。

②业务明确，具有持续经营能力。

③公司治理机制健全，合法规范经营。

④股权明晰，股票发行和转让行为合法合规。

⑤主办券商推荐并持续督导。

⑥全国股份转让系统公司要求的其他条件。

（2）费用少：

①挂牌费：全国中小企业股份转让系统挂牌公司股票转让服务收费明细表（2013）如表 1 所示。

②企业申请在新三板挂牌的费用主要包括律师费用、审计费用、评估费用、券商挂牌推荐费用。截至 2014 年 2 月底的最新数据显示，目前企业挂牌新三板服务费的最新报价范围大致在 160 ~ 200 万元。

表1 全国中小企业股份转让系统挂牌公司股票转让服务收费明细表（2013）

收费对象	收费项目	收费标准
投资者	转让经手费	按股票转让成交金额的0.5%双边收取
挂牌公司	挂牌初费	总股本2000万股（含）以下，3万元/年； 总股本2000万~5000万股（含），5万元/年； 总股本5000万~1亿股（含），8万元/年； 总股本1亿股以上，10万元/年
	挂牌年费	总股本2000万股（含）以下，16666.67万元/年； 总股本2000~5000万股（含），25000.00万元/年； 总股本5000~1亿股（含），33333.33万元/年； 总股本1亿股以上，41666.67万元/年

③在新三板市场挂牌后的运作成本：信息披露费（深圳信息公司收取）、监管费（主办报价券商收取）、交易佣金、印花税、红利个人所得税。

3. 挂牌新三板的手续较为简便

企业要想进入新三板挂牌交易，大致需要经过如下流程：

（1）项目立项。

①寻找券商并签订挂牌报价转让协议书。

②通过股东会、董事会决议。

（2）公司改制成股份有限公司。

（3）主办券商尽职调查。

①券商尽职调查清单、尽职调查工作底稿。

②拟尽职调查公司的基本情况表。

③审计报告、法律意见书。

（4）主办券商内核。

①内核机构成员审核工作底稿。

②内核会议记录。

（5）股转系统的受理和审查备案。

①主办券商推荐。

②资格确认函、审查意见书。

（6）挂牌公司与股转系统正式签订相关协议。

报价转让信息披露协议。

（7）申请报价转让证券简称或证券代码。

（8）挂牌公司股份初始登记。

①股份初始登记申请书。

②股份登记确认书。

③股票公开转让记录表。

④信息披露业务流转表。

（9）办理挂牌手续。

缴费通知单。

（10）挂牌公司申请股份转让限制与解限。

①解除股份转让限制而进入代办系统进行转让的申请。

②主办券商审核后出具挂牌公司股东所持股份解除转让限制明细表。

③股份解除限售登记的函。

④代办系统同意解除股份限制的公告（函）。

（11）投资者开立账户并委托主办券商交易。

①投资者与主办券商签订的委托交易协议。

②全国中小企业股份转让系统挂牌公司股票公开转让特别风险揭示书。

③证券公司关于加强报价转让业务投资者管理自律承诺书。

④与登记结算机构签订的证券登记服务协议。

⑤投资者向中国证券登记结算公司深圳分公司人民币普通股票账户提交的开户申请。

（12）成交与结算。

（13）暂停交易与终止挂牌。

①挂牌公司转板申请。

②终止挂牌备案确认函。

③代办股份转让系统终止挂牌业务通知表。

④关于终止股份挂牌报价转让的公告。

4. 新三板有助于未来转板至主板、中小板、创业板

虽然关于新三板转板制度还未出台专门的法律规定，但是从挂牌公司的发展前景来看，企业挂牌新三板对于自身融资、企业知名度等都有极大的好处。而且，从新三板的出台目的能发现，它就是为了帮助那些未达到

上市条件但很有发展潜力的企业进行上市前的融资交易。

另外，就目前已挂牌公司而言，也有若干企业已完成转板或申请转板，同时还有许多企业满足上市条件，但仍愿挂牌于新三板下。

成功转板的公司：

①久其软件：2009年8月11日完成中小板上市。

②北陆药业：2009年10月30日完成创业板上市。

③世纪瑞尔：2010年12月22日完成创业板上市。

④佳讯飞鸿：2011年5月5日完成创业板上市。

⑤紫光华宇：2011年10月26日完成创业板上市。

⑥博晖创新：2012年5月23日完成创业板上市。

⑦东土科技：2012年9月27日完成创业板上市。

5. 新三板鼓励投资者，尤其是机构投资者进入交易

新三板对于机构投资者的资金门槛设定为500万元人民币，自然人投资者准入门槛从“名下前一交易日日终证券类资产市值300万元人民币以上”调整为“名下前一交易日日终证券类资产市值500万元人民币以上”。由此可以看出，未来新三板的发展方向主要在于向机构投资者开放。

6. 新三板支持企业增资

新三板通过允许挂牌公司定向发行股票来进行增资，这对于担保/小贷公司融资无疑有极大好处。而且，就目前已挂牌公司而言，不少企业已多次进行了增资，获得了大量融资，这为其最终转板提供了优势。

《非上市公众公司监督管理办法》第36条规定：“本办法所称定向发行包括向特定对象发行股票导致股东累计超过200人，以及股东人数超过200人的公众公司向特定对象发行股票两种情形。前款所称特定对象的范围包括下列机构或者自然人：（一）公司股东；（二）公司的董事、监事、高级管理人员、核心员工；（三）符合投资者适当性管理规定的自然人投资者、法人投资者及其他经济组织。公司确定发行对象时，符合本条第二款第（二）项、第（三）项规定的投资者合计不得超过35名。”

7. 做市商制度的出台必将迎来新三板的高潮，将会提高挂票公司股票流动性

这次新三板扩容最大的优势在于提供了多种与投资者的交易模式，《全国中小企业股份转让系统业务规则》第3.1.2条规定：“股票转让可以采取协议方式、做市方式、竞价方式或其他中国证监会批准的转让方式。

经全国股份转让系统公司同意，挂牌股票可以转换转让方式。”而在上述交易模式中，未来最受关注的便是做市商制度，该制度具体在2014年8月正式推出。有了做市商制度，主办券商的作用显得更为重要，因为在做市商制度下，将由主办券商提供双边报价，供投资者和挂牌公司进行选择，最终主办券商收取中间差价。因此，主办券商会不断地持续督导并寻找投资者，而这或多或少会提高挂牌公司股票的流动性，也是挂牌公司之所以申请在股转系统的目的。

8. 挂牌公司持续信息披露有助于担保/小贷公司的信用评级，从而更容易获得银行贷款

从新三板挂牌不要求财务等指标这一特点来看，可以说它并不在意申请挂牌公司过去的情况，但是它同时要求一旦挂牌后就要完全按照股转系统的要求进行披露，股转系统一旦发现有未披露或公司虚假披露等情况，将会立即发布公告。这对担保/小贷公司而言无疑是比较有利的，节省了担保/小贷公司自身的审查时间；而且，一般只要按照股转系统的披露进行，担保/小贷公司的信用评级问题将迎刃而解。

由上述几点可知，挂牌新三板对于担保/小贷公司而言是可取的，但是法律是否允许担保/小贷公司在新三板上进行股权操作呢？这也是对新三板主体要求中所说的“全国股份转让系统公司要求的其他条件”的一个理解。因为一旦进入新三板，就要满足新三板的操作，就是不断地进行股权交易和定向融资，如果法律规定担保/小贷公司有限制，那么在审核过程中就会被拒绝。事实上，根据分析，新三板其实就是主板、中小板、创业板的一个跳转平台，只是进入门槛放低了；担保/小贷公司之所以未能上市，只是因为其资金未达到法律规定的要求，而新三板既然对资金等无限制，自然可以进入。也就是说，法律是允许担保/小贷公司在新三板上挂牌交易的。另外，目前已有一家担保公司成功挂牌新三板——均信担保，由此可知法律并未禁止。

三、挂牌新三板的法律风险

据有关数据统计，截至2014年2月26日，扩容正好满一个月，在新三板上挂牌的企业数量已达到650家。然而虽然就目前而言，新三板挂牌成了众多企业的香饽饽，但不可否认的是，新三板毕竟刚上市不久，且存在许多问题，因此，担保/小贷公司未来若要在新三板上占得席位，事前

的风险防控是必须具备的。

企业挂牌新三板可能遇到的法律风险如下：

（1）随着挂牌企业的增多，政府补贴将会减少的风险。

（2）随着挂牌企业数量的增多，未来可能产生投资者偏好，导致两极分化的风险。

（3）券商的地位提高的同时，收取的费用也增加的风险。

（4）流动性不足的风险。

据有关报道显示，从2014年1月24日集体挂牌首日成交来看，当天新挂牌的266家公司中，109家公司有成交；从成交笔数来看，1只股票成交6笔，5只股票成交2笔，其余103只股票成交1笔；从换手率来看，最高的为6%，最低的为0.04%。此后，新三板公司股票交易一直比较低迷，春节长假后的3个交易日，日均成交金额仅323万元。

（5）信息披露的风险。

由于新三板挂牌要求企业应按照有关规定进行持续信息披露，这使得企业完全暴露在公众的监督之下，企业将不得不为此增加维护商业秘密的费用。

（6）挂牌失败的风险。

导致该风险的原因可能有两方面：一是企业自身没有达到相应标准，或者在准备过程中有弄虚作假，审核时被发现；二是企业选用的中介机构未能尽职履行。

（7）定向增资失败的风险。

（8）转板失败的风险。

挂牌公司之所以在新三板上操作，主要是因为这些企业达不到上主板、中小板、创业板的条件，在新三板上经过不断的股权交易和派发增资活动，企业的融资问题势必或多或少地得到解决，最终肯定是想冲刺到主板、中小板、创业板上。然而由于目前新三板转板并没有相应的法律规范，因此仍须按照相应的门槛要求上市，这就可能会产生在新三板上发展得很好，但是在转板过程中失败的情况。以目前已挂牌的企业为例，中海阳、星昊医药、世纪东方等就已撤回转板申请。

小额贷款公司开展委托贷款业务的思考

目前，小额贷款公司资本金来源局限性较大，主要资金来源为股东缴纳的资本金、捐赠资金和不超过两个银行的融入资金，且融资规模不超过注册资本的 50% 。同时，“只贷不存”的经营模式难以从金融机构融入资金，仅依靠股东提供的资金经营，使得绝大部分小额贷款公司面临资金紧缺、资产流动性不足等问题，很多公司资金贷出后无事可做，影响了公司引进人才和提高管理水平，也制约了小额贷款公司业务的持续发展。此外，一旦银行业金融机构银根收紧，中小企业就更倾向于选择向小额贷款公司融资，届时小额贷款公司资本金不足的问题将更加突出。于是，很多小额贷款公司不约而同地想到了委托贷款。

委托贷款，是指由委托人提供合法来源的资金，贷款人（受托人）根据委托人确定的贷款对象、用途、金额、期限、利率等代为发放、监督使用并协助收回的贷款业务。受托人（贷款人）则是经行政许可，可以经营信贷业务的银行和非银行金融机构。需要注意的是，银行虽然是企业，却不能成为委托贷款的委托人。因为银行本身就是法定的从事借贷活动的贷款主体。委托人是除银行之外的所有其他法律主体。

据了解，上海、浙江、重庆、云南、广西等省市已经将委托贷款业务作为一种有效的外源融资模式，在达到一定标准的小额贷款公司逐步进行推广，并取得了一定的成效。

一、小额贷款公司开展委托贷款业务的合规性分析

（一）小额贷款公司委托贷款业务的主体资格

从中国人民银行 1996 年颁布的《贷款通则》来看，委托贷款关系的主体包括委托人、受托人（贷款人）和借款人。有资格成为委托贷款之委托人的有“政府部门、企事业单位及个人”。受托人（贷款人）则是经行

政许可，可以经营信贷业务的银行和非银行金融机构。按照中国银监会、中国人民银行《关于小额贷款公司试点的指导意见》，小额贷款公司是经行政许可，可以经营信贷业务的非金融机构，虽然从法律层面称不上金融机构，但其实质是经营金融信贷业务的营利性企业组织，是我国金融业的有效延伸和补充，一定意义上已经具备开展委托贷款业务的主体资格。

（二）小额贷款公司委托贷款业务的业务资格

小额贷款公司开展委托贷款业务需要地方监管机构认可，并将中间业务作为其业务范围，委托贷款业务即是金融中间业务的一种，其中间业务的性质决定了小额贷款公司只是受托关系，而避免了吸收公众存款的嫌疑；或者在小额贷款公司试点开展委托贷款业务。

（三）小额贷款公司委托贷款业务的法律关系

委托贷款中的法律行为主体是委托人、贷款人（受托人即小额贷款公司）和借款人。在这三方主体之间形成如下法律关系：

（1）借款人和委托人之间的资金预约关系。

（2）委托人和贷款人（受托人）之间的委托关系。

（3）贷款人和借款人之间的借贷关系。

资金预约关系是委托贷款中各个法律关系的基础，是指借款人和委托人通过磋商，就委托人提供委托贷款资金的数额、借款人使用该贷款资金的期限和用途、发放委托贷款的小额贷款公司和利率等事项达成的合意。正是在资金预约关系成立的前提下，后续的委托关系和借贷关系才得以成立和生效。这是小额贷款公司委托贷款中最为关键的一个环节，是保证小额贷款公司开展委托贷款业务合法性的重要依据。委托人和贷款人（受托人）之间的委托关系是指委托人和贷款人（受托人）之间形成的贷款人（受托人）接受委托人的委托，并取得代理权，以自己的名义按照委托之事项实施贷款行为的法律关系。

小额贷款公司仅仅是委托贷款中形式上的债权人，或者说是名义上的债权人，除恶意或过失损害委托人利益之情形外，其根本不承担贷款本息不能按时收回的法律风险。在各个金融机构的委托贷款的合同文本中，基本都有此类规定。这就表明委托贷款中，虽然小额贷款公司和借款人签订了借款合同，建立了借贷法律关系，但实质上的债权人是委托人。小额贷款公司在此运作中仅仅起到了桥梁和纽带的中介作用。

当然，小额贷款公司不承担法律风险并不意味着其不履行任何法律义务。小额贷款公司在委托贷款中所应履行的义务包括：

（1）忠于委托人的委托；

（2）及时向委托人报告委托贷款的执行情况；

（3）及时扣收贷款利息和本金，在形成不良贷款的情况下，应积极协助委托人清收。

二、小额贷款公司开展委托贷款业务的模式选择

（一）第一种模式

第一种模式：将委托贷款作为小额贷款公司收费性质的中间业务，小额贷款公司只收取手续费，不承担任何形式的贷款风险。

业务流程如下：一是委托人自己寻找贷款对象，与借款人达成贷款意向，协商确定贷款利率、期限等要素。二是委托人向小额贷款公司出具贷款委托书，并由委托人和借款人共同向小额贷款公司提出申请。三是小额贷款公司受理客户委托贷款申请，对贷款客户进行调查，对符合条件的客户进行委托贷款。四是小额贷款公司在委托合同成立后一次性或分批收取委托人利息收入一定比例的手续费。

（二）第二种模式

第二种模式：将委托贷款作为小额贷款公司收费性质的中间业务，小额贷款公司利用自身的信息优势为委托人介绍借款人，作为介绍人承担一定的贷款风险。

业务流程如下：一是委托人与小额贷款公司达成合作意向，委托小额贷款公司选择合适的放贷对象。二是小额贷款公司根据委托人贷款额度、期限及利率等要求甄选合适的借款人。三是委托人根据小额贷款公司推荐的借款人，最终选择确定贷款人，并与之协商确定贷款利率、期限等要素。四是委托人及小额贷款公司共同出具贷款委托书，由委托人和借款人及小额贷款公司共同签署相关合同协议。五是小额贷款公司接受委托后须监督借款人资金使用情况及还款情况，并承担一定风险，收取相应的较高的手续费。委托人协助贷款本息的回收，并承担一定的风险。

三、小额贷款公司委托贷款业务呈现的特点

（一）委托贷款业务多为定向委托，期限较短

（二）委托人和借款人范围狭窄

委托贷款业务多为企业与其关联企业的资金借贷，具体特点为笔数多、单笔金额大、贷款用途以流动资金贷款为主。

（三）以信用担保方式为主

绝大多数贷款以一次性发放的方式借出，部分贷款分期发放。还款方式通常采取按期付息、到期还本，也有委托人与借款人约定期末一次性还本付息。企业委托贷款担保方式中，采用信用担保的较多，多发生于关联企业间的委托贷款业务中。

（四）在审查资金来源、贷款用途等方面存在困难

首先，由于并非自营性贷款，小额贷款公司不承担风险，只收取手续费，主观上就失去了对资金来源、贷款用途等进行详细审查的动机；其次，小额贷款公司为了吸揽业务，对资金来源等要素只进行一些初步审查；再次，小额贷款公司收取的手续费往往存在上限，当委托贷款业务单笔金额过小时，手续费收益不足以覆盖进行详细审查所付出的成本。

（五）对于以资金调配为目的的委托贷款业务难以控制

委托贷款对于委托人而言，优势之一就是可以实现企业内部、跨国公司内地下属企业之间的资金调配。按照现行法律，企业之间借贷违法，因此往往通过委托贷款业务合法地调配资金流。但是，如果小额贷款公司审查缺位，则可能使企业母子公司之间的资金流动存在非法关系。

（六）个人委托贷款业务开展不踊跃

究其原因，首先，委托人作为自然人，即使有资金盈余，但由于其资金规模往往只能为中小企业提供短期贷款，而委托人对借款企业不了解，同时，作为受托人的小额贷款公司并不承担贷款风险，因此认为将资金投向委托贷款，其安全性比较差，加上其利息收入还要被征税，从而主观上不愿意进行委托贷款业务；其次，作为小额贷款公司，如果为委托人与借款人之间牵线搭桥，则可能被委托人视为对贷款风险的承担，一旦贷款出现问题，小额贷款公司将处于尴尬的境地；再次，由于个人委托贷款金额

小，小额贷款公司获得的手续费相对较低，这也使其缺乏开展个人委托贷款业务的动机；最后，监管部门对于个人委托贷款的审慎态度也使小额贷款公司开办个人委托贷款业务的意愿降低。

四、小额贷款公司开展委托贷款业务的风险因素

（一）政策风险

在政策法规方面，小额贷款公司应对委托贷款的对象、用途、项目进行合规审查，严格执行有关委托贷款的期限、利率等规定。关于利率，应严格执行中国人民银行的有关规定。

（二）操作风险

小额贷款公司在委托贷款的尽职调查、法律文本的签订、贷款资金的使用、贷款本息的收付偿还、手续费的收取等方面，应严格按规定和规程办理，防止贷款损失而必须承担的相应责任，避免引起纠纷。

（三）资金来源合规与否的风险

社保资金、企业年金、财政预算外资金、工会经费、保险资金、基金会基金、住房公共维修费属于不合规委托贷款业务的资金来源。要严格控制企业和个人利用银行贷款资金进行委托贷款，提防不法分子通过委托贷款业务涉嫌洗钱。

（四）资金投向难以控制的风险

防止委托人与借款人存在关联关系，将借贷风险转嫁给小额贷款公司的风险。

（五）法律风险

小额贷款公司委托业务没有明确的法律界定，一旦出现纠纷将面临法律诉讼。此外，在利益驱动下，小额贷款公司会作出一些不负责任的承诺或越权行使职能，这也容易造成法律风险。

五、小额贷款公司开展委托贷款业务艰难的原因

（一）小额贷款公司对委托贷款业务准备不足

在开展委托贷款业务试点阶段，由小额贷款公司向省金融办提出申请，同时抄报各州市政府备案，经省金融办审查批准后，方可开展委托贷

款业务。但由于小额贷款公司对试点方案及业务发展规划、目标委托人和目标客户定位等准备不足，加之信息通畅度不够等，尽管对于委托贷款对其发展和业务拓展的推动作用有着明确的认识，但是正式提出申请的小额贷款公司为数不多。

（二）委托人无法独自承担风险

由委托人确定贷款对象、用途、金额、期限、利率等，小额贷款公司只收取手续费，不承担贷款风险。因为委托人不从事小额贷款业务，对业务操作及贷款市场不熟悉，对贷款风险无法把握。尽管有委托意愿，但此条款委托人难以接受，慎重的心理比较突出。

（三）委托人不愿暴露隐私权

目前已试点小额贷款公司开展委托贷款业务的各省对委托人都有一定的要求，如金融资产超过 100 万元、最近 3 年每年个人收入超过 20 万元或夫妻双方收入超过 30 万元，且要提供相关财产、收入证明。对于此条件，委托人更不愿意接受。有的个人每年收入虽达不到这个条件，但多年来积累了一定闲置资金，无其他项目可投资，有相应的委托意愿，但顾忌的就是不愿意将自己的收入情况向小额贷款公司和盘托出。

（四）委托手续办理时间长、程序繁琐

某些省试点办法规定委托贷款要逐笔报省金融办备案，在取得省金融办的无异议函后方能发放。而资金需求方客户对贷款的需求主要用于资金周转，有的因为急等钱用，而到银行办理程序多、手续繁杂，待贷款到手时已经错过了最佳时机，而小额贷款公司的业务特点就是快捷、方便，如果按某些省试点办法规定办理委托贷款业务，在确定了贷款对象后再准备有关材料、报告，再逐笔报批，时间就会很长，待贷款到达时可能已经错过了机会。

小额贷款公司是否可以为无法提供足额抵押、质押的客户贷款

小额贷款公司发放贷款的条件一般是借款人能提供足额抵押、质押。然而实践中，小额贷款公司的很多客户是农户、个体工商户、创业期的小企业，这类客户常会面临急需资金而又无法提供足额抵押、质押的窘境，那么是否应放弃这类客户呢？小额贷款公司面临一个选择的过程：如果贷款，可能面临贷款无法回收的风险，也可能培育一批稳定的有价值的客户；如果不贷款，未来可能会丢失一批客户。这个问题实质上也反映了小额贷款公司创新信贷产品的能力。目前，很多小额贷款公司半年不到已经发放完全部贷款，丢失一部分垃圾客户，无关痛痒。然而随着金融政策的逐渐放开和大量新型小额信贷机构的不断涌现，我国小额信贷市场将逐步由产品驱动型向客户驱动型转变，信贷产品对小额贷款公司的重要性将逐渐显现，总有一天，不具备为客户量身定做产品实力的公司将无法在市场立足。

本文提供了一种创新产品模式——“行业协会 + 保证金 + 小额信贷”模式，简称协会联保贷款，用于小额贷款公司控制为无法提供足额抵押、质押的客户贷款的风险。

这一信贷产品需要行业协会的配合，小额贷款公司首先需要与行业协会建立合作关系。凡该行业的有贷款需求的客户，需要加入联保小组，成为行业协会的会员。该客户需要先向行业协会递交申请，由协会资格审查委员会进行初审；通过初审的资料再送交小额贷款公司进行第二次审查，小额贷款公司通过尽职调查，确认符合条件后，确定授信额度；然后，上报小额贷款公司风控部门或者贷款评审委员会，由其进行贷前的最后把关。一切就绪后，该客户需要按照联保小组授信总额的 25% 缴存保证金，由行业协会收取后存入开立的保证金专户，小额贷款公司按照保证金 1∶4 的比例向该客户发放贷款。

行业协会是社团组织，不是经济实体，不具备借款资格，也不具备担保资格，那么如何明确各方的法律地位和责任，从而控制法律风险呢？

为解决这一问题，可以签订四方合作协议，即签订授信协议。甲方为贷款人，即小额贷款公司；乙方是借款人，即该会员客户；丙方是担保人，即借款人所在的联保小组的所有会员；丁方是委托代理人，即行业协会。协议中载明，当乙方借款时，丙方即担保人包括乙方所在的联保小组的所有会员要共同承担连带保证责任，丁方负责代理授权范围内的事宜，办理相关担保手续，由此形成较完善的法律保障机制。

那么发生贷款无法收回的风险时，由谁承担责任呢？首先，由保证金补偿。若借款会员不能按期归还贷款本息，在贷款到期后的10日内，小额贷款公司可直接从保证金账户中扣收拖欠的款项，保证金余额不足部分，由协会在5日内补齐。第二，会员之间要承担连带保证责任。第三，由商业保险补偿。协会为借款会员办理人身意外伤害保险和财产保险，并规定贷款方小额贷款公司为第一受益人，如发生意外，保险赔付款优先偿还贷款本息。第四，由捐赠补偿。借款会员在遭遇不可抗拒的风险损失时，由协会组织其他联保会员对其进行捐赠，捐赠款项主要用于偿还贷款。

农村宅基地上的房屋能否抵押贷款

截至 2013 年 3 月末，全国共有 6555 家小额贷款公司，其中绝大部分是农村小额贷款公司，农户、农民、个体工商户是农村小额贷款公司的一部分客户。受传统观念影响，大多数农民往往会将其大部分生产经营收入都投入到住房建设中，农村房屋已成为农民所拥有和控制的、占比最大的经济资源。那么能否以农村宅基地上的房屋抵押贷款呢？对此，理论界有不同的观点。

一、否定说

否定说认为，该抵押无效。

首先，《中华人民共和国担保法》（以下简称《担保法》）第 37 条第（2）项规定，耕地、宅基地、自留地、自留山等集体所有的土地使用权不得抵押。《中华人民共和国物权法》（以下简称《物权法》）对这个问题争议很大，但权衡下来还是采纳了宅基地禁止抵押的意见。我国的房地产政策是“地随房走”。房屋抵押，所占用的土地使用权随之抵押。而宅基地抵押是法律明确禁止的，所以农村宅基地上的房屋抵押具有明确的违法性，而违法的民事行为是无效的，得不到法律的保护。

其次，房屋抵押权的设定，除了签订抵押合同外，还需要完成抵押登记。《房屋登记办法》第 87 条规定：“申请农村村民住房所有权转移登记，受让人不属于房屋所在地农村集体经济组织成员的，除法律、法规另有规定外，房屋登记机关应当不予办理。”由此可知，农村宅基地上房屋的移转登记只能发生于同村村民之间，而农村信用社、小额贷款公司等机构既不可能在同一行政村范围之内，更没有“法律、法规另有规定”的除外情形，所以，房屋管理部门依据《房屋登记办法》规定，无法给予抵押登记。根据《物权法》的规定，房屋抵押权自登记时设立，抵押农户无法完成登记的，抵押行为无效。这就给农村信用社、小额贷款公司等机构在现实操作中带来了难处，没有法律、法规的另行规定，房屋管理部门就缺少抵押登记的法律基础。

最后，抵押权的实现缺乏可操作性。根据《最高人民法院关于适用〈中华人民共和国担保法〉若干问题的解释》（以下简称《担保法解释》）第57条的规定，当事人在抵押合同中约定，债务履行期届满抵押权人未受清偿时，抵押物的所有权转移为债权人所有的内容无效。此条是我国禁止“流抵押”或者“绝押”的规定。因此，抵押权人实现抵押权有两种途径：一是与抵押人协商；二是请求法院拍卖、变卖。

根据《最高人民法院关于人民法院民事执行中查封、扣押、冻结财产的规定》第6条规定：对被执行人及其所扶养家属生活所必需的居住房屋，人民法院可以查封，但不得拍卖、变卖或者抵债。由此可见，抵押权人实现抵押权也存在障碍。据此，用农村房屋设定抵押，债权人实现抵押权也存在障碍。

农村宅基地上的房屋还存在是否有人要的问题。国土资源部《关于加强农村宅基地管理的意见》第13条规定：严禁城镇居民在农村购置宅基地，严禁为城镇居民在农村购买和违法建造的住宅发放土地使用证。该意见第5条规定：严格宅基地申请条件，坚决贯彻“一户一宅”的法律规定。所以，农村宅基地一般只能卖给本村符合建房条件的成员。这样，农村房屋的买卖对象就十分狭窄。

最高人民法院、国土资源部、建设部《关于依法规范人民法院执行和国土资源房地产管理部门协助执行若干问题的通知》（法发〔2004〕5号）第24条规定：“人民法院执行集体土地使用权时，经与国土资源管理部门取得一致意见后，可以裁定予以处理，但应当告知权利受让人到国土资源管理部门办理土地征用和国有土地使用权出让手续，缴纳土地使用权出让金及有关税费。对处理农村房屋涉及集体土地的，人民法院应当与国土资源管理部门协商一致后再行处理。”这里就涉及通过法院的执行，土地所有权在性质上存在一个从集体所有到国有的变化；并且，针对农村房屋的执行，人民法院应与国土资源部门协调一致后再作处理。如果协调不成，即便是通过法院拍卖而来的农村房屋，也只有房屋所有权，而无法办理土地使用权的性质变更及过户手续，也即受让人无法拥有土地使用权，一旦遇到旧村改造、拆迁安置、征地等，难以保证得到土地补偿。

二、肯定说

肯定说认为，该抵押有效。

首先，以农村宅基地上的房屋设定抵押，未违反法律法规的禁止性规定，应属可行。《中华人民共和国宪法》第13条第1款规定："公民的合法的私有财产不受侵犯。"《中华人民共和国民法通则》（以下简称《民法通则》）第75条规定："公民的个人财产，包括公民的合法收入、房屋、储蓄、生活用品、文物、图书资料、林木、牲畜和法律允许公民所有的生产资料以及其他合法财产。公民的合法财产受法律保护，禁止任何组织或者个人侵占、哄抢、破坏或者非法查封、扣押、冻结、没收。"根据这些规定，农村宅基地上的房屋是农民的合法的私有财产，受国家法律保护。《民法通则》第71条规定："财产所有权是指所有人依法对自己的财产享有占有、使用、收益和处分的权利。"农民对自己所有的房屋，当然享有财产所有权，可以依法对房屋行使占有、使用、收益和处分的权利，农民有权处分自己的房屋，其中当然包括抵押权。

《物权法》第184条、《担保法》第37条关于"宅基地等集体所有的土地使用权不得抵押"的规定，只是针对单纯的宅基地使用权，并没有明确规定建筑于宅基地上的农村房屋不得抵押，也没有明确规定宅基地使用权不得与建筑其上的农村房屋一起抵押。既然法律允许乡（镇）、村企业的集体土地使用权可以与地上厂房建筑物一并抵押，那么宅基地使用权也可和建筑其上的农村房屋一并抵押。根据《物权法》第180条第（7）项规定，只要法律、法规未禁止的，均可以设立抵押。因此，农村房屋可以作为抵押财产。

其次，既然可以出租、出售，按照举重以明轻的解释方法，用于抵押也应当许可。

根据《中华人民共和国土地管理法》规定，农村村民出租或出售宅基地上所建住宅后，再申请宅基地的，不予批准。可见，对于村民出租、出售房屋，法律并无禁止性规定。出卖或抵押农村房屋，从本质上说，在实现方式上是一致的，抵押权的实现不外乎是通过折价、变卖或拍卖的方式，用所获得的价款使抵押权人优先受偿，其和买卖房屋并没有本质的区别；而且，抵押权的实现还具有潜在性和可能不实现性。既然出卖农村房屋都不会损害集体的利益，则设定抵押更不会损害集体的利益，只要房屋的转让是在法律规定的范围内。况且，通过允许农民私有房屋设定抵押，可以使没有住房的农民通过折价、变卖等方式获得房屋，有利于资源的重新整合，也稳定了社会。这样做既不会损害集体的利益，也让农民有了融资的手段。

最后，《物权法》第155条规定，已经登记的宅基地使用权转让或者消灭的，应当及时办理变更登记或者注销登记。这说明，有条件的宅基地使用权的转让符合我国宅基地使用现状，也不为现行法律所禁止。司法部于2002年2月20日颁布的《公证机构办理抵押登记办法》第3条第2项，也确认了位于农村的个人私有房产属于《担保法》第34条规定的依法可以抵押的其他财产之列。

三、实践操作情况

关于农村宅基地上的房屋抵押的效力争论不断，但近年来，以农村宅基地上的房屋抵押贷款是越来越多，部分地方政府出台了相关规定允许以农村宅基地上的房屋抵押贷款，这也是农村融资的一项重要手段。总结已允许农村宅基地上的房屋抵押贷款的经验，发现有如下共同点值得借鉴：

（1）对农村房屋进行确权，发放房屋所有权证，明确须以合法取得的农村房屋作为抵押物，排除权属有争议的农村房屋。

（2）设定特定的抵押权人，如银行业金融机构、小额贷款公司等，除此之外的其他机构和个人不能作为抵押权人。

（3）抵押人有两处及以上的住所，或者其抵押房屋变卖处置后仍有安居地（须由抵押人承诺、提供住所的房屋所有权人书面保证）。

（4）由农村房屋所在地集体经济组织（村民委员会或经济合作社）书面承诺,同意宅基地使用权与农村房屋一并抵押，以及同意依法处置抵押物、实现抵押权。

（5）由房产管理部门负责办理农村房屋抵押权登记，并及时通知国土资源局备案。

（6）扩大抵押物的受让人范围，将其地域身份限制扩大至乡镇一级，甚至是县市一级辖区范围内的农业户口人口。

本文同意肯定说。从所有权权能角度来说，抵押是财产所有权人对自己财产正当行使所有权的表现，是“私法自治”这一法律原则的体现。近年来，国家文件多次提到“金融创新行为”，这也为宅基地上的房屋抵押贷款提供了政策支撑。

然而政府在规章程序上为宅基地上的房屋所有权登记开了法律口子，但也只是有个别地方进行了试点和摸索，执行的口径也不一致，其确认的产权归属和颁发的权属证书的法律效力同样大打折扣。因此，允许农民私房抵押也是任重而道远，但这又是改革和发展的大势所趋。

法条链接：

1995 年 10 月 1 日《担保法》

第三十七条　下列财产不得抵押：

（二）耕地、宅基地、自留地、自留山等集体所有的土地使用权……

2000 年 12 月 13 日《担保法解释》

第五十七条　当事人在抵押合同中约定，债务履行期届满抵押权人未受清偿时，抵押物的所有权转移为债权人所有的内容无效。

2004 年 3 月 1 日最高人民法院、国土资源部、建设部《关于依法规范人民法院执行和国土资源房地产管理部门协助执行若干问题的通知》

第二十四条　人民法院执行集体土地使用权时，经与国土资源管理部门取得一致意见后，可以裁定予以处理，但应当告知权利受让人到国土资源管理部门办理土地征用和国有土地使用权出让手续，缴纳土地使用权出让金及有关税费。对处理农村房屋涉及集体土地的，人民法院应当与国土资源管理部门协商一致后再行处理。

2004 年 11 月 2 日国土资源部印发《关于加强农村宅基地管理的意见》的通知

（五）严格宅基地申请条件。坚决贯彻“一户一宅”的法律规定。

（十三）严禁城镇居民在农村购置宅基地，严禁为城镇居民在农村购买和违法建造的住宅发放土地使用证。

2005 年 1 月 1 日《最高人民法院关于人民法院民事执行中查封、扣押、冻结财产的规定》

第六条　对被执行人及其所扶养家属生活所必需的居住房屋，人民法院可以查封，但不得拍卖、变卖或者抵债。

2007 年 10 月 1 日《物权法》

第一百五十三条　宅基地使用权的取得、行使和转让，适用土地管理法等法律和国家有关规定。

第一百五十五条　已经登记的宅基地使用权转让或者消灭的，应当及时办理变更登记或者注销登记。

第一百八十条　债务人或者第三人有权处分的下列财产可以抵押：

（七）法律、法规未禁止抵押的其他财产。

第一百八十四条　下列财产不得抵押：

（二）耕地、宅基地、自留地、自留山等集体所有的土地使用权，但法律规定可以抵押的除外。

2008 年 7 月 1 日《房屋登记办法》

第八十七条　申请农村村民住房所有权转移登记，受让人不属于房屋所在地农村集体经济组织成员的，除法律、法规另有规定外，房屋登记机关应当不予办理。

担保风控

住宅抵押的应用及法律风险防范

房地产抵押对小贷公司、担保公司、典当行等微金融主体的生存乃至发展至关重要。从法律层面来说，可供抵押的房地产主要是指取得房屋所有权证的房屋、承购人已经预购的商品房和符合条件的在建工程。本文仅针对专供居住的房屋，也称住宅，就其抵押的应用及法律风险的防范进行分析。

一、树立正确的法律风险防范理念

（1）小贷公司、担保公司、典当行等微金融主体要将目标客户的第一还款来源是否充足作为受理业务的基本前提条件，从严审核其基本信息、财务状况、信用程度、诚信状况。抵押物等第二还款来源只能作为第一还款来源的补充和风险缓释因素，尽量避免简单依据第二还款来源选择目标客户。

（2）小贷公司、担保公司、典当行等微金融主体应加强对拟抵押住宅的审查和评估，根据其价值、使用年限、变现能力等，审慎选择抵押物并合理确定抵押期限和抵押率。

（3）小贷公司、担保公司、典当行等微金融主体应落实抵押物持续管理制度，强化对抵押物的动态监控；应完善抵押物管理办法，针对各类抵押物的性质、特点等，合理设定不同抵押物的监控方式、内容和频率。对于房屋类抵押物，应按照双人实地原则，至少按季，对其实物状态、价值变动、权属变化情况进行现场核查和持续跟踪。如遇特殊情况，应当进一步加大现场核查频率，并针对存在的风险漏洞提出有效的控制措施。

（4）完善抵押权设置的法律手续，通过合同形式防范抵押悬空的风险。小贷公司、担保公司、典当行等微金融主体应对现有的借款合同文本和抵押合同文本进行修订和完善。

（5）加强与当地城建部门和房屋管理部门的联系与沟通，增强抵押物管理的前瞻性和主动性。小贷公司、担保公司、典当行等微金融主体应高度关注当地城市规划的制定和调整以及近期房屋拆迁情况，主动捕捉并分析整理有价值信息，审慎评估抵押房屋的拆迁可能性、价值波动性、处置可行性等，增强抵押物管理工作的针对性。

二、住宅抵押的应用及法律风险防范

（一）不能抵押的七类住宅

以下七类住宅不能抵押：

（1）住宅所有权有争议且在诉讼、仲裁或者异议登记中的；

（2）以公益为目的的事业单位、社会团体的教育、医疗卫生设施和其他社会公益设施；

（3）依法列入国有文物保护的；

（4）依法被查封、扣押、采取诉讼保全措施的，或者以其他形式依法被限制转让的；

（5）已依法公告列入政府征收范围的；

（6）土地使用权抵押后的住宅在建工程及住宅；

（7）法律、行政法规规定不得抵押的其他房地产。

（二）与抵押住宅所有权性质相关的法律风险点及防范

抵押人对抵押住宅不具有所有权的抵押有效吗？

原则上，抵押人以具有所有权或处分权的住宅设定抵押，该抵押有效。应从以下几方面确认抵押住宅的权属：

（1）房屋所有权证书、土地使用权证书或者房地产权证书。

需要注意的是，对于房改房（又称“已购公房”“上市公房”），只有产权性质为“成本价购买”的才可抵押。有些房改房抵押人只有房屋所有权证书没有土地使用权证书或者只有一个集体的土地使用权证书，这时需要先办理土地使用权证书再设定抵押。

（2）房屋共有权证书。

①拟抵押住宅按份共有人可以就应有份额单独设定抵押权。尽管按份共有人可以自行抵押应有份额，但在应有份额上仍然会存在夫妻共同共有的情况。此类情况下，应当要求当事人征得按份共有人配偶的书面同意。按份共有人已约定各自所占份额的，可以按照约定份额办理抵押权设定登

记；未作约定的，依据《物权法》第 104 条的规定：“按份共有人对共有的不动产或者动产享有的份额，没有约定或者约定不明确的，按照出资额确定；不能确定出资额的，视为等额享有。”为避免在应有份额上发生不必要的歧义和纷争，应敦请抵押双方在抵押登记部门相关抵押权登记申请文件中载明经双方确认的应有份额和价值。

②拟抵押住宅事先约定为共同共有、夫妻共同共有、家庭共同共有的情况下，除共有人另有约定外，设定抵押须全体共有人书面同意。

而共同共有三种情况，应该有自己的特定范围：第一，事先约定为共同共有。共有人约定住宅共有为共同共有的，必须经过登记；未办理登记的，约定只能在共有人之间发生效力，而不能对抗第三人。第二，夫妻共同共有。夫妻共同共有的住宅，应该是夫妻间未作约定、按照婚姻法的相关规定属于夫妻共同所有的住宅。第三，家庭共同共有。住宅的家庭共同共有大量表现在农村家庭以“户”为单位申请建成的房屋。这种房屋由于宅基地使用权是根据家庭人口数量进行审批核准的，且家庭成员共同投入了相应的人力、财力和物力，在未办理权属登记的情况下，原则上应当属于家庭成员共同共有。但在申请办理房屋权属登记时，如经家庭成员共同协商以家庭成员一人或几人名义登记的，应视为其他家庭成员已将其共有部分赠与登记名义人，房屋产权归登记名义人所有或按份共有；如以家庭所有成员名义登记的，只要家庭成员间未约定为共同共有，房屋产权应当属于所有家庭成员按份共有。至于其他情况，使用家庭共同收入，但以家庭成员个人名义购置，权属登记在家庭成员个人名下的房产，应视为其他家庭成员赠与，归登记名义人所有；使用家庭共同收入，以所有家庭成员名义购置，权属登记在所有家庭成员名下的房产，未约定为共同共有的，应属所有家庭成员按份共有。

需要注意的是，假设夫妻甲乙双方中的一方甲伪造财产分割协议，将原属双方共有的住宅改为归其单独所有，并持该伪造的协议到房产管理部门办理了变更登记，将该住宅由原来的共有变更为甲方单独所有，那么甲方将上述住宅进行抵押是否有效？根据物权公示原则，微金融主体信赖登记的正确性而与甲进行交易，构成抵押权的善意取得，微金融主体对该住宅的抵押权应受法律保护。因此，法院应认定甲以上述住宅设定抵押的行为有效，微金融主体能够取得上述房屋的抵押权。对于乙因该抵押所受的损失，应由擅自处分共有财产的甲进行赔偿，但不因此而影响该房屋抵押的效力。因此，共同共有人在共有关系存续期间，未经其他共有人同意，以共有房屋设定抵押的，该抵押无效；但为了维护交易安全，第三人善意有偿取得该房屋抵押权的，抵押有效。

有些夫妻婚姻关系存续期间发生的住宅抵押贷款，确实因为夫妻一方设定抵押时没有经过另一方同意，被法院认定为抵押权无效。依照婚姻法的有关规定，婚姻存续期间的债务应该属于夫妻共同债务。没有了抵押权的保障，这样的债权实现的可能性可想而知。

还有一些抵押住宅虽属夫妻双方共有，但夫妻一方未登记在权证内，未登记方也未在抵押借款合同上签名，在借款合同纠纷中是否能将这方列为共同被告？实践中，对此存在争议。这就涉及怎样正确理解和运用配偶财产共有原则和物权公示公信原则。对此，学术界和司法界存在不同的观点。一种观点认为：一般情况下，配偶关系存续期间所购买的房屋属于配偶共有财产，无论配偶一方是否在产权证上署名。但是根据物权法原理，房产权属应以登记方式向社会公示，登记必须完整，应包括所有权利人。对参与交易的善意第三人而言，证书上载明的权利人应视为该财产唯一的权利人，善意第三人也有理由相信。其次，从房地产登记信息的公示公信效力来看，参与交易的善意第三方并无义务查明公示以外的信息。“善意第三人因信赖登记，自不动产登记名义人受让取得不动产所有权，或于不动产上设定担保物权或用益物权者，仍取得其权利。”另一种观点认为，在我国，由于历史原因，严格按照实际权利人的姓名进行房产登记的历史并不长，特别是在小城镇或一些法制欠发达地区，房产证中登记的权利人往往并不是全部实际权利人，登记主管机构的登记信息或资料的公示公信程度并不高，自然人或法人查询房产产权方面的信息也不是很方便。此外，公房产权改革的政策性强，牵涉面广，房产证上登记的权利人也往往与实际情况不尽一致。所以，应当充分考察当地房产登记行政主管机关对房产登记制度的落实和完善情况，正确认定登记信息的推定力，根据查明的事实判断抵押权人是否知道或应当知道抵押房产属于配偶共同财产等问题，并在此基础上决定是否追加姓名未登记在产权证中、未参加合同签订的配偶一方为共同被告。

（3）对于预售的住宅即通常所说的期房，可凭已生效的商品房预售许可证、商品房预售合同原件、预付款凭证及其他证明、证件确认权属。

（4）有权处分住宅的证明。

这包括以下三种：

①拟抵押住宅的所有权人出具的同意抵押的书面证明；所有权人为国有企业的，提供主管部门及国有资产管理部门同意抵押的书面证明。

②以企业所有的住宅抵押的，应提供企业同意抵押的书面证明、全体股东一致同意的股东（大）会决议或董事会决议、经工商局登记的章程。

③登记在未成年人名下的住宅是否可由监护人代为申请抵押？对此，只要监护人能提交合法有效的监护关系证明和经过公证的保障被监护人利益的书面保证，即可申请抵押。

需要注意的是，在实践中，监护人会以在没有证据证明其为了被监护人利益的情况下无权对被监护人的财产进行处分来主张抵押无效。监护人将所购住宅登记在其未成年子女名下，未成年子女成为名义上的产权人。而住宅的实质利益仍然为监护人所享有和控制，由此可以确认监护人事实上拥有对该住宅的所有权。因此，监护人将住宅抵押是处分自己财产的行为，并不存在侵害被监护人利益的情形，应认定监护人以该住宅抵押的行为合法有效。

（三）与抵押住宅抵押权设置相关的法律风险点及防范

1. 住宅抵押期限受土地使用年限限制

我国现行的土地使用年限是普通住宅70年产权。以具有土地使用年限的住宅抵押的，所担保债务的履行期限不得超过土地使用权出让合同规定的使用期限减去已经使用年限后的剩余期限。

2. 住宅抵押的抵押金额如何确定

住宅抵押的抵押金额可以协商确定，也可以通过房地产价格评估机构评估。抵押物登记记载的内容与抵押合同约定的内容不同时，以抵押物登记记载的内容为准。

3. 法律是否允许对住宅设定重复抵押

从我国目前的法律来看，我国《担保法》第35条规定："抵押人所担保的债权不得超出其抵押物的价值。财产抵押后，该财产的价值大于所担保债权的余额部分，可以再次抵押，但不得超出其余额部分。"最高人民法院《关于适用〈中华人民共和国担保法〉若干问题的解释》（以下简称《担保法解释》）对《担保法》的上述规定进行了修正，其第51条规定："抵押人所担保的债权超出其抵押物价值的，超出的部分不具有优先受偿的效力。”《物权法》的颁布和实施，进一步完善了重复抵押制度。《物权法》第199条规定：“同一财产向两个以上债权人抵押的，拍卖、变卖抵押财产所得的价款依照下列规定清偿：（一）抵押权已登记的，按照登记的先后顺序清偿；顺序相同的，按照债务比例清偿；（二）抵押权已登记的先于未登记的受偿；（三）抵押权未登记的，按照债权比例清偿。”

债权人在已经设定抵押的住宅上重复设定抵押并非没有意义，而是有其利益取舍的考虑：抵押住宅的价值并不是固定不变的，它会随市场行情的变化而发生变化，如已经抵押的房产可能升值，也可能贬值，所以抵押权实现时的价值未必等同于抵押权设定时的价值，如果后一顺序的债权人看好抵押住宅的升值趋势，完全可以接受已经设定过抵押的住宅。另外，由抵押住宅担保的债权未必都需要由抵押物拍卖或者变卖来获得清偿，如果前一债权通过正常履行得到清偿，则后一债权可以获得抵押物的抵押价值。

4. 同一住宅设定两个以上抵押权，应将抵押情况告知全体抵押权人

抵押人应当将已经设定过抵押的情况告知抵押权人，这种告知应该是书面的而非口头的，并应在抵押合同中体现出来。

（四）与抵押住宅处分相关的法律风险点及防范

1. 出租人将出租的住宅设定抵押，是否需要承租人同意

因为承租人支配的是租赁住宅的使用价值，抵押权人支配的是其交换价值，租赁住宅的抵押不会损害承租人的利益；所以，出租人将出租的住宅设定抵押，无须经过承租人的同意。

出租人将已出租的住宅抵押的，应当书面告知承租人，原租赁合同继续有效。如果出租人未履行此告知义务，设定的抵押也并非就无效。由于租赁物设定抵押并未侵害到承租人的利益，即使抵押物被处分，给承租人带来的负担也只不过是履行对象的变更，其他诸如租金等并不改变。这种负担也非实质上的不利益。人民法院不能以出租人未履行告知义务而宣告抵押合同无效。这种情况下，给予承租人如下救济：承租人有权解除租赁合同，并要抵押人承担违约责任，这样就可保证自己的租赁权不因抵押权的行使而受到一丝损害。

出租人的另一个告知义务是出租人将租赁住宅设定抵押的，应向抵押权人告知抵押物已出租的事实。因为抵押权实现时，负有租赁的抵押物的

变价比正常无负担的抵押物的变价要困难些，负有租赁的抵押物很可能只能卖个较低的价格。也就是说，抵押权的实现可能会因租赁权的存在而受到影响。因此，在设定抵押时，抵押人应将抵押物已有租赁负担的事实告诉抵押权人，从而让抵押权人决定是否接受此抵押。

需要注意的是，部分抵押人在办理贷款时以及经营出现重大困难时，蒙骗或伙同第三人签署长租期、低租金、一次性付款的租赁协议。其中，部分租赁协议签署在抵押之后，上述协议本身仍为有效协议，只是在抵押权实现后协议的效力不得对抗受让人。租赁的苛刻条款，以及抵押物处置时潜在买受人的畏难情绪，导致抵押物变现价值降低、处置难度加大甚至导致贷款本金无法足额收回。贷后管理过程中，微金融主体应通过实地调研、直接与抵押物使用人交谈等方式，确认抵押物的实际使用人，排查疑点，防止抵押人未经允许而在抵押期间与新的承租人签署租赁协议，设置长租期、畸形租金等条款，恶意或串通套现的情形出现。一旦发现存在恶意租赁情形，相关机构应当及时采取措施，要求抵押人予以改正或采取其他风险缓释措施。

2. 未损害抵押权人利益的抵押住宅转让合同是否有效

《担保法》第 49 条第 1 款规定："抵押期间，抵押人转让已办理登记的抵押物的，应当通知抵押权人并告知受让人转让物已经抵押的情况；抵押人未通知抵押权人或者未告知受让人的，转让行为无效。"《物权法》第 191 条第 2 款也规定："抵押期间，抵押人未经抵押权人同意，不得转让抵押财产，但受让人代为清偿债务消灭抵押权的除外。"这两个法律条款虽然有细微的差别，但都规定未通知抵押权人或者未经抵押权人同意，不得转让抵押财产；这显然都是立足于维护抵押权人的利益、保证抵押权人的债权能够得以实现。

现代物权法理论认为，物权法的最大价值目标应当是在明确物的归属的前提下，充分发挥物的效用，实现物尽其用，推动整个社会经济的发展进步。抵押人设定抵押权后，并未丧失对抵押住宅的所有权，在不损害抵押权人优先受偿权的前提下，抵押人仍然可以对抵押住宅进行处分，包括法律上的处分和事实上的处分。如果完全限制抵押人对于抵押物的处分，恰恰是限制了发挥物的效用，对社会经济是不利的。为此，《担保法解释》第 67 条第 1 款规定："抵押权存续期间，抵押人转让抵押物未通知抵押权人或者未告知受让人的，如果抵押物已经登记的，抵押权人仍可以行使抵押权；取得抵押物所有权的受让人，可以代替债务人清偿其全部债务，使抵押权消灭。受让人清偿债务后可以向抵押人追偿。”《物权法》第 191 条第 2 款中的但书条款“但受让人代为清偿债务消灭抵押权的除外”，也沿袭了与《担保法解释》相一致的立场。这两个法律条款都是在确保抵押权人利益不受损害的前提下，同时兼顾抵押人和受让人的利益，使抵押物转让法律制度既能维护抵押权担保功能的实现，又能促进市场流通、发挥物的效用。具体而言，《担保法》只规定了抵押期间抵押人转让已办理登记的抵押物而未通知抵押权人的，转让行为无效，但没有明确转让行为无效后的法律后果。根据担保物权的法理，为实现利益最大化，抵押物转让制度的设计安排完全可以同时兼顾到抵押权人、抵押人和受让人三方的利益，包括抵押权人对抵押人的物上代位权、对第三人的追及权以及第三人对抗追及权的涤除权。这三项权利的设置，就能够做到利益平衡与物尽其用的协调。《担保法》规定了抵押权人的物上代位权，其第 49 条第 3 款规定：“抵押人转让抵押物所得的价款，应当向抵押权人提前清偿所担保的债权或者向与抵押权人约定的第三人提存。超过债权数额的部分，归抵押人所有，不足部分由债务人清偿。”但该法没有规定抵押权人的追及权和受让人的涤除权。《担保法解释》对此予以了补充，即上述第 67 条第 1 款所作的规定。也就是说，根据《担保法》及其司法解释，抵押人转让抵押物未通知抵押人的，如果抵押物已经登记，抵押权人可以行使追及权，仍可以就受让人所取得的抵押物优先受偿；而受让人为了获得无权利负担的所有权，也可以通过行使代替清偿的涤除权，代抵押人履行债务或者清偿债权而消灭抵押权。这就意味着，只要不损害抵押权人的利益，抵押人与第三人签订的抵押物转让合同并非无效。而《物权法》第 191 条的规定，与《担保法解释》是完全一致的。

3. 抵押登记后，抵押人依判决丧失了抵押住宅的所有权，抵押权是否随之丧失？依判决取得抵押住宅的新所有权人将该物转让后，抵押权人能否主张抵押权追及力？

按传统民法的规定，不动产抵押后，抵押人的处分行为对抵押权不发生影响，抵押权仍针对抵押人已处分的不动产而存在，抵押人有权追及至抵押财产的受让人而行使抵押权，这即是抵押权的追及效力。《担保法解释》又有所突破，第 67 条规定：“抵押权存续期间，抵押人转让抵押物未通知抵押权人或者未告知受让人的，如果抵押物已经登记的，抵押权人仍可以行使抵押权；取得抵押物所有权的受让人，可以代替债务人清偿其全部债务，使抵押权消灭。受让人清偿债务后可以向抵押人追偿。如果抵押物未经登记的，抵押权不得对抗受让人，因此给抵押权人造成损失的，由抵押人承担赔偿责任。”这就承认了抵押权具有追及效力，同时规定受让人享有涤除权，可以代替债务人清偿其全部债务，使抵押权消灭。

就第一个问题而言，一种观点认为，抵押住宅的所有权是因法院的判决而发生转移，依据法院判决取得所有权是所有权原始取得的方式之一，抵押权因为法院的判决已经消灭，自然不存在抵押权的追及力问题。另一种观点则认为，法院的判决虽然改变了抵押住宅的所有权人，但并没有对抵押权进行处理，抵押权仍然负担在抵押住宅之上并具有追及力。本文倾向于后一种观点。理由在于，在法院判决抵押人丧失了抵押住宅所有权的纠纷中，抵押权人是与诉争标的物有利害关系的第三人，在其没有参加诉讼、未能进行有效抗辩的情况下，法院不得剥夺其已有的权利。因此，虽然法院的判决改变了抵押物的所有权人，但不宜认为抵押权因此而消灭。

就第二个问题而言，一种观点认为，受让抵押住宅的权利人是基于对法院判决的信赖才从新所有权人处受让了该住宅，其受让行为应认定为善意取得。另一种观点则认为，由于受让抵押住宅的权利人受让的是不动产，不宜认定为善意取得。本文倾向于后一种观点。理由在于，在大多数情况下，由于抵押权的设立需要登记，受让人与让与人从事交易时，无论转让人是否告知抵押物是否设立抵押，他都应当查阅登记，并从登记中了解转让的抵押物已经抵押的事实。如果第三人在得知抵押物已设立抵押后，仍然受让该财产，则意味着他自愿接受了一种将来可能受到抵押权人追夺的风险。然而在某些情况下，受让人在订立转让合同时，可能不知道或者不应当知道转让的抵押物已经设立了抵押，在此情况下受让人主观上是善意的。这些情况包括两种：一是转让的抵押物并没有登记，而转让人又没有告知抵押物已经设立抵押的情况；二是由于登记机关的错误等原因而造成登记的材料中没有对抵押物的情况予以记载，而抵押人又没有向受让人披露抵押物已经抵押的情况。如果受让人在受让财产时主观上出于善意，则抵押权人无权向受让人追及而要求受让人返还财产。

与上述问题类似的是，抵押物被出售，债权人是否仍可行使抵押物权，本文意见同上。

4. 住宅买卖合同被认定无效后，抵押权人如何行使抵押权

首先，对于住宅买卖合同效力的认定，要区别违法欺诈还是表见代理，买受人存在恶意与否。只有在买受人明知无权处分人无权处分，仍恶意串通买受的情况下，才应认定买卖行为无效。此外，诸如权利人的亲属，从权利人处借得身份材料、房产证明等，足以让他人相信其为有权处分的，应视为表见代理，而不能认定买卖无效。

其次，对于无权处分的住宅买卖合同被认定无效之后，是否必然导致抵押合同无效，本文持否定观点。只要微金融主体能够证明在签订抵押借款合同之前尽到了应尽的审查义务，并将抵押权设定在已经过户给借款人的住宅上，除非权利人证明微金融主体存在恶意行为，否则微金融主体就属于善意的抵押权人，按照物权法规定应该受到合法保护。

最后，关于抵押权的实现问题。有人认为，如果在判决无权处分的买卖合同无效的情况下认定抵押权有效，那么就会遇到抵押权无法实现的情况。所以，为维护裁判的严肃性，就应判决抵押权无效。其实这种观点是十分可笑的，权利的拥有与权利的实现是完全不同的两个概念，法院不能既当运动员又当裁判员。

（五）与抵押住宅处置相关的法律风险点及防范

1. 仅有一套住宅是否可以处置

产生“一套房”现象，主要原因是《最高人民法院关于人民法院民事执行中查封、扣押、冻结财产的规定》第 6 条规定：“对被执行人及其所扶养家属生活所必需的居住房屋，人民法院可以查封，但不得拍卖、变卖或者抵债。”

最高人民法院 2005 年 11 月 14 日出台的《最高人民法院关于人民法院执行设定抵押的房屋的规定》第 6 条规定：“被执行人属于低保对象且无法自行解决居住问题的，人民法院不应强制迁出。”因此，无法处置“一套房”就成了微金融主体通过拍卖抵押房屋收回贷款的最大障碍。

其实，对于“一套房”的处理，许多法院存在错误理解。实践中，一些法官为图省事或者避免矛盾，以保证被执行人基本生存权为借口，一味强调《最高人民法院关于人民法院执行设定抵押的房屋的规定》中关于“被执行人属于低保对象且无法自行解决居住问题的，人民法院不应强制迁出”的规定，而置抵押权人的优先受偿权于不顾，这无疑是对我国《担

保法》和《物权法》中关于担保物权制度规定的违反和对最高人民法院司法解释的误读。其实，该规定还明确，人民法院对已经依法设定抵押的被执行人及其所扶养家属居住的房屋，在裁定拍卖、变卖或者抵债后，应当给予被执行人6个月的宽限期。宽限期届满后，被执行人仍未迁出的，人民法院可以作出强制迁出裁定，并按照《中华人民共和国民事诉讼法》第229条的规定执行。强制迁出时，被执行人无法自行解决居住问题的，经人民法院审查属实，可以由申请人为被执行人及其所扶养家属提供临时住房。申请执行人提供的临时住房，其房屋品质、地段可以不同于被执行人原住房，面积参照建设部、财政部、民政部、国土资源部和国家税务总局联合发布的《城镇最低收入家庭廉租住房管理办法》中规定的人均廉租住房面积标准确定。申请执行人提供的临时住房，应当计收租金。租金标准由申请人和被执行人双方协商确定；协商不成的，由人民法院参照当地同类房屋租金标准确定，如果当地无同类房屋租金标准可以参照则参照当地房屋租赁市场平均租金标准确定。已经产生的租金，可以从房屋拍卖或者变卖价款中优先扣除。

对于“一套房”的执行，有些法院也尝试过。例如，上海市黄浦区人民法院曾建议由申请人按照廉租房标准为被执行人提供临时住房。根据有关司法解释的精神，该临时住房应符合期限上无限制、户籍可迁入、面积符合廉租房标准、非农村房屋或危棚简屋等条件。申请执行人提供合适的临时住房的，法院可裁定被执行人迁入临时住房；拒不迁出的依法强制执行，腾空抵押房屋交付拍卖。而在实践中，微金融主体并非房地产企业，难以对诸多案件的被执行人都提供临时住房，且为被执行人提供临时住房涉及合适的长期房源、户籍迁入、房产管理、租金收取等诸多问题，容易产生新的纠纷与风险。不少微金融主体提出，愿意提供相应房源，以大换小、近换远、好换差等方法置换抵押房屋，用差价归还贷款，从而避免执行后产生新的纠纷。然而现实是法院可否裁定强制被执行人买受指定的房屋，房地产管理部门可否按照法院裁定办理房屋过户手续，以及房屋交易过程中其他一系列合同行为（如物业管理）能否通过强制方式完成，这些在立法上均没有规定。因此，在实际操作中成功的案例屈指可数。

2. 关于抵押期间抵押住宅被拆迁后的法律问题

根据国务院颁布的《城市房屋拆迁管理条例》的规定，政府对房屋进行拆迁的，应当对被拆迁人进行补偿。拆迁补偿方式可以实行货币补偿，也可以实行房屋产权调换。如果被拆迁人即抵押人选择房屋产权调换的补偿方式，那么所调换的房屋属于抵押物的代位物，应为抵押权的效力所及；微金融主体应和被拆迁人对调换后的房屋重新签订抵押合同，进行抵押登记。如果调换后的房屋价值低于原房屋价值，造成担保不足的，可要求借款人补充新的担保。

如果被拆迁人选择货币补偿方式，微金融主体应就补偿金行使优先受偿权。另根据国家建设部颁布的《城市房地产抵押管理办法》的规定，抵押人不依法清理债务也不重新设定抵押房屋的，抵押权人有权向拆迁主管部门申请保留追偿债务的权利，并可向人民法院提起诉讼。经拆迁主管部门批准，拆迁人应当暂缓向抵押人发放拆迁补偿费或者拆迁安置房地产权登记证件，直至法院判决为止。拆迁期限届满，若法院尚未作出判决，经县级以上房屋拆迁主管部门批准，拆迁人可以依法实施拆迁，并办理证据保全。随着城市规模的不断扩大，拆迁项目日益增加，拆迁单位的管理能力参差不齐以及拆迁过程中的道德风险，导致住宅抵押类贷款在拆迁过程中存在一定风险。拆迁单位可能直接与被拆迁人签订协议并将拆迁款项直接予以支付，微金融主体行使抵押权时，抵押物已经因拆迁而灭失，拆迁补偿款项此时往往已经被变现转移，导致微金融主体抵押权实质上落空。

综合分析上述规定，在贷款期间遇到抵押住宅被动拆迁的时候，微金融主体所面临的法律风险非常大：既要对抵押住宅所在地块的拆迁情况随时掌握，又要对被拆迁人拆迁补偿方式的选择及时了解，还要根据被拆迁人的选择及时作出相应的跟进措施。换言之，这要求信贷人员随时跟踪抵押住宅的动态情况，任何一个环节的疏忽都有可能造成抵押物和抵押物的拆迁补偿费“鸡飞蛋打”。

商铺抵押的法律风险防范

担保公司在为中小企业向银行申请贷款时，往往要求中小企业提供反担保措施，在众多反担保措施中尤以抵押担保最常见。然而目前实践中越来越多的人开始将商铺作为抵押物，在操作中却遇到许多法律风险。如何防范这些风险是本文研究的目的。

一、设立商铺抵押的事前尽职调查

（一）审查主债权债务的基本情况

审查主债权债务以下基本情况：

（1）审查主债权债务合同是否有效。

【法律风险】《担保法》第5条规定：“担保合同是主合同的从合同，主合同无效，担保合同无效。担保合同另有约定的，按照约定。担保合同被确认无效后，债务人、担保人、债权人有过错的，应当根据其过错各自承担相应的民事责任。”

（2）审查主债权债务的性质。

银行贷款的性质有三种：授信额度内借款、最高额债权额度内借款以及非授信非最高额债权额度内借款。

（3）审查借款的用途是否按主合同约定的方式进行。

（4）审查主债权、债务人的身份证明。

（5）审查主债务人的经营状况。

（6）审查主债务人的公司注册资本及对外债务情况。

【法律风险】《公司法》第3条规定：“公司是企业法人，有独立的法人财产，享有法人财产权。公司以其全部财产对公司的债务承担责任。有限责任公司的股东以其认缴的出资额为限对公司承担责任；股份有限公司的股东以其认购的股份为限对公司承担责任。”

（7）审查主债务人的资信状况。

（8）审查主债务人关联公司的情况。

【法律风险】这是因为我国对于债务的偿还实行的是“以公司独立财产承担全部责任”，所以，如果主债务人的关联交易比较多，就要特别关注，因为这可能会严重影响抵押权人获得受偿。

（二）审查抵押人的基本情况

审查抵押人以下基本情况：

（1）审查抵押人是否有商铺抵押的资格。

【法律风险】根据《物权法》，在我国能够申请商铺抵押的主体是商铺所有权人和使用人。《合同法》第51条规定：“无处分权的人处分他人财产，经权利人追认或者无处分权的人订立合同后取得处分权的，该合同有效。”

（2）审查抵押人的个人经济收入状况及债权债务情况。

（3）抵押人若是商铺产权人，审查其是否有产权证以及产权人的商铺使用年限等情况。

【法律风险】《城镇国有土地使用权出让和转让暂行条例》第12条第4项规定：“土地使用权出让最高年限按下列用途确定：商业、旅游、娱乐用地40年。”《城市房地产抵押管理办法》第18条规定，以具有土地使用年限的房地产抵押的，其抵押期限不得超过土地使用权出让合同规定的使用年限减去已经使用年限后的剩余年限。

（4）抵押人若是按揭贷款人，审查其是否有生效的商铺预售合同和银行贷款合同。

（5）抵押人若是承租人，审查其是否有生效的租赁合同，主要审查其租赁期限。

【法律风险】《合同法》第214条第1款规定：“租赁期限不得超过二十年。超过二十年的，超过部分无效。”第215条规定：“租赁期限六个月以上的，应当采用书面形式。当事人未采用书面形式的，视为不定期租赁。”

（6）审查是否有共有人同意商铺抵押的意思表示。

（7）审查如果商铺是家庭共有的，家庭经济条件及收入水平以及是否有需要抚（扶）养的人。

（8）若抵押人是企业，审查是否通过董事会或股东会、股东大会决议。

【法律风险】我国《公司法》第16条规定："公司向其他企业投资或者为他人提供担保，依照公司章程的规定，由董事会或者股东会、股东大会决议……"

（9）若抵押人是企业，审查其是否有经营期限

【法律风险】《城市房地产抵押管理办法》第17条规定，有经营期限的企业以其所有的房地产设定抵押的，所担保债务的履行期限不应当超过该企业的经营期限。

（三）审查被抵押商铺的基本情况

审查被抵押商铺以下基本情况：

（1）审查被抵押的商铺是否合法，是否有被查封、扣押等情形。

（2）审查被抵押商铺的类型。

【法律风险】由于商铺没有构造上、物理上的独立性，因此实践中商铺的变现往往是将之继续承租出去，从出租的金额中获得优先受偿。而作为商铺投资者，自然希望投资回报高且稳，但是不同类型的商铺投资收益不同。都市型商铺（位于城市商业中心地段）的投资收益较其他商铺稳定。

（3）审查商铺的地理位置、经营状况等。

（4）审查被抵押商铺的抵押范围是否侵犯他人权利。

【法律风险】商铺抵押和房屋抵押最大的不同就在于必须明确抵押商铺的范围。商铺不具有构造上、物理上的独立性，因此如果未明确其范围，很可能导致无权处分。

（5）审查被抵押商铺是否有从物，抵押权的效力是否及于从物。

【法律风险】最高人民法院《关于适用〈中华人民共和国担保法〉若干问题的解释》（以下简称《担保法解释》）第63条规定："抵押权设定前为抵押物的从物的，抵押权的效力及于抵押物的从物。但是，抵押物与其从物为两个以上的人分别所有时，抵押权的效力不及于抵押物的从物。"

（6）审查被抵押商铺上是否有其他优先权的存在。

【法律风险】这种优先权可能发生在以下情形：如果抵押人是以预售商铺作为抵押，那么建筑队和商铺的购买人有优先权；另外一种是关于共

有人或承租人优先购买权的问题。

（7）审查该被抵押商铺的价值以及是否有其他抵押情况和其他抵押权人。

【法律风险】《担保法》第35条规定："抵押人所担保的债权不得超出其抵押物的价值。财产抵押后，该财产的价值大于所担保债权的余额部分，可以再次抵押，但不得超出其余额部分。"《担保法解释》第77条规定："同一财产向两个以上债权人抵押的，顺序在先的抵押权与该财产的所有权归属一人时，该财产的所有权人可以以其抵押权对抗顺序在后的抵押权。"

（8）审查被抵押商铺上是否有租赁等情况。

【法律风险】《担保法解释》第65条规定："抵押人将已出租的财产抵押的，抵押权实现后，租赁合同在有效期内对抵押物的受让人继续有效。"

（9）审查抵押人或债务人是否有其他担保措施。

（10）审查被抵押商铺是否有投保，重点查阅其保险单。

（11）审查抵押人提供的抵押物清单是否填写完整、无误。

（四）审查抵押合同是否有效

应在以下方面审查抵押合同是否有效：

（1）审查合同的内容是否有效。

【法律风险】①签订抵押合同的双方主体不适格。②《担保法解释》第57条第1款规定："当事人在抵押合同中约定，债务履行期届满抵押权人未受清偿时，抵押物的所有权转移为债权人所有的内容无效。该内容的无效不影响抵押合同其他部分内容的效力。"③《担保法解释》第56条第1款规定："抵押合同对被担保的主债权种类、抵押财产没有约定或者约定不明，根据主合同和抵押合同不能补正或者无法推定的，抵押不成立。"

（2）审查合同的形式是否有效。

【法律风险】①抵押合同上抵押人虚假签名。②抵押人授权他人与抵押人签订抵押合同，但被授权者的签名虚假。③抵押人授权他人与抵押权人签订抵押合同，但事后否认授权情形。④代签人超越授权书的代办事项及委托期限。⑤商铺为抵押人和他人共有，抵押人冒充共有人签章，抵押权人未仔细确认共有人身份。

（3）审查抵押合同的抵押担保期限。

（4）审查抵押人对于债务转移的规定。

《物权法》第 175 条规定：“第三人提供担保，未经其书面同意，债权人允许债务人转移全部或者部分债务的，担保人不再承担相应的担保责任。”

（5）对于不同类型的贷款，审查抵押人提供的担保责任范围。

【法律风险】抵押权人为债务人提供的是概括性的担保责任，但抵押人只对某次债务进行担保。《担保法》第 52 条规定：“抵押权与其担保的债权同时存在，债权消灭的，抵押权也消灭。”

二、商铺抵押权的有效设立

商铺抵押权的有效设立包括以下内容：

（1）商铺抵押权的生效条件：登记。

【法律风险】对于以建筑物和其他土地附着物、建设用地使用权设定抵押权存在法条冲突：《物权法》（2007 年）规定登记生效；《担保法》（1995 年）规定登记对抗。根据新法优于旧法原则，抵押登记是抵押权设立的生效要件。

（2）商铺抵押登记所需文件。

《城市房地产抵押管理办法》第 32 条规定，办理房地产抵押登记，应当向登记机关交验下列文件：①抵押当事人的身份证明或法人资格证明；②抵押登记申请书；③抵押合同；④国有土地使用权证、房屋所有权证或房地产权证，共有的房屋还必须提交房屋共有权证和其他共有人同意抵押的证明；⑤可以证明抵押人有权设定抵押权的文件与证明材料；⑥可以证明抵押房地产价值的资料；⑦登记机关认为必要的其他文件。

（3）审查登记机关发放的他项权证。

【法律风险】《担保法解释》第 61 条规定：“抵押物登记记载的内容与抵押合同约定的内容不一致的，以登记记载的内容为准。”

三、设立商铺抵押权的预警机制

（一）抵押权设立后的尽职调查事项

抵押权设立后的尽职调查事项包括以下内容：

（1）审查主债务人是否有转移财产的情况。

【法律风险】可能的转让方式包括采取赠与、抛弃、毁损、恶意低价转让等方式藏匿财产。

（2）审查主债务人是否有提前还款的情况。

（3）审查债务人是否有破产、合并、被吊销营业执照等情形。

【法律风险】银行要求抵押权人提前为主债务人承担连带保证责任，事后追偿时主债务人没有资产。

（4）审查主债务人是否正常纳税。

（5）审查主债务人的经营状况及对外债权债务情况。

（6）审查被抵押商铺抵押后的经营情况。

【法律风险】被抵押商铺抵押后收益较差，最终变现时无人愿意承租。

（7）审查抵押人的财务变动情况。

（8）审查被抵押商铺的再抵押情况。

【法律风险】如果再抵押实现的期限早于抵押权人实现抵押权的期限，则可能导致抵押权人得不到充分受偿。《担保法解释》第78条规定："同一财产向两个以上债权人抵押的，顺序在后的抵押权所担保的债权先到期的，抵押权人只能就抵押物价值超出顺序在先的抵押担保债权的部分受偿。顺序在先的抵押权所担保的债权先到期的，抵押权实现后的剩余价款应予提存，留待清偿顺序在后的抵押担保债权。"

（9）审查被抵押商铺是否有毁损风险；若有，审查抵押人的保全措施。

【法律风险】《担保法解释》第80条规定："在抵押物灭失、毁损或者被征用的情况下，抵押权人可以就该抵押物的保险金、赔偿金或者补偿金优先受偿。抵押物灭失、毁损或者被征用的情况下，抵押权所担保的债权未届清偿期的，抵押权人可以请求人民法院对保险金、赔偿金或补偿金等采取保全措施。"

（10）审查被抵押商铺的范围是否有变动。

【法律风险】在商铺变现时，被抵押的商铺范围有变动，由于其不具备构造上、物理上的独立性，可能在变现时侵犯他人商铺权利。还有可能是抵押人故意对商铺进行装修，使得商铺的范围不明显，这也将影响商铺变现。

（11）审查抵押人是否对被抵押商铺仍具有处置权。

（二）抵押权提前实现的预警标志

抵押权的提前实现有以下预警标志：

（1）债务人已拖欠到期的本金或利息。

（2）债务人的财务状况严重恶化或企业已进入破产程序。

（3）债务人的关联企业间的交易严重增加。

（4）与债务人失去联系。

（5）债务人死亡或者被宣告死亡而无人代为履行到期债务，或者债务人的合法继承人、受遗赠人拒绝履行到期债务。

（6）非因抵押权人的行为致使被抵押商铺损毁，抵押权人要求保全被抵押商铺，抵押人拒绝。

（7）抵押人未经抵押权人同意转移或处分抵押物。

（8）抵押人的故意行为使得被抵押商铺范围不明显。

（9）非因抵押人原因致使商铺范围不明显，抵押权人要求确认被抵押商铺范围，抵押人拒绝。

四、被抵押商铺的处置

被抵押商铺的处置包括以下内容：

（1）商铺的抵押权有以下实现方式：

①拍卖、变卖被抵押商铺；

②若被抵押商铺毁损、灭失的，就其获得的保险金、赔偿金或者补偿金等优先受偿；

③抵押人以其他财产替换的，以其他财产优先受偿；

④抵押权实现情形出现后与抵押人就抵押财产进行协商折价取得该商铺；但若损害顺序在后的担保物权人和其他债权人利益，后者可以在行为发生起一年内申请撤销。

【法律风险】《担保法》第58条规定：“抵押权因抵押物灭失而消灭。因灭失所得的赔偿金，应当作为抵押财产。”《物权法》第195条第1款规定：“债务人不履行到期债务或者发生当事人约定的实现抵押权的情形，抵押权人可以与抵押人协议以抵押财产折价或者以拍卖、变卖该抵押财产所得的价款优先受偿。协议损害其他债权人利益的，其他债权人可以在知道或者应当知道撤销事由之日起一年内请求人民法院撤销该协议。”

（2）要注意商铺抵押权的行使期限问题。

【法律风险】《物权法》第 202 条规定："抵押权人应当在主债权诉讼时效期间行使抵押权；未行使的，人民法院不予保护。"根据司法实践，抵押权一旦消灭，消灭的并非是胜诉权，而是实体权，由此将抵押权的行使期间认定为除斥期间。

（3）价款顺序按以下顺序进行补偿：

①处分被抵押商铺的费用；

②处分被抵押商铺应缴纳的税费；

③应当缴纳的国有土地使用权出让金的款额；

④应支付的建造该商业地产上商铺的工程欠款；

⑤主债权及利息、违约金、损害赔偿金；

⑥剩余金额交还抵押人。

【法律风险】发生抵押权实现的情况是因为主债务人无法清偿债务，也就是说主债务人无可用财产。《物权法》第 179 条第 1 款规定："为担保债务的履行，债务人或者第三人不转移财产的占有，将该财产抵押给债权人的，债务人不履行到期债务或者发生当事人约定的实现抵押权的情形，债权人有权就该财产优先受偿。"第 198 条规定："抵押财产折价或者拍卖、变卖后，其价款超过债权数额的部分归抵押人所有，不足部分由债务人清偿。"

（4）债务履行期届满，债务人不履行债务致使抵押物被人民法院依法扣押，抵押权人未告知抵押人或应清偿法定孳息的人。

【法律风险】《担保法》第 47 条规定："债务履行期届满，债务人不履行债务致使抵押物被人民法院依法扣押的，自扣押之日起抵押权人有权收取由抵押物分离的天然孳息以及抵押人就抵押物可以收取的法定孳息。抵押权人未将扣押抵押物的事实通知应当清偿法定孳息的义务人的，抵押权的效力不及于该孳息。前款孳息应当先充抵收取孳息的费用。"

（5）注意同一被抵押商铺上有多个抵押权的处置顺序。

【法律风险】《担保法解释》第 77 条规定："同一财产向两个以上债权人抵押的，顺序在先的抵押权与该财产的所有权归属一人时，该财产的所有权人可以以其抵押权对抗顺序在后的抵押权。"第 75 条第 1 款规定："同一债权有两个以上抵押人的，债权人放弃债务人提供的抵押担保的，其他抵押人可以请求人民法院减轻或者免除其应当承担的担保责任。"

（6）注意多个担保人为同一债务作保的处置方式。

【法律风险】《物权法》第 176 条规定：“被担保的债权既有物的担保又有人的担保的，债务人不履行到期债务或者发生当事人约定的实现担保物权的情形，债权人应当按照约定实现债权；没有约定或者约定不明确，债务人自己提供物的担保的，债权人应当先就该物的担保实现债权；第三人提供物的担保的，债权人可以就物的担保实现债权，也可以要求保证人承担保证责任。提供担保的第三人承担担保责任后，有权向债务人追偿。”

公司股权质押设立法律风险防范

企业做借贷融资，信用借贷已经很少了；一般情况下，金融主体都会要求借款方提供相应的担保。因此，借款人有没有担保能力，就成为融资是否成功的关键要素。对于金融主体而言，借款人的担保能力也是其作出授信的关键要素。关于担保的方式，我国《担保法》规定了五种即抵押、质押、留置、保证、定金。无论是担保还是反担保，适用的担保方式就是这五种。五种担保方式中，质押的内容非常丰富，股权质押就是其中一种。但因股权的特殊属性及股权价值的实现，实践中以股权质押作为担保的法律风险也是很大的。本文就股权质押设立的法律风险如何防范予以分析，为企业借贷融资股权质押担保方式操作提供理论性的参考。

一、设立股权质押的尽职调查

实践中，要保证股权质押合法有效，必要的尽职调查是必需的。股权质押中，以下各项是尽职调查的主要内容：

（1）了解出质人持有股权的目标公司的基本情况。

出质人持有股权的目标公司的基本情况，主要包括以下基本内容：

①目标公司的历史沿革；

②目标公司的法人代表；

③目标公司的股东情况；

④目标公司的业绩情况；

⑤目标公司的治理情况。

如果目标公司就是借款人，对目标公司的尽职调查就应该更加详尽；如果目标公司不是借款人，而是第三人，则其基本的工商资料情况是要调查的最基本内容。

（2）了解出质人及拟质押股权的有关情况

①出质人的出资证明书、股份或股票。

②出质人如为自然人，应提供有关身份的证明；如为法人，应提供营业执照及其他有关文件。

③出质人如为法人，另须有法人股东会或董事会同意股权出质的决议。

④出质人应提供会计师事务所针对其股权出资而出具的验资报告；如果没有，则质权人应有能够对股权价值评估的能力。

（3）出质的股权如为有限责任公司股份，须有该公司过半数以上股东同意出质的决议，这一点是为了在股权价值实现时排除相应的障碍。

《公司法》第71条规定：“有限责任公司的股东之间可以相互转让其全部或者部分股权。股东向股东以外的人转让股权，应当经其他股东过半数同意。股东应就其股权转让事项书面通知其他股东征求同意，其他股东自接到书面通知之日起满三十日未答复的，视为同意转让。其他股东半数以上不同意转让的，不同意的股东应当购买该转让的股权；不购买的，视为同意转让。经股东同意转让的股权，在同等条件下，其他股东有优先购买权。两个以上股东主张行使优先购买权的，协商确定各自的购买比例；协商不成的，按照转让时各自的出资比例行使优先购买权。公司章程对股权转让另有规定的，从其规定。”

（4）了解拟出质股份是否有瑕疵即是否有禁止出质的情况。

出质人应出具对拟质押的股权未重复质押的证明（若重复质押，须有质权人出具的同意函）。

（5）对于股份有限公司，应了解拟出质的股权是否违反下列情况：

①记名股票于股东大会召开前30日内或者公司决定分配红利的基准日前5日内，不得进行股东名义的变更登记；

②发起人持有的本公司的股份，自公司成立之日起3年内不得转让；

③公司董事、监事、经理所持有的本公司的股份，在其任职工期间内不得转让；

④股东的股份自公司开始清算之日起不得转让；

⑤公司员工持有的公司配售的股份，自持有该股份之日起1年内不得转让；

⑥国家拥有的股份的转让必须经国家有关部门批准；

⑦法律、法规规定不得转让的。

二、股权质押设立合同生效

1995年《担保法》第78条第1款和第3款分别规定："以依法可以转让的股票出质的，出质人与质权人应当订立书面合同，并向证券登记机构办理出质登记。质押合同自登记之日起生效。""以有限责任公司的股份出质的，适用公司法股份转让的有关规定。质押合同自股份出质记载于股东名册之日起生效。"

1995年《担保法》不仅混淆了股权质押合同成立和股权质押成立的关系，而且还规定双方应签订质押合同。依该法规定，如果未签订书面合同，质押应为无效。《最高人民法院关于适用〈中华人民共和国合同法〉若干问题的解释》（以下简称《合同法解释（二）》）规定，违反效力性规定，合同才无效。因此，双方虽然未签订书面合同，但有其他证据证明质押合同成立的，不能仅因未签订书面合同而无效，但为了防范风险、明确权利，双方应签订书面合同。

2006年《物权法》修正了上述做法。其第15条规定："当事人之间订立有关设立、变更、转让和消灭不动产物权的合同，除法律另有规定或者合同另有约定外，自合同成立时生效；未办理物权登记的，不影响合同效力。"《物权法》分清了质押合同和质押设立的关系，规定只要法律未有规定和合同未有特殊约定，质押合同从成立时生效。

根据新法优于旧法的原则以及债权行为与物权行为分开的原则，质押合同的效力并不以登记为合同有效成立的要件，而质权的成立则以登记为有效成立的要件。所以，为了避免出质人不进行登记，以便如果出质人不登记质权人可以追究出质人的违约责任，在股权质押合同中，最好设置关于登记事项的合同条款。而这一点，恰是很多股权质押合同所忽视的。

三、股权质押质权有效设立

根据1995年《担保法》第78条的规定，以依法可以转让的股票出质时，应前往证券登记机构进行登记；以有限公司的股份出质时，应将股份出质记载于股东名册。依该条规定，以非上市公司的股票出质时，也应在证券登记机构进行登记，但现行登记机构只办理上市公司股票的出质。最高人民法院认识到这一矛盾，于是在《担保法解释》中规定：上市公司股份质押在证券登记机构办理，非上市公司股票质押记载于股东名册。2006

年《物权法》进一步完善了出质方法，规定以证券结算登记机构登记的股权出质的，质权自证券登记结算机构办理出质登记时设立；以其他股权出质的，质权自工商行政管理部门办理出质登记时设立。

（一）有限责任公司股权质押

1. 一般规定

根据《担保法》规定，以有限责任公司的股份出质的，适用《公司法》股份转让的有关规定。质押合同自股份出质记载于股东名册之日起生效。经股东同意对外出质的股份，质权实现时，同等条件下其他股东对该股份有优先购买权。也就是说，不能取得半数以上股东同意的，则股权不能质押给股东以外的人，股权所有者只能从不同意出质的股东中挑选质权人。若半数以上股东同意，出质人得以将自己的股权质押给股东以外的质权人，只须在实现质权时保证其他股东的优先购买权即可。

2. 特殊规定

（1）国有独资公司股权质押

国有独资公司是有限责任公司的一种特殊形式。《公司法》规定，国有独资公司的资产转让，依照法律、行政法规的规定，由国家授权投资的机构或国家授权的部门办理审批和财产转移手续。

根据《国有资产监督管理暂行条例》的规定，核定企业国有资本、监管国有资本变动是各级国有资产管理部门的主要职责。因此，国有独资公司的股权在对股东以外的人出质时，须报经国有资产管理部门批准。

（2）外商投资企业股权质押

外商投资企业包括中外合资企业、中外合作企业和外商独资企业。这些企业在中国设立，是中国法人，除对外发行人民币特种股票的股份有限公司外，外商投资一般采取有限责任公司形式。外商投资企业股权质押须经审批机关批准。如果中外合资、合作企业中方投资者的股权变更而使企业变成外资企业，且该企业限制设立外资企业的行业，则该企业中方投资者的股权变更必须经政府有关部门批准。

另外，以国有资产投资的中方投资者股权质押，实现质权时必须经有关国有资产评估机构进行价值评估，并经国有资产管理部门确认，经确认的评估结果应作为该股权的作价依据。

（二）股份有限公司股权质押

1. 一般规定

《担保法解释》规定：以股份有限公司的股份出质的，适用《公司法》有关股份转让的规定。

股份有限公司的特点是可以发行股票，其股权以股票形式来表现，分为记名股与无记名股。公司向发起人、国家授权投资的机构、法人发行的股票应当为记名股票；向社会公众发行的股票则既有记名股也有无记名股。

以记名股票出质的，出质人与质权人应订立质押合同或者背书记载质押字样，并向证券登记结算机构办理出质登记。质押合同自登记之日起生效。

以无记名股票出质的，出质人与质权人应订立质押合同或者背书记载质押字样。质押合同自股票交付之日起生效。未经背书质押的无记名股票，不得对抗第三人。

2. 特殊规定

（1）上市公司股份质押

上市公司股份质押中，主要是注意在特定期间内不得转让的股份。这部分股份主要包括以下股份：

①按照《公司法》，发起人持有的本公司股份，自公司成立之日起 1 年内不得转让；公司公开发行股份前已发行的股份，自公司股份在证券交易所上市交易之日起 1 年内不得转让；公司董事、监事、高级管理人员所持本公司股份，自公司股份上市交易之日起 1 年内不得转让；上述人员离职后半年内，不得转让其所持有的本公司股份。同时，公司章程可以对公司董事、监事、高级管理人员转让其所持有的本公司股份作出其他限制性规定。

②按照《证券法》，在上市公司收购中，收购人持有的被收购的上市公司股份，在收购行为完成后的 12 个月内不得转让。

③按照证监会《上市公司证券发行管理办法》《上市公司非公开发行股票实施细则》及《上市公司重大资产重组管理办法》，上市公司向特定对象非公开发行股份的，股份自发行结束之日起，12 个月内不得转让。对于下列四类特定对象，其所获股份在 36 个月内不得转让：上市公司控股股东、实际控制人或者其控制的关联人；通过认购本次发行的股份取得上市公司实际控制权的投资者；董事会拟引入的境内外战略投资者；取得本次

发行的股份时，对其用于认购股份的资产持续拥有权益的时间不足 12 个月的投资者。

④按照商务部、证监会、国家税务总局、国家工商总局、国家外汇管理局《外国投资者对上市公司战略投资管理办法》，以及商务部《关于外商投资举办投资性公司的规定》《关于外商投资举办投资性公司的补充规定》，无论是对于已完成股权分置改革的上市公司，还是对于股权分置改革后新上市的公司，外国投资者及其在中国设立的从事直接投资的公司（包括以独资或与中国投资者合资的形式设立）进行战略投资所取得的上市公司 A 股股份在 3 年内均不得转让。

⑤按照证监会《上市公司董事、监事和高级管理人员所持本公司股份及其变动管理规则》《上市公司股权激励管理办法（试行）》，上市公司董事、监事和高级管理人员所持本公司股份在下列情形下不得转让：本公司股份上市交易之日起 1 年内；董事、监事和高级管理人员离职后半年内；董事、监事和高级管理人员承诺一定期限内不转让并在该期限内的；法律、法规、中国证监会和证券交易所规定的其他情形。同时，上市公司授予激励对象限制性股份，应当在股权激励计划中规定激励对象获授股份的禁售期限。因此，禁售期内的激励股份不得转让。

⑥根据证监会《证券公司行政许可审核工作指引第 10 号》，存在控股股东或者实际控制人的证券公司，其控股股东或者实际控制人增资或者受让股权的，应当承诺自持股日起 60 个月内不转让所持证券公司股权，其他持有 5% 以上股权的入股股东应当承诺自持股日起 36 个月内不转让所持证券公司股权。不存在控股股东或者实际控制人的证券公司，持有 5% 以上股权的入股股东应当承诺自持股日起 48 个月内不转让所持证券公司股权。控股股东或者实际控制人的认定标准依照《关于证券公司控制关系的认定标准及相关指导意见》执行。持股日是指证券公司增资扩股或者变更持有 5% 以上股权的股东、实际控制人经证监会核准的日期。

（2）上市公司国有股质押

根据财政部《关于上市公司国有股质押有关问题的通知》，国有股东授权代表单位持有的国有股只限于为本单位及其全资或控股子公司提供质押。国有股东授权代表单位用于质押的国有股数量不得超过其所持该上市公司国有股总额的 50% 。国有股东授权代表单位以国有股进行质押，必须事先进行充分的可行性论证，明确资金用途（不得用于购买股票），制订还款计划，并经董事会（不设董事会的由总经理办公会）审议决定。

以国有股质押的，国有股东授权代表单位在质押协议签订后，按照财务隶属关系报省级以上主管财政机关备案，并根据省级以上主管财政机关出具的“上市公司国有股质押备案表”，按照规定到证券登记结算公司办理国有股质押登记手续。

四、设立股权质押法律文件

2008年10月1日起实施的《工商行政管理机关股权出质登记办法》（国家工商行政管理总局令第32号）第7条规定：“申请股权出质设立登记，应当提交下列材料：（一）申请人签字或者盖章的《股权出质设立登记申请书》；（二）记载有出质人姓名（名称）及其出资额的有限责任公司股东名册复印件或者出质人持有的股份公司股票复印件（均需加盖公司印章）；（三）质权合同；（四）出质人、质权人的主体资格证明或者自然人身份证明复印件（出质人、质权人属于自然人的由本人签名，属于法人的加盖法人印章，下同）；（五）国家工商行政管理总局要求提交的其他材料。指定代表或者共同委托代理人办理的，还应当提交申请人指定代表或者共同委托代理人的证明。”

关于设立股权质押需要提交的法律文件，一般包括表1所示的内容（此部分只是提供一种参考，实践中真实需要哪些法律文件，须以各股权质押登记部门要求为准）。

表1　股权质押申报文件清单

序号	文件名	内容	签字人	注意事项
1	申请书	说明质押原因、质押比例、出质人和质权人	公司盖章	
2	最高权力机构决议	同意出质投资者将其股权质押的决议	董事（股东）	全体董事（股东）或依章程规定
3	质押协议	被担保的主债权种类、数额；债务人履行债务期限；质物名称、数量、质量、状况；质押担保范围；质物移交的时间等	出质投资者与质权人	要签署年月日

续表

序号	文件名	内容	签字人	注意事项
4	贷款合同	贷款协议或其他引起股权质押的主债务合同		复印件
5	承诺函	出质股权未做质押或未被司法冻结	公司盖章	
6	出资证明书		出质投资者	
7	出质投资者及质权人的主体资格证明	公司注册证明或个人身份证复印件	出质投资者与质权人	
8	批准证书、营业执照	年检后的批准证书、营业执照复印件	公司盖章	
9	验资报告		会计师事务所	已缴付出资部分形成的股权可以质押
10	法律文件送达授权委托书			
11	其他材料			

五、股权质押设立登记事项

2008 年国家工商行政管理总局《工商行政管理机关股权出质登记办法》（国家工商总局令第 32 号）中的以下条款涉及股权设立登记的事项：

第 4 条规定：“股权出质登记事项包括：（一）出质人和质权人的姓名或名称；（二）出质股权所在公司的名称；（三）出质股权的数额。”

第 5 条规定：“申请出质登记的股权应当是依法可以转让和出质的股权。对于已经被人民法院冻结的股权，在解除冻结之前，不得申请办理股权出质登记。以外商投资的公司的股权出质的，应当经原公司设立审批机关批准后方可办理出质登记。”

第6条规定：“申请股权出质设立登记、变更登记和注销登记，应当由出质人和质权人共同提出。申请股权出质撤销登记，可以由出质人或者质权人单方提出。申请人应当对申请材料的真实性、质权合同的合法性有效性、出质股权权能的完整性承担法律责任。”

应收账款质押法律风险的管理

一、应收账款质押的概念及特点

我国《物权法》确定了应收账款可以用来质押。中国人民银行配套出台了《应收账款质押登记办法》（本文以下简称《登记办法》）。《登记办法》第 4 条界定了应收账款："本办法所称的应收账款是指权利人因提供一定的货物、服务或设施而获得的要求义务人付款的权利，包括现有的和未来的金钱债权及其产生的收益，但不包括因票据或其他有价证券而产生的付款请求权。本办法所称的应收账款包括下列权利：（一）销售产生的债权，包括销售货物，供应水、电、气、暖，知识产权的许可使用等；（二）出租产生的债权，包括出租动产或不动产；（三）提供服务产生的债权；（四）公路、桥梁、隧道、渡口等不动产收费权；（五）提供贷款或其他信用产生的债权。"

应收账款质押的特点如下：

（1）应收账款质押的标的仅限于金钱之债，而不包括非金钱债权。债务人不履行债务时，质权人可以直接请求第三债务人（即应收账款债务人）向自己给付相应款项，从而避免了其他类型的质权在实现时通常需要的评估、折价或拍卖、变卖质物等繁琐程序。

（2）作为质押标的的应收账款，可以是既已存在的债权，也可以是有稳定预期的未来债权。既已存在的债权无论到期或未到期，将来的债权无论成立的条件是否完全具备，均无妨作为质押标的，而且实践中运用较多、融资价值更大的恰恰是未来债权的质押。当然，针对未来发生的应收账款设定质押，这种权利质权会遇到自身特有的一些问题如风险的评估与控制、决算期。

（3）作为普通债权的一种，应收账款质权兼具物权和债权两种特性。其作为担保物权，当债务人破产时，债权人可以就此应收款项优先受偿。

另外，应收账款质权实质上是以一种请求权担保另一种请求权的实现，这层质押担保的外壳看似坚固，实则主债权人的债权能否实现，最终依赖于第三债务人的履行能力即其全部责任财产的多少。这显然不如以特定的有体物担保安全可靠。

二、应收账款质押的法律风险

（一）应收账款基础合同的风险

应收账款基础合同存在以下风险：

（1）应收账款基础合同效力的风险。如果产生应收账款的基础合同本身存在交易违反法律禁止性规定、违背社会公德、合同自成立之初就根本不可能履行等情形，该基础合同很可能被认定为无效，基础合同的无效必定导致应收账款质押无法实现。

（2）诉讼时效风险。如果质押的应收账款债权已过诉讼时效，除非债务人自愿履行，否则质权人无法从债务人处获得清偿，质押担保失去意义。

（3）合同解除的风险。根据合同法的有关条款，存在法定或约定的条件时，解除权人可以单方解除合同。单方解除通知到达对方时，合同即解除。而由于缺乏相关法律规定，法院可能不会支持质权人限制出质人或债务人行使解除权的主张。

（二）因出质人原因产生的风险

因出质人原因会产生以下风险：

（1）出质人虚构应收账款风险。这分为两种情况：一是应收账款原本就不存在，而出质人虚构应收账款；二是应收账款原来存在，但出质前债务人已经清偿，只是出质人未下账。以不存在的应收账款质押，质押合同自始无效；质押标的嗣后不存在，质押合同可能会被认定无效。无论何种情形，贷款银行都不能从债务人那里获得清偿。当然，如果债务人、出质人存有过错，质权人可以要求其承担相应的民事责任。

（2）出质人转让债权的风险。《物权法》第 228 条规定了应收账款出质后不得转让，但经出质人与质权人协商同意的除外。若出质人转让债权，便涉及出质登记对包括债务人在内的第三人的效力问题，以及应收账款质押合同的签订及登记能否对抗应收账款债务人的问题。这些问题给质权的实现带来潜在的风险。

（3）出质人对应收账款管理不善的风险。出质人的管理不善，可能会使应收账款的实现在法律上已不可能，或者实现质权的价格要高于实际应付价格。

（三）因应收账款债务人原因产生的风险

因应收账款债务人的原因会产生以下风险：

（1）应收账款债务人的偿付能力和信誉风险。尽管基础合同有效，且出质人已经充分履行了基础合同项下的义务，质权人能否就出质的应收账款最终实现顺利受偿，仍有赖于债务人的资信状况和偿付能力。

（2）应收账款债务人的抗辩权风险。应收账款债务人可能对债务存在一定的抗辩事由，质权人不能限制债务人行使同时履行抗辩权、诉讼时效抗辩权等。在债务人合法行使其抗辩权的同时，必然影响质权人实现其质权。

（3）应收账款债务人行使抵销权风险。如果应收账款债务人对出质人享有符合法定抵销条件的债权，那么债务人和出质人之间是否能就该债权与出质的应收账款进行抵销，或者虽然不符合法定抵销条件，当事人是否可以协商抵销？对此，现在没有明确的法律规定。这属于法官自由裁量的地方，也给质权人实现质权带来潜在风险。

（四）应收账款登记的风险

应收账款登记存在以下风险：

（1）应收账款范围风险。《登记办法》将“公路、桥梁、隧道、渡口等不动产收费权”包括在应收账款的范围之内，与《关于适用〈中华人民共和国担保法〉若干问题的解释》（以下简称《担保法解释》）和其他部门规章的规定不一致，《担保法解释》将“以公路桥梁、公路隧道或者公路渡口等不动产收益权出质的”归入《担保法》“依法可以质押的其他权利”。公路等不动产收费权是否应列入应收账款范围，有待于《物权法》司法解释加以确认。

（2）出质登记部门的风险。《登记办法》规定中国人民银行征信中心是应收账款质押的登记机构；而国务院《关于收费公路项目贷款担保问题的批复》则明确规定，公路建设项目法人用收费公路的收费权质押方式向国内银行申请抵押贷款，以地市级以上交通主管部门作为公路收费权质押的登记部门。《农村电网建设与改造工程电费收益权质押贷款管理办法》则将各省（自治区、直辖市）计委（计经委）作为电费收益权质押登记部门。尽管《物权法》明确规定应收账款质权自信贷征信机构办理出质登记时设立，但此处的信贷征信机构是否为中国人民银行征信中心并不确定，在上位法《物权法》没有作出明确的界定之前，下位法《登记办法》规定的登记机关与国务院、国家计委、人民银行的相关规定不一致，容易使相关当事人面临难以确定登记机关的困扰：如果其他规定未明确出质收费权的登记部门，则若在征信中心进行出质登记，能否获得司法支持并不确定；如果其他规定明确了出质收费权的登记部门，则质权人将面临登记部门选择风险。如果法院否定质权人的选择，就会影响到质权的实现。

（3）出质登记内容不明确的风险。《登记办法》对应收账款的种类、支付期限、相关主体以及主债权的内容、金额和债务人等有关质押登记内容的重要信息均没有具体规定，仅简单概括为“应收账款的描述”，不利于登记内容的规范统一。另外，将主债权金额作为当事人协商选择的登记事项，在同一应收账款上设立多个质权的情形下，作为每个质权人受偿比例的重要依据的主债权金额缺失，对有的质权人明显会产生潜在的不公平风险。

（4）登记失效风险。《登记办法》规定，应收账款质押的登记期限最长不得超过5年，期限届满则质押登记失效；质权人办理登记时所填写的出质人法定注册名称或有效身份证件号码变更的，质权人应在变更之日起4个月内办理变更登记；未办理变更登记的，质押登记失效。关于两种登记失效情形的硬性规定，给质权人的贷后管理增加了难度，容易出现因查询不及时或管理不到位而导致登记失效的风险。在出质人因改制、重组或合并等事项而改变名称变更名称后的单位仍承担原债权债务时，按照《登记办法》的规定，如质权人在4个月内不进行变更登记，则该质押登记就失效。这明显不利于交易的安全和稳定。

三、应收账款法律风险防控

（一）在设立质押担保前，应先对应收账款进行必要审查

应收账款是指企业因销售商品、产品或提供服务而形成的债权。

在设立应收账款质押担保前，应对应收账款的状况进行相应调查和评

估。在设立质押担保前，对应收账款进行审查一般应当包括以下内容：

（1）对产生应收账款的相应合同的真实性进行调查和核实；

（2）调查、评估产生应收账款的合同条款中是否存在影响追索权的条款或风险；

（3）对应收账款的账龄及是否存在超过诉讼时效的情形或风险进行分析和判断；

（4）核实应收账款是否存在保障其清偿的担保权及其对应收账款的影响；

（5）要对应收账款的债务人的资信及其负债等情况进行调查和评估。

（二）应收账款质押登记手续的办理

我国《物权法》第228条第1款规定："以应收账款出质的，当事人应当订立书面合同。质权自信贷征信机构办理出质登记时设立。"

应收账款质押以在法定机构办理登记为生效要件。根据《登记办法》及《应收账款质押登记操作规则》（以下简称《操作规则》）的规定，进行应收账款质押设立登记和注销登记申请的主体均为质权人一方，并且质权人须对登记内容的真实性、合法性负责。这不同于《物权法》和《担保法》所规定的其他担保方式的登记申请，主要表现在以下方面：

（1）房地产抵押和以企业动产等进行抵押担保，其抵押登记的申请主体等均为抵押人，以上市公司股份出质的登记申请主体也为出质人；抵押人或出质人在办理完抵押或质押登记手续后，向抵押权人、质押权人提供登记机构出具的能证明担保物权的凭证或相应法律文书，担保关系的双方当事人均参与抵押或质押登记的环节，属于"双方登记"。而在应收账款质押登记后，登记申请主体即质权人可自行根据情况随时申请注销质押登记，属于"单方登记"，也就是说，应收账款质押登记的效力和是否终止始终由质权人"控制"。

（2）房地产抵押或上市公司股份质押的登记中，主管登记的房地产管理部门或上市公司的股份登记机构进行抵押或质押登记的前提是所抵押的房地产或出质股份真实、合法，并应对此进行审查后方可进行登记，属于"积极担保登记"。而应收账款的质押登记中，登记机构中国人民银行征信中心只对登记文件进行形式审查；其既不向出质人进行核实或确认，也不对出质人所出质的应收账款进行调查或向出质人的债务人进行核实或确认。登记文件及所质押应收账款的真实性、合法性，均由登记申请主体即质权人自行审查和负责，属于“消极担保登记”。

（3）应收账款质押登记的内容具有一定“随意性”。根据《登记办法》和《操作规则》的规定，质权人既可以对应收账款进行概括性描述，也可以对之进行具体描述。为保证应收账款质押有效性和避免引起纠纷，质权人应当在应收账款质押协议和应收账款质押登记中明确列明所质押的应收账款具体情况：除列明质权人和质押人的情况外，还须列明款项金额、款项的债务人、款项支付期限、与款项对应的交易背景、产生应收账款的合同编号等。

（三）对应收账款在设定质押后的处置

应收账款实质上是出质人对其债务人享有的已到期或未到期的未清偿债权。

在应收账款质押的操作中，需要注意以下几方面：

（1）应收账款的转让问题。《物权法》第228条第2款规定：“应收账款出质后，不得转让，但经出质人与质权人协商同意的除外。出质人转让应收账款所得的价款，应当向质权人提前清偿债务或者提存。”然而，虽然应收账款在质押时进行了登记；但是应收账款的转让具有隐蔽性，出质人可能在应收账款出质后再将应收账款转让。这不但需要在签署质押协议时约定相应保障措施，还需要在签约后进行相应监督，并在必要时由应收账款的债务人出具相应法律文件予以保障。

（2）应收账款的清收与使用问题。应收账款是出质人对其债务人享有的已到期或未到期的债权，应收账款的相应债务人会在到期时清偿或未到期时提前清偿。对于债务人因清偿应收账款而向出质人支付的款项应当如何处理，《物权法》和《登记办法》及《操作规则》均未予明确规定。在法律法规未明确规定的情形下，就需要在设立应收账款质押时对此予以约定：出质人应在应收账款的债务人支付清偿款项时，将之支付给质权人，用于清偿所担保的债权或者提存。

（3）应收账款在质押后的管理问题。虽然质权人在应收账款质押后对之享有质押权，但应收账款仍处于出质人的管理之下，并且出质人是否有效管理应收账款会影响应收账款的有效性。这包括以下情形：出质人应在应收账款诉讼时效届满前，积极采取措施催要应收账款，使诉讼时效得以重新计算，从而使应收账款得到法院司法强制力的保护；出质人应履行其与应收账款债务人之间相应协议的约定，如按约定供应货物、提供服务或者履行退换货等售后服务，避免因重大违约而导致应收账款债务人解除合同或依法、依约拒绝付款。对于这些管理义务，质权人应当在与出质人的应收账款质押协议中予以明确约定，以免因其未适当履行管理义务或采取法律措施而导致应收账款丧失诉讼时效或丧失追索性。

关于担保之禁止与限制的法律规定分类汇总

按：法律法规关于担保之禁止与限制的规定，是担保业务开展的消极条件。对此类规定的梳理和了解是担保业务法律风险控制的最基础环节，其对担保业务以及与之相关事务开展的意义不言而喻。

所谓担保之禁止，是指法律对此类担保的绝对禁止性规定，违反此类规定，则会导致担保合同不成立、无效或担保权不能设立。所谓担保之限制，是指法律对此类担保的相对禁止性规定，必须满足法律所设定的条件，此类担保方不违法，相关担保合同方能成立、生效，担保权方能设立。

关于担保的禁止性规定汇总

一、主体不适格

（1）国家机关不能担任保证人。（《民通意见》第 106 条，《担保法》第 8 条，《担保法解释》第 3 条）

中国人民银行不得向任何单位和个人提供担保。（《中华人民共和国中国人民银行法》（以下简称《人民银行法》）第 30 条）

（2）分支机构以自己的名义对外签订的保证合同无效。（《民通意见》第 107 条）

企业法人的分支机构、职能部门不得为保证人。（《担保法》第 10 条）

企业法人的分支机构未经法人书面授权提供保证的，保证合同无效。（《担保法解释》第 17 条）

企业法人的职能部门提供保证的，保证合同无效。（《担保法解释》第 18 条）

（3）学校、幼儿园、医院等以公益为目的的事业单位、社会团体不得

为保证人。(《担保法》第9条,《担保法解释》第3条)

(4) 董事、经理违反法律以公司资产为本公司的股东或者其他个人债务提供担保的,担保合同无效。(《担保法解释》第4条)

(5) 为外商投资企业注册资本、外商投资企业中的外方投资部分的对外债务提供担保的,对外担保合同无效。(《担保法解释》第6条)

无权经营外汇担保业务的金融机构、无外汇收入的非金融性质的企业法人提供外汇担保的,对外担保合同无效。(《担保法解释》第6条)

二、标的违法或权属有瑕疵

(1) 以自己不享有所有权或者经营管理权的财产作抵押物的,抵押无效。(《民通意见》第113条)

所有权、使用权不明或者有争议的财产不得抵押。(《担保法》第37条)

共同共有人以其共有财产设定抵押,未经其他共有人的同意,抵押无效。(《担保法解释》第54条)

(2) 土地所有权不得抵押。(《担保法》第37条,《物权法》第184条)

(3) 耕地、宅基地、自留地、自留山等集体所有的土地使用权(抵押人依法承包并经发包方同意抵押的荒山、荒沟、荒丘、荒滩等荒地的土地使用权除外)不得抵押。(《担保法》第37条,《物权法》第184条)

(4) 学校、幼儿园、医院等以公益为目的的事业单位、社会团体的教育设施、医疗卫生设施和其他社会公益设施不得抵押。(《担保法》第37条,《物权法》第184条)

(5) 依法被查封、扣押、监管的财产不得抵押。(《担保法》第37条,《物权法》第184条)

(6) 以法律、法规禁止流通的财产或者不可转让的财产设定担保的,担保合同无效。(《担保法解释》第5条,《物权法》第184条,《物权法》第209条)

(7) 以法定程序确认为违法、违章的建筑物抵押的,抵押无效。(《担保法解释》第48条)

(8) 当事人以农作物和与其尚未分离的土地使用权同时抵押的,土地使用权部分的抵押无效。(《担保法解释》第52条)

（9）以票据、债券、存款单、仓单、提单出质的，质权人再转让或者质押的无效。（《担保法解释》第101条）

（10）法律规定或者当事人约定不得留置的动产，不得留置。（《物权法》第232条）

三、违反法律禁止性规定

（1）流质契约之禁止。

①订立抵押合同时，抵押权人和抵押人在合同中不得约定在债务履行期届满抵押权人未受清偿时，抵押物的所有权转移为债权人所有。（《担保法》第40条，《担保法解释》第57条，《物权法》第186条）

②出质人和质权人在合同中不得约定在债务履行期届满质权人未受清偿时，质物的所有权转移为质权人所有。（《担保法》第66条，《担保法解释》第96条，《物权法》第211条）

（2）出质人代质权人占有质物的，质押合同不生效。（《担保法解释》第87条）

（3）担保人不得为经营亏损企业提供对外担保。（《境内机构对外担保管理办法》第7条）

四、意思表示不自由、不真实或有瑕疵

（1）债务人有多个普通债权人的，在清偿债务时，债务人与其中一个债权人恶意串通，将其全部或者部分财产抵押给该债权人，因此丧失了履行其他债务的能力，损害了其他债权人的合法权益，受损害的其他债权人可以请求人民法院撤销该抵押行为。（《担保法解释》第69条）

（2）任何单位和个人不得强令商业银行发放贷款或者提供担保。商业银行有权拒绝任何单位和个人强令要求其发放贷款或者提供担保。（《中华人民共和国商业银行法》（以下简称《商业银行法》第41条）

附：法律条文索引

一、《民通意见》

106. 保证人应当是具有代偿能力的公民、企业法人以及其他经济组织。保证人即使不具备完全代偿能力，仍应以自己的财产承担保证责任。

国家机关不能担任保证人。

107. 企业法人的分支机构不具有法人资格。分支机构以自己的名义对外签订的保证合同，一般应当认定无效。但因此产生的财产责任，分支机构如有偿付能力的，应当自行承担；如无偿付能力的，应由企业法人承担。

113. 以自己不享有所有权或者经营管理权的财产作抵押物的，应当认定抵押无效。

二、《担保法》

第8条　国家机关不得为保证人，但经国务院批准为使用外国政府或者国际经济组织贷款进行转贷的除外。

第9条　学校、幼儿园、医院等以公益为目的的事业单位、社会团体不得为保证人。

第10条　企业法人的分支机构、职能部门不得为保证人。

企业法人的分支机构有法人书面授权的，可以在授权范围内提供保证。

第37条　下列财产不得抵押：

（一）土地所有权；

（二）耕地、宅基地、自留地、自留山等集体所有的土地使用权，但本法第34条第（5）项、第36条第3款规定的除外；

（三）学校、幼儿园、医院等以公益为目的的事业单位、社会团体的教育设施、医疗卫生设施和其他社会公益设施；

（四）所有权、使用权不明或者有争议的财产；

（五）依法被查封、扣押、监管的财产；

（六）依法不得抵押的其他财产。

第40条　订立抵押合同时，抵押权人和抵押人在合同中不得约定在债务履行期届满抵押权人未受清偿时，抵押物的所有权转移为债权人所有。

第66条　出质人和质权人在合同中不得约定在债务履行期届满质权人未受清偿时，质物的所有权转移为质权人所有。

三、《担保法解释》

第3条　国家机关和以公益为目的的事业单位、社会团体违反法律规定提供担保的，担保合同无效。因此给债权人造成损失的，应当根据担保法第五条第二款的规定处理。

第4条　董事、经理违反《中华人民共和国公司法》第60条的规定，以公司资产为本公司的股东或者其他个人债务提供担保的，担保合同无效。除债权人知道或者应当知道的外，债务人、担保人应当对债权人的损失承担连带赔偿责任。

第5条　以法律、法规禁止流通的财产或者不可转让的财产设定担保的，担保合同无效。

以法律、法规限制流通的财产设定担保的，在实现债权时，人民法院应当按照有关法律、法规的规定对该财产进行处理。

第6条　有下列情形之一的，对外担保合同无效：

（一）未经国家有关主管部门批准或者登记对外担保的；

（二）未经国家有关主管部门批准或者登记，为境外机构向境内债权人提供担保的；

（三）为外商投资企业注册资本、外商投资企业中的外方投资部分的对外债务提供担保的；

（四）无权经营外汇担保业务的金融机构、无外汇收入的非金融性质的企业法人提供外汇担保的；

（五）主合同变更或者债权人将对外担保合同项下的权利转让，未经担保人同意和国家有关主管部门批准的，担保人不再承担担保责任。但法律、法规另有规定的除外。

第17条　企业法人的分支机构未经法人书面授权提供保证的，保证合同无效。因此给债权人造成损失的，应当根据担保法第五条第二款的规定处理。

企业法人的分支机构经法人书面授权提供保证的，如果法人的书面授权范围不明，法人的分支机构应当对保证合同约定的全部债务承担保证责任。

企业法人的分支机构经营管理的财产不足以承担保证责任的，由企业法人承担民事责任。

企业法人的分支机构提供的保证无效后应当承担赔偿责任的，由分支机构经营管理的财产承担。企业法人有过错的，按照担保法第29条的规定处理。

第18条　企业法人的职能部门提供保证的，保证合同无效。债权人知道或者应当知道保证人为企业法人的职能部门的，因此造成的损失由债权人自行承担。

债权人不知保证人为企业法人的职能部门，因此造成的损失，可以参照担保法第5条第2款的规定和第29条的规定处理。

第48条　以法定程序确认为违法、违章的建筑物抵押的，抵押无效。

第52条　当事人以农作物和与其尚未分离的土地使用权同时抵押的，土地使用权部分的抵押无效。

第54条　按份共有人以其共有财产中享有的份额设定抵押的，抵押有效。

共同共有人以其共有财产设定抵押，未经其他共有人的同意，抵押无效。但是，其他共有人知道或者应当知道而未提出异议的视为同意，抵押有效。

第57条　当事人在抵押合同中约定，债务履行期届满抵押权人未受清偿时，抵押物的所有权转移为债权人所有的内容无效。该内容的无效不影响抵押合同其他部分内容的效力。

债务履行期届满后抵押权人未受清偿时，抵押权人和抵押人可以协议以抵押物折价取得抵押物。但是，损害顺序在后的担保物权人和其他债权人利益的，人民法院可以适用合同法第74条、第75条的有关规定。

第69条　债务人有多个普通债权人的，在清偿债务时，债务人与其中一个债权人恶意串通，将其全部或者部分财产抵押给该债权人，因此丧失了履行其他债务的能力，损害了其他债权人的合法权益，受损害的其他债权人可以请求人民法院撤销该抵押行为。

第87条　出质人代质权人占有质物的，质押合同不生效；质权人将质物返还于出质人后，以其质权对抗第三人的，人民法院不予支持。

因不可归责于质权人的事由而丧失对质物的占有，质权人可以向不当占有人请求停止侵害、恢复原状、返还质物。

第96条　本解释第57条、第62条、第64条、第71条、第72条、第73条、第74条、第80条之规定，适用于动产质押。

第101条　以票据、债券、存款单、仓单、提单出质的，质权人再转让或者质押的无效。

四、《物权法》

第184条　下列财产不得抵押：

（一）土地所有权；

（二）耕地、宅基地、自留地、自留山等集体所有的土地使用权，但法律规定可以抵押的除外；

（三）学校、幼儿园、医院等以公益为目的的事业单位、社会团体的教育设施、医疗卫生设施和其他社会公益设施；

（四）所有权、使用权不明或者有争议的财产；

（五）依法被查封、扣押、监管的财产；

（六）法律、行政法规规定不得抵押的其他财产。

第186条　抵押权人在债务履行期届满前，不得与抵押人约定债务人不履行到期债务时抵押财产归债权人所有。

第209条　法律、行政法规禁止转让的动产不得出质。

第211条　质权人在债务履行期届满前，不得与出质人约定债务人不履行到期债务时质押财产归债权人所有。

第232条　法律规定或者当事人约定不得留置的动产，不得留置。

五、《商业银行法》

第41条　任何单位和个人不得强令商业银行发放贷款或者提供担保。商业银行有权拒绝任何单位和个人强令要求其发放贷款或者提供担保。

六、《人民银行法》

第30条　中国人民银行不得向地方政府、各级政府部门提供贷款，不得向非银行金融机构以及其他单位和个人提供贷款，但国务院决定中国人民银行可以向特定的非银行金融机构提供贷款的除外。

中国人民银行不得向任何单位和个人提供担保。

七、《境内机构对外担保管理办法》

第7条　担保人不得为经营亏损企业提供对外担保。

关于担保的限制性规定汇总

一、主体方面的限制

（一）当事人本身资格的限制

（1）企业法人的分支机构提供保证，须有法人书面授权且在授权范围内。（《担保法》第10条）

（2）董事、高级管理人员不得违反公司章程的规定，未经股东会、股东大会或者董事会同意，将公司资金借贷给他人或者以公司财产为他人提供担保。（《公司法》第149条）

（3）国家出资企业为他人提供大额担保，应当遵守法律、行政法规以及企业章程的规定，不得损害出资人和债权人的权益。（《中华人民共和国企业国有资产法》（以下简称《企业国有资产法》）第30条）

未经履行出资人职责的机构同意，国有独资企业、国有独资公司不得为关联方提供担保。（《企业国有资产法》第45条）

（4）融资性担保公司可以为其他融资性担保公司的担保责任提供再担保和办理债券发行担保业务，但应当同时符合以下条件：①近两年无违法、违规不良记录。②监管部门规定的其他审慎性条件。从事再担保业务的融资性担保公司除需满足前款规定的条件外，注册资本应当不低于人民币1亿元，并连续营业两年以上。（《融资性担保公司管理暂行办法》第20条）

（5）工程建设合同担保的保证人应是中华人民共和国境内注册的有资格的银行业金融机构、专业担保公司。（《关于在房地产开发项目中推行工程建设合同担保的若干规定（试行）》第6条）

（二）来自第三人的限制

（1）共同共有人以其共有财产设定抵押，未经其他共有人的同意，抵押无效。但是，其他共有人知道或者应当知道而未提出异议的视为同意，抵押有效。（《担保法解释》第54条）

（2）债务履行期届满后抵押权人未受清偿时，抵押权人和抵押人可以协议以抵押物折价取得抵押物。但是，损害顺序在后的担保物权人和其他

债权人利益的，人民法院可以适用《合同法》第 74 条、第 75 条的有关规定。（《担保法解释》第 57 条）

（3）第三人提供担保，未经其书面同意，债权人允许债务人转移全部或者部分债务的，担保人不再承担相应的担保责任。（《物权法》第 175 条）

（4）抵押权人可以放弃抵押权或者抵押权的顺位。抵押权人与抵押人可以协议变更抵押权顺位以及被担保的债权数额等内容，但抵押权的变更，未经其他抵押权人书面同意，不得对其他抵押权人产生不利影响。债务人以自己的财产设定抵押，抵押权人放弃该抵押权、抵押权顺位或者变更抵押权的，其他担保人在抵押权人丧失优先受偿权益的范围内免除担保责任，但其他担保人承诺仍然提供担保的除外。（《物权法》第 194 条）

（5）最高额抵押担保的债权确定前，抵押权人与抵押人可以通过协议变更债权确定的期间、债权范围以及最高债权额，但变更的内容不得对其他抵押权人产生不利影响。（《物权法》第 205 条）

（6）船舶共有人就共有船舶设定抵押权，应当取得持有 2/3 以上份额的共有人的同意，共有人之间另有约定的除外。（《中华人民共和国海商法》（以下简称《海商法》）第 16 条）

二、标的、内容、数额、比例、期限方面的限制

（一）标的、内容

（1）以依法取得的国有土地上的房屋抵押的，该房屋占用范围内的国有土地使用权同时抵押。（《担保法》第 36 条）

以出让方式取得的国有土地使用权抵押的，应当将抵押时该国有土地上的房屋同时抵押。（《担保法》第 36 条）

乡（镇）、村企业的土地使用权不得单独抵押。以乡（镇）、村企业的厂房等建筑物抵押的，其占用范围内的土地使用权同时抵押。（《担保法》第 36 条，《物权法》第 183 条）

（2）抵押荒山、荒沟、荒丘、荒滩等荒地的土地使用权须经发包方同意。（《担保法》第 34 条）

（3）城市房地产抵押合同签订后，土地上新增的房屋不属于抵押物。需要拍卖该抵押的房地产时，可以依法将该土地上新增的房屋与抵押物一

同拍卖，但对拍卖新增房屋所得，抵押权人无权优先受偿。（《担保法》第55条，《物权法》第200条，《中华人民共和国城市房地产管理法》（以下简称《城市房地产管理法》）第51条）

依照担保法规定以承包的荒地的土地使用权抵押的，或者以乡（镇）、村企业的厂房等建筑物占用范围内的土地使用权抵押的，在实现抵押权后，未经法定程序不得改变土地集体所有和土地用途。（《担保法》第55条）

（4）当事人可以在合同中约定不得留置的物，有约定的，不得留置。（《担保法》第84条）

（5）以法律、法规限制流通的财产设定担保的，在实现债权时，人民法院应当按照有关法律、法规的规定对该财产进行处理。（《担保法解释》第5条）

（6）学校、幼儿园、医院等以公益为目的的事业单位、社会团体，以其教育设施、医疗卫生设施和其他社会公益设施以外的财产为自身债务设定抵押的，人民法院可以认定抵押有效。（《担保法解释》第53条）

（二）数额、比例

（1）定金的数额由当事人约定，但不得超过主合同标的额的20%。（《担保法》第91条）

（2）抵押人所担保的债权超出其抵押物价值的，超出的部分不具有优先受偿的效力。（《担保法解释》第51条）

（3）按份共有人以其共有财产中享有的份额设定抵押的，抵押有效。（《担保法解释》第54条）

（4）当事人约定的定金数额超过主合同标的额20%的，超过的部分，人民法院不予支持。（《担保法解释》第121条）

（5）公司向其他企业投资或者为他人提供担保，公司章程对投资或者担保的总额及单项投资或者担保的数额有限额规定的，不得超过规定的限额。（《公司法》第16条）

（6）融资性担保公司对单个被担保人提供的融资性担保责任余额不得超过净资产的10%，对单个被担保人及其关联方提供的融资性担保责任余额不得超过净资产的15%，对单个被担保人债券发行提供的担保责任余额不得超过净资产的30%。（《融资性担保公司管理暂行办法》第27条）

融资性担保公司的融资性担保责任余额不得超过其净资产的 10 倍。（《融资性担保公司管理暂行办法》第 28 条）

（7）金融机构的对外担保余额、境内外汇担保余额及外汇债务余额之和不得超过其自有外汇资金的20 倍。（《境内机构对外担保管理办法》第5条）

非金融企业法人对外提供的对外担保余额不得超过其净资产的 50%，并不得超过其上年外汇收入。（《境内机构对外担保管理办法》第 5 条）

（8）内资企业只能为其直属子公司或者其参股企业中中方投资比例部分对外债务提供对外担保。（《境内机构对外担保管理办法》第 6 条）

贸易型内资企业在提供对外担保时，其净资产与总资产的比例原则上不得低于 15%。非贸易型内资企业在提供对外担保时，其净资产与总资产的比例原则上不得低于 30%。（《境内机构对外担保管理办法》第 6 条）

（9）依法设立的专业担保公司可以承担工程建设合同担保。但是，专业担保公司担保余额的总额不得超过净资产的 10 倍；单笔担保金额不得超过该担保公司净资产的 50%。不符合该条件的，可以与其他担保公司共同提供担保。（《关于在房地产开发项目中推行工程建设合同担保的若干规定（试行）》第 7 条）

（10）投标担保的担保金额一般不超过投标总价的 2%，最高不得超过 80 万元人民币。（《关于在房地产开发项目中推行工程建设合同担保的若干规定（试行）》第 19 条）

（三）期限、时效

（1）债权人未按《担保法》第 87 条规定的期限通知债务人履行义务，直接变价处分留置物的，应当对此造成的损失承担赔偿责任。债权人与债务人按照《担保法》第 87 条的规定在合同中约定宽限期的，债权人可以不经通知，直接行使留置权。（《担保法解释》第 113 条）

（2）抵押权人应当在主债权诉讼时效期间行使抵押权；未行使的，人民法院不予保护。（《物权法》第 202 条）

（3）商业银行因行使抵押权、质权而取得的不动产或者股权，应当自取得之日起 2 年内予以处分。（《商业银行法》第 42 条）

三、来自当事人约定的限制

（1）抵押合同对被担保的主债权种类、抵押财产没有约定或者约定不

明，根据主合同和抵押合同不能补正或者无法推定的，抵押不成立。（《担保法解释》第56条）

（2）当事人在合同中约定排除留置权，债务履行期届满，债权人行使留置权的，人民法院不予支持。（《担保法解释》第107条）

债权人行使留置权与其承担的义务或者合同的特殊约定相抵触的，人民法院不予支持。（《担保法解释》第111条）

债权人的债权未届清偿期，其交付占有标的物的义务已届履行期的，不能行使留置权。但是，债权人能够证明债务人无支付能力的除外。（《担保法解释》第112条）

（3）当事人交付留置金、担保金、保证金、订约金、押金或者订金等，但没有约定定金性质的，当事人主张定金权利的，人民法院不予支持。（《担保法解释》第118条）

（4）实际交付的定金数额多于或者少于约定数额，视为变更定金合同；收受定金一方提出异议并拒绝接受定金的，定金合同不生效。（《担保法解释》第119条）

四、形式要件方面的限制

（一）须签订书面合同

（1）设立抵押权，当事人应当采取书面形式订立抵押合同。（《物权法》第185条）

房地产抵押，抵押人和抵押权人应当签订书面抵押合同。（《城市房地产管理法》第50条）

船舶抵押权的设定，应当签订书面合同。（《海商法》第12条）

（2）设立质权，当事人应当采取书面形式订立质权合同。（《物权法》第210条）

以汇票、支票、本票、债券、存款单、仓单、提单出质的，当事人应当订立书面合同。（《物权法》第224条）

以基金份额、股权出质的，当事人应当订立书面合同。（《物权法》第226条）

以注册商标专用权、专利权、著作权等知识产权中的财产权出质的，当事人应当订立书面合同。（《物权法》第227条）

以应收账款出质的，当事人应当订立书面合同。（《物权法》第 228 条）

（二）须交付方生效或设立

（1）当事人约定以交付定金作为主合同成立或者生效要件的，给付定金的一方未支付定金，但主合同已经履行或者已经履行主要部分的，不影响主合同的成立或者生效。（《担保法解释》第 116 条）

（2）质权自出质人交付质押财产时设立。（《物权法》第 212 条）

以汇票、支票、本票、债券、存款单、仓单、提单出质的，当事人应当订立书面合同，质权自权利凭证交付质权人时设立。（《物权法》第 224 条）

（三）须登记方生效、设立或者对抗第三人

（1）以无地上定着物的土地使用权抵押的，向核发土地使用权证书的土地管理部门办理登记，抵押合同自登记之日起生效，抵押权自登记时设立。（《担保法》第 41 条，《担保法》第 42 条，《物权法》第 187 条）

（2）以城市房地产或者乡（镇）、村企业的厂房等建筑物、土地附着物抵押的，向县级以上地方人民政府规定的部门办理登记，抵押合同自登记之日起生效，抵押权自登记时设立。（《担保法》第 41 条，《担保法》第 42 条，《物权法》第 187 条，《城市房地产管理法》第 61 条）

以正在建造的建筑物抵押的，抵押权自登记时设立。（《物权法》第 187 条）

以依法获准尚未建造的或者正在建造中的房屋或者其他建筑物抵押的，当事人办理了抵押物登记，人民法院可以认定抵押有效。（《担保法解释》第 47 条）

（3）以林木抵押的，向县级以上林木主管部门办理登记，抵押合同自登记之日起生效。（《担保法》第 41 条，《担保法》第 42 条）

（4）以航空器、船舶、车辆抵押的，向运输工具的登记部门办理登记，抵押合同自登记之日起生效。（《担保法》第 41 条，《担保法》第 42 条）

设定船舶抵押权，由抵押权人和抵押人共同向船舶登记机关办理抵押权登记；未经登记的，不得对抗第三人。（《海商法》第 13 条）

建造中的船舶办理抵押权登记，还应当向船舶登记机关提交船舶建造合同。（《海商法》第 14 条）

设定民用航空器抵押权，由抵押权人和抵押人共同向国务院民用航空主管部门办理抵押权登记；未经登记的，不得对抗第三人。（《中华人民共

和国民用航空法》（以下简称《民用航空法》）第 16 条）

以生产设备、原材料、半成品、产品，或者以正在建造的船舶、航空器、交通运输工具抵押的，抵押权自抵押合同生效时设立；未经登记，不得对抗善意第三人。（《物权法》第 188 条）

（5）以企业的设备和其他动产抵押的，向财产所在地的工商行政管理部门办理登记，抵押合同自登记之日起生效。（《担保法》第 41 条，《担保法》第 42 条）

企业、个体工商户、农业生产经营者以将现有的以及将有的生产设备、原材料、半成品、产品抵押的，应当向抵押人住所地的工商行政管理部门办理登记。抵押权自抵押合同生效时设立；未经登记，不得对抗善意第三人。（《物权法》第 189 条，《动产抵押登记办法》第 2 条）

（6）以招标、拍卖、公开协商等方式取得的荒地等土地承包经营权抵押的，抵押权自登记时设立。（《物权法》第 187 条）

（7）以尚未办理权属证书的财产抵押的，在第一审法庭辩论终结前能够提供权利证书或者补办登记手续的，可以认定抵押有效。当事人未办理抵押物登记手续的，不得对抗第三人。（《担保法解释》第 49 条）

（8）以汇票、支票、本票、债券、存款单、仓单、提单出质的，当事人应当订立书面合同。质权自权利凭证交付质权人时设立；没有权利凭证的，质权自有关部门办理出质登记时设立。（《物权法》第 224 条）

（9）以基金份额、证券登记结算机构登记的股权出质的，质权自证券登记结算机构办理出质登记时设立；以其他股权出质的，质权自工商行政管理部门办理出质登记时设立。（《物权法》第 226 条）

（10）以注册商标专用权、专利权、著作权等知识产权中的财产权出质的，当事人应当订立书面合同。质权自有关主管部门办理出质登记时设立。（《物权法》第 227 条）

（11）以应收账款出质的，当事人应当订立书面合同。质权自信贷征信机构办理出质登记时设立。（《物权法》第 228 条）

（四）其他形式要件之限制

（1）以汇票、支票、本票出质，出质人与质权人没有背书记载“质押”字样，以票据出质对抗善意第三人的，人民法院不予支持。（《担保法解释》第 98 条）

（2）以公司债券出质的，出质人与质权人没有背书记载“质押”字样，以债券出质对抗公司和第三人的，人民法院不予支持。（《担保法解释》第99条）

五、程序方面的限制

（一）须专门机关审批

（1）国家机关为使用外国政府或者国际经济组织贷款进行转贷而提供担保的，须经国务院批准。（《担保法》第8条）

除经国务院批准为使用外国政府或者国际经济组织贷款进行转贷外，国家机关和事业单位不得对外担保。（《境内机构对外担保管理办法》第4条）

（2）未经国家有关主管部门批准或者登记对外担保的，对外担保合同无效。（《担保法解释》第6条）

未经国家有关主管部门批准或者登记，为境外机构向境内债权人提供担保的，对外担保合同无效。（《担保法解释》第6条）

主合同变更或者债权人将对外担保合同项下的权利转让，未经担保人同意和国家有关主管部门批准的，担保人不再承担担保责任。但法律、法规另有规定的除外。该对外担保合同无效。（《担保法解释》第6条）

（3）为境内内资企业提供对外担保和为外商投资企业提供1年期以内（含1年）的对外担保，由担保人报其所在地的省、自治区、直辖市、计划单列市或者经济特区外汇管理分局审批。（《境内机构对外担保管理办法》第10条）

为外商投资企业提供1年期以上（不含1年）的对外担保和为境外机构提供对外担保，由担保人报经其所在地的省、自治区、直辖市、计划单列市或者经济特区外汇管理分局初审后，由该外汇管理分局转报国家外汇管理局审批。（《境内机构对外担保管理办法》第10条）

（4）经外汇局批准后，担保人方能提供对外担保。（《境内机构对外担保管理办法》第12条）

（二）公司提供担保的特别程序

（1）公司向其他企业投资或者为他人提供担保，依照公司章程的规定，由董事会或者股东会、股东大会决议。（《公司法》第16条）

（2）公司为公司股东或者实际控制人提供担保的，必须经股东会或者股东大会决议。（《公司法》第 16 条）

公司为公司股东或者实际控制人提供担保的，该股东或者受实际控制人支配的股东，不得参加前款规定事项的表决。该项表决由出席会议的其他股东所持表决权的过半数通过。（《公司法》第 16 条）

（3）上市公司在一年内购买、出售重大资产或者担保金额超过公司资产总额 30% 的，应当由股东大会作出决议，并经出席会议的股东所持表决权的 2/3 以上通过。（《公司法》第 122 条）

六、其他限制

（1）因不可抗力、意外事件致使主合同不能履行的，不适用定金罚则。（《担保法解释》第 122 条）

（2）主债权债务合同无效，担保合同无效，但法律另有规定的除外。（《物权法》第 172 条）

（3）企业、个体工商户、农业生产经营者以将现有的以及将有的生产设备、原材料、半成品、产品抵押的，不得对抗正常经营活动中已支付合理价款并取得抵押财产的买受人。（《物权法》第 189 条）

（4）债权人留置的动产，应当与债权属于同一法律关系，但企业之间留置的除外。（《物权法》第 231 条）

附：法律条文索引

一、《担保法》

第 8 条　国家机关不得为保证人，但经国务院批准为使用外国政府或者国际经济组织贷款进行转贷的除外。

第 10 条　企业法人的分支机构、职能部门不得为保证人。

企业法人的分支机构有法人书面授权的，可以在授权范围内提供保证。

第 36 条　以依法取得的国有土地上的房屋抵押的，该房屋占用范围内的国有土地使用权同时抵押。

以出让方式取得的国有土地使用权抵押的，应当将抵押时该国有土地上的房屋同时抵押。

乡（镇）、村企业的土地使用权不得单独抵押。以乡（镇）、村企业的厂房等建筑物抵押的，其占用范围内的土地使用权同时抵押。

第37条　下列财产不得抵押：

（一）土地所有权；

（二）耕地、宅基地、自留地、自留山等集体所有的土地使用权，但本法第三十四条第（五）项、第三十六条第三款规定的除外；

（三）学校、幼儿园、医院等以公益为目的的事业单位、社会团体的教育设施、医疗卫生设施和其他社会公益设施；

（四）所有权、使用权不明或者有争议的财产；

（五）依法被查封、扣押、监管的财产；

（六）依法不得抵押的其他财产。

第41条　当事人以本法第四十二条规定的财产抵押的，应当办理抵押物登记，抵押合同自登记之日起生效。

第42条　办理抵押物登记的部门如下：

（一）以无地上定着物的土地使用权抵押的，为核发土地使用权证书的土地管理部门；

（二）以城市房地产或者乡（镇）、村企业的厂房等建筑物抵押的，为县级以上地方人民政府规定的部门；

（三）以林木抵押的，为县级以上林木主管部门；

（四）以航空器、船舶、车辆抵押的，为运输工具的登记部门；

（五）以企业的设备和其他动产抵押的，为财产所在地的工商行政管理部门。

第55条　城市房地产抵押合同签订后，土地上新增的房屋不属于抵押物。需要拍卖该抵押的房地产时，可以依法将该土地上新增的房屋与抵押物一同拍卖，但对拍卖新增房屋所得，抵押权人无权优先受偿。

依照本法规定以承包的荒地的土地使用权抵押的，或者以乡（镇）、村企业的厂房等建筑物占用范围内的土地使用权抵押的，在实现抵押权后，未经法定程序不得改变土地集体所有和土地用途。

第84条　因保管合同、运输合同、加工承揽合同发生的债权，债务人不履行债务的，债权人有留置权。

法律规定可以留置的其他合同，适用前款规定。

当事人可以在合同中约定不得留置的物。

第91条　定金的数额由当事人约定，但不得超过主合同标的额的百分之二十。

二、《担保法解释》

第5条　以法律、法规禁止流通的财产或者不可转让的财产设定担保的，担保合同无效。

以法律、法规限制流通的财产设定担保的，在实现债权时，人民法院应当按照有关法律、法规的规定对该财产进行处理。

第6条　有下列情形之一的，对外担保合同无效：

（一）未经国家有关主管部门批准或者登记对外担保的；

（二）未经国家有关主管部门批准或者登记，为境外机构向境内债权人提供担保的；

（三）为外商投资企业注册资本、外商投资企业中的外方投资部分的对外债务提供担保的；

（四）无权经营外汇担保业务的金融机构、无外汇收入的非金融性质的企业法人提供外汇担保的；

（五）主合同变更或者债权人将对外担保合同项下的权利转让，未经担保人同意和国家有关主管部门批准的，担保人不再承担担保责任。但法律、法规另有规定的除外。

第47条　以依法获准尚未建造的或者正在建造中的房屋或者其他建筑物抵押的，当事人办理了抵押物登记，人民法院可以认定抵押有效。

第49条　以尚未办理权属证书的财产抵押的，在第一审法庭辩论终结前能够提供权利证书或者补办登记手续的，可以认定抵押有效。

当事人未办理抵押物登记手续的，不得对抗第三人。

第51条　抵押人所担保的债权超出其抵押物价值的，超出的部分不具有优先受偿的效力。

第53条　学校、幼儿园、医院等以公益为目的的事业单位、社会团体，以其教育设施、医疗卫生设施和其他社会公益设施以外的财产为自身债务设定抵押的，人民法院可以认定抵押有效。

第54条　按份共有人以其共有财产中享有的份额设定抵押的，抵押有效。

共同共有人以其共有财产设定抵押，未经其他共有人的同意，抵押无效。但是，其他共有人知道或者应当知道而未提出异议的视为同意，抵押有效。

第 56 条　抵押合同对被担保的主债权种类、抵押财产没有约定或者约定不明，根据主合同和抵押合同不能补正或者无法推定的，抵押不成立。

法律规定登记生效的抵押合同签订后，抵押人违背诚实信用原则拒绝办理抵押登记致使债权人受到损失的，抵押人应当承担赔偿责任。

第 57 条　当事人在抵押合同中约定，债务履行期届满抵押权人未受清偿时，抵押物的所有权转移为债权人所有的内容无效。该内容的无效不影响抵押合同其他部分内容的效力。

债务履行期届满后抵押权人未受清偿时，抵押权人和抵押人可以协议以抵押物折价取得抵押物。但是，损害顺序在后的担保物权人和其他债权人利益的，人民法院可以适用合同法第七十四条、第七十五条的有关规定。

第 98 条　以汇票、支票、本票出质，出质人与质权人没有背书记载“质押”字样，以票据出质对抗善意第三人的，人民法院不予支持。

第 99 条　以公司债券出质的，出质人与质权人没有背书记载“质押”字样，以债券出质对抗公司和第三人的，人民法院不予支持。

第 107 条　当事人在合同中约定排除留置权，债务履行期届满，债权人行使留置权的，人民法院不予支持。

第 111 条　债权人行使留置权与其承担的义务或者合同的特殊约定相抵触的，人民法院不予支持。

第 112 条　债权人的债权未届清偿期，其交付占有标的物的义务已届履行期的，不能行使留置权。但是，债权人能够证明债务人无支付能力的除外。

第 113 条　债权人未按担保法第八十七条规定的期限通知债务人履行义务，直接变价处分留置物的，应当对此造成的损失承担赔偿责任。债权人与债务人按照担保法第八十七条的规定在合同中约定宽限期的，债权人可以不经通知，直接行使留置权。

第 116 条　当事人约定以交付定金作为主合同成立或者生效要件的，给付定金的一方未支付定金，但主合同已经履行或者已经履行主要部分的，不影响主合同的成立或者生效。

第 118 条　当事人交付留置金、担保金、保证金、订约金、押金或者订金等，但没有约定定金性质的，当事人主张定金权利的，人民法院不予支持。

第 119 条　实际交付的定金数额多于或者少于约定数额，视为变更定金合同；收受定金一方提出异议并拒绝接受定金的，定金合同不生效。

第 121 条　当事人约定的定金数额超过主合同标的额百分之二十的，超过的部分，人民法院不予支持。

第 122 条　因不可抗力、意外事件致使主合同不能履行的，不适用定金罚则。因合同关系以外第三人的过错，致使主合同不能履行的，适用定金罚则。受定金处罚的一方当事人，可以依法向第三人追偿。

三、《物权法》

第 172 条　设立担保物权，应当依照本法和其他法律的规定订立担保合同。担保合同是主债权债务合同的从合同。主债权债务合同无效，担保合同无效，但法律另有规定的除外。

担保合同被确认无效后，债务人、担保人、债权人有过错的，应当根据其过错各自承担相应的民事责任。

第 175 条　第三人提供担保，未经其书面同意，债权人允许债务人转移全部或者部分债务的，担保人不再承担相应的担保责任。

第 183 条　乡镇、村企业的建设用地使用权不得单独抵押。以乡镇、村企业的厂房等建筑物抵押的，其占用范围内的建设用地使用权一并抵押。

第 185 条　设立抵押权，当事人应当采取书面形式订立抵押合同。

抵押合同一般包括下列条款：

（一）被担保债权的种类和数额；

（二）债务人履行债务的期限；

（三）抵押财产的名称、数量、质量、状况、所在地、所有权归属或者使用权归属；

（四）担保的范围。

第 187 条　以本法第 180 条第 1 款第（1）项至第（3）项规定的财产或者第（5）项规定的正在建造的建筑物抵押的，应当办理抵押登记。抵押权自登记时设立。

第 188 条　以本法第 180 条第 1 款第（4）项、第（6）项规定的财产或者第（5）项规定的正在建造的船舶、航空器抵押的，抵押权自抵押合同生效时设立；未经登记，不得对抗善意第三人。

第 189 条　企业、个体工商户、农业生产经营者以本法第 181 条规定的动产抵押的，应当向抵押人住所地的工商行政管理部门办理登记。抵押权自抵押合同生效时设立；未经登记，不得对抗善意第三人。

依照本法第 181 条规定抵押的，不得对抗正常经营活动中已支付合理价款并取得抵押财产的买受人。

第 194 条　抵押权人可以放弃抵押权或者抵押权的顺位。抵押权人与抵押人可以协议变更抵押权顺位以及被担保的债权数额等内容，但抵押权的变更，未经其他抵押权人书面同意，不得对其他抵押权人产生不利影响。

债务人以自己的财产设定抵押，抵押权人放弃该抵押权、抵押权顺位或者变更抵押权的，其他担保人在抵押权人丧失优先受偿权益的范围内免除担保责任，但其他担保人承诺仍然提供担保的除外。

第 200 条　建设用地使用权抵押后，该土地上新增的建筑物不属于抵押财产。该建设用地使用权实现抵押权时，应当将该土地上新增的建筑物与建设用地使用权一并处分，但新增建筑物所得的价款，抵押权人无权优先受偿。

第 202 条　抵押权人应当在主债权诉讼时效期间行使抵押权；未行使的，人民法院不予保护。

第 205 条　最高额抵押担保的债权确定前，抵押权人与抵押人可以通过协议变更债权确定的期间、债权范围以及最高债权额，但变更的内容不得对其他抵押权人产生不利影响。

第 210 条　设立质权，当事人应当采取书面形式订立质权合同。

质权合同一般包括下列条款：

（一）被担保债权的种类和数额；

（二）债务人履行债务的期限；

（三）质押财产的名称、数量、质量、状况；

（四）担保的范围；

（五）质押财产交付的时间。

第 212 条　质权自出质人交付质押财产时设立。

第 224 条　以汇票、支票、本票、债券、存款单、仓单、提单出质的，当事人应当订立书面合同。质权自权利凭证交付质权人时设立；没有权利凭证的，质权自有关部门办理出质登记时设立。

第 226 条　以基金份额、股权出质的，当事人应当订立书面合同。以基金份额、证券登记结算机构登记的股权出质的，质权自证券登记结算机构办理出质登记时设立；以其他股权出质的，质权自工商行政管理部门办理出质登记时设立。

基金份额、股权出质后，不得转让，但经出质人与质权人协商同意的除外。出质人转让基金份额、股权所得的价款，应当向质权人提前清偿债务或者提存。

第227条　以注册商标专用权、专利权、著作权等知识产权中的财产权出质的，当事人应当订立书面合同。质权自有关主管部门办理出质登记时设立。

知识产权中的财产权出质后，出质人不得转让或者许可他人使用，但经出质人与质权人协商同意的除外。出质人转让或者许可他人使用出质的知识产权中的财产权所得的价款，应当向质权人提前清偿债务或者提存。

第228条　以应收账款出质的，当事人应当订立书面合同。质权自信贷征信机构办理出质登记时设立。

应收账款出质后，不得转让，但经出质人与质权人协商同意的除外。出质人转让应收账款所得的价款，应当向质权人提前清偿债务或者提存。

第231条　债权人留置的动产，应当与债权属于同一法律关系，但企业之间留置的除外。

四、《公司法》

第16条　公司向其他企业投资或者为他人提供担保，依照公司章程的规定，由董事会或者股东会、股东大会决议；公司章程对投资或者担保的总额及单项投资或者担保的数额有限额规定的，不得超过规定的限额。

公司为公司股东或者实际控制人提供担保的，必须经股东会或者股东大会决议。

前款规定的股东或者受前款规定的实际控制人支配的股东，不得参加前款规定事项的表决。该项表决由出席会议的其他股东所持表决权的过半数通过。

第122条　上市公司在一年内购买、出售重大资产或者担保金额超过公司资产总额百分之三十的，应当由股东大会作出决议，并经出席会议的股东所持表决权的三分之二以上通过。

第149条　董事、高级管理人员不得有下列行为：

（一）挪用公司资金；

（二）将公司资金以其个人名义或者以其他个人名义开立账户存储；

（三）违反公司章程的规定，未经股东会、股东大会或者董事会同意，将公司资金借贷给他人或者以公司财产为他人提供担保；

（四）违反公司章程的规定或者未经股东会、股东大会同意，与本公司订立合同或者进行交易；

（五）未经股东会或者股东大会同意，利用职务便利为自己或者他人谋取属于公司的商业机会，自营或者为他人经营与所任职公司同类的业务；

（六）接受他人与公司交易的佣金归为己有；

（七）擅自披露公司秘密；

（八）违反对公司忠实义务的其他行为。

董事、高级管理人员违反前款规定所得的收入应当归公司所有。

五、《企业国有资产法》

第30条　国家出资企业合并、分立、改制、上市，增加或者减少注册资本，发行债券，进行重大投资，为他人提供大额担保，转让重大财产，进行大额捐赠，分配利润，以及解散、申请破产等重大事项，应当遵守法律、行政法规以及企业章程的规定，不得损害出资人和债权人的权益。

第45条　未经履行出资人职责的机构同意，国有独资企业、国有独资公司不得有下列行为：

（一）与关联方订立财产转让、借款的协议；

（二）为关联方提供担保；

（三）与关联方共同出资设立企业，或者向董事、监事、高级管理人员或者其近亲属所有或者实际控制的企业投资。

六、《商业银行法》

第42条　借款人应当按期归还贷款的本金和利息。借款人到期不归还担保贷款的，商业银行依法享有要求保证人归还贷款本金和利息或者就该担保物优先受偿的权利。商业银行因行使抵押权、质权而取得的不动产或者股权，应当自取得之日起二年内予以处分。借款人到期不归还信用贷款的，应当按照合同约定承担责任。

七、《城市房地产管理法》

第50条　房地产抵押，抵押人和抵押权人应当签订书面抵押合同。

第52条　房地产抵押合同签订后，土地上新增的房屋不属于抵押财产。需要拍卖该抵押的房地产时，可以依法将土地上新增的房屋与抵押财产一同拍卖，但对拍卖新增房屋所得，抵押权人无权优先受偿。

第62条　房地产抵押时，应当向县级以上地方人民政府规定的部门办理抵押登记。

因处分抵押房地产而取得土地使用权和房屋所有权的，应当依照本章规定办理过户登记。

八、《海商法》

第12条　船舶所有人或者船舶所有人授权的人可以设定船舶抵押权。

船舶抵押权的设定，应当签订书面合同。

第13条　设定船舶抵押权，由抵押权人和抵押人共同向船舶登记机关办理抵押权登记；未经登记的，不得对抗第三人。

船舶抵押权登记，包括下列主要项目：

（一）船舶抵押权人和抵押人的姓名或者名称、地址；

（二）被抵押船舶的名称、国籍、船舶所有权证书的颁发机关和证书号码；

（三）所担保的债权数额、利息率、受偿期限。

船舶抵押权的登记状况，允许公众查询。

第14条　建造中的船舶可以设定船舶抵押权。

建造中的船舶办理抵押权登记，还应当向船舶登记机关提交船舶建造合同。

第16条　船舶共有人就共有船舶设定抵押权，应当取得持有三分之二以上份额的共有人的同意，共有人之间另有约定的除外。

船舶共有人设定的抵押权，不因船舶的共有权的分割而受影响。

九、《民用航空法》

第16条　设定民用航空器抵押权，由抵押权人和抵押人共同向国务院民用航空主管部门办理抵押权登记；未经登记的，不得对抗第三人。

十、《融资性担保公司管理暂行办法》

第20条　融资性担保公司可以为其他融资性担保公司的担保责任提供再担保和办理债券发行担保业务，但应当同时符合以下条件：

（一）近两年无违法、违规不良记录。

（二）监管部门规定的其他审慎性条件。

从事再担保业务的融资性担保公司除需满足前款规定的条件外，注册资本应当不低于人民币1亿元，并连续营业两年以上。

第27条　融资性担保公司对单个被担保人提供的融资性担保责任余额不得超过净资产的10%，对单个被担保人及其关联方提供的融资性担保责任余额不得超过净资产的15%，对单个被担保人债券发行提供的担保责任余额不得超过净资产的30%。

第28条　融资性担保公司的融资性担保责任余额不得超过其净资产的10倍。

十一、《动产抵押登记办法》

第2条　企业、个体工商户、农业生产经营者以现有的以及将有的生产设备、原材料、半成品、产品抵押的，应当向抵押人住所地的县级工商行政管理部门（以下简称动产抵押登记机关）办理登记。未经登记，不得对抗善意第三人。动产抵押登记可由抵押合同双方当事人共同向动产抵押登记机关办理，也可以委托代理人向动产抵押登记机关办理。

十二、《境内机构对外担保管理办法》

第4条　本办法规定的担保人为：

（一）经批准有权经营对外担保业务的金融机构（不含外资金融机构）；

（二）具有代位清偿债务能力的非金融企业法人，包括内资企业和外商投资企业。

除经国务院批准为使用外国政府或者国际经济组织贷款进行转贷外，国家机关和事业单位不得对外担保。

第5条　金融机构的对外担保余额、境内外汇担保余额及外汇债务余额之和不得超过其自有外汇资金的20倍。

非金融企业法人对外提供的对外担保余额不得超过其净资产的50%，并不得超过其上年外汇收入。

第6条　内资企业只能为其直属子公司或者其参股企业中中方投资比例部分对外债务提供对外担保。

贸易型内资企业在提供对外担保时，其净资产与总资产的比例原则上不得低于15%。非贸易型内资企业在提供对外担保时，其净资产与总资产的比例原则上不得低于30%。

第10条　对外担保的审批权限：

（一）为境内内资企业提供对外担保和为外商投资企业提供1年期以

内（含1年）的对外担保，由担保人报其所在地的省、自治区、直辖市、计划单列市或者经济特区外汇管理分局审批；

（二）为外商投资企业提供1年期以上（不含1年）的对外担保和为境外机构提供对外担保，由担保人报经其所在地的省、自治区、直辖市、计划单列市或者经济特区外汇管理分局初审后，由该外汇管理分局转报国家外汇管理局审批。

第12条　经外汇局批准后，担保人方能提供对外担保。

十三、《关于在房地产开发项目中推行工程建设合同担保的若干规定(试行)》

第6条　工程建设合同担保的保证人应是中华人民共和国境内注册的有资格的银行业金融机构、专业担保公司。

本规定所称专业担保公司，是指以担保为主要经营范围和主要经营业务，依法登记注册的担保机构。

第7条　依法设立的专业担保公司可以承担工程建设合同担保。但是，专业担保公司担保余额的总额不得超过净资产的10倍；单笔担保金额不得超过该担保公司净资产的50%。不符合该条件的，可以与其他担保公司共同提供担保。

第19条　投标担保的担保金额一般不超过投标总价的2%，最高不得超过80万元人民币。

担保、小贷业务常用抵押、质押方式登记部门一览表

按： 担保及反担保方式是操作担保和小贷业务的核心环节。尤其是近年来，权利质押渐受青睐，而囿于立法的粗陋和繁杂，相伴而来的法律纠纷也日渐增多，而且有些法律问题无法从现行法律规定中找到确切答案。本文从梳理归纳担保、小贷业务常用抵押、质押方式登记部门的角度，尽力梳理一条清晰的思路。

序号	抵质押物	类型	登记部门	凭证	登记的法律依据
1	住宅、商业性房产按揭房、在建工程等房产，以及乡（镇）、村企业的厂房等建筑物	不动产	房产管理局	房屋他项权证书	《城市房地产管理法》第60条、《城市房地产抵押管理办法》、《担保法》第42条
2	无地上定着物的国有土地的土地使用权	不动产	国土资源管理局	土地他项权利证明书	《城市房地产管理法》第60条
3	企业设备、原辅材料、产品或商品等	动产	工商行政管理局	企业动产抵押物登记证书	《企业动产抵押物登记管理办法》第3条
4	非农用机动车	动产	车辆管理所	机动车登记证书	《中华人民共和国机动车登记办法》第33~40条
5	农用机器设备	动产	农机站	—	—
6	农作物和其他农业收获物	动产	农业局	—	—

续表

序号	抵质押物	类型	登记部门	凭证	登记的法律依据
7	果园、树林	动产	林业局	—	《担保法》第42条
8	小型船舶	动产	海事局	—	《海商法》第13条
9	渔业船舶	动产	渔政渔港监督管理局	—	《中华人民共和国渔业船舶登记办法》第4条
10	民用航空器	动产	民用航空管理部门	—	《民用航空法》第16条
11	非企业所有机械设备、牲畜等生产资料；农村私有房产；家具、家用电器、金银珠宝及其制品等生活资料	动产	公证处	公证机构抵押登记证书	《公证机构办理抵押登记办法》第3条
12	上市公司的股份、股票	权利	中国证券登记结算有限责任公司及其分公司	—	《证券公司股票质押贷款管理办法》第2条、《中国证券登记结算有限责任公司深圳分公司证券公司股票质押登记业务运作指引》
13	其他有限责任公司和股份有限公司股权	权利	工商行政管理机关	股权出质登记通知书	《工商行政管理机关股权出质登记办法》第2条
14	封闭式基金、交易所交易基金、上市交易基金等可转让基金份额	权利	中国证券登记结算有限责任公司及其分公司	—	《物权法》第226条

续表

序号	抵质押物	类型	登记部门	凭证	登记的法律依据
15	应收账款	权利	中国人民银行征信中心	应收账款质押登记初始登记证明	《应收账款质押登记办法》第2条
16	商标专用权	权利	国家商标局	商标专用权质押登记证书	《商标专用权质押登记办理方法》
17	专利权	权利	国家知识产权局	专利权质押登记通知书	《专利权质押登记办法》第2条
18	著作权	权利	国家版权局	著作权质权登记证书	《著作权质权登记办法》第2条
19	汇票、支票、本票、债券、存款单、仓单、提单等有价证券	权利	立法并没有明确规定	—	《物权法》第224条

注意：《物权法》第223条虽然将应收账款列为可出质的财产，但没有明确应收账款的含义。为进一步细化《物权法》的规定，《应收账款质押登记办法》在第4条规定了应收账款的含义，并以列举的方式明确了应收账款的范围。《应收账款质押登记办法》所称的应收账款包括下列权利：（1）销售产生的债权，包括销售货物，供应水、电、气、暖，知识产权的许可使用等；（2）出租产生的债权，包括出租动产或不动产；（3）提供服务产生的债权；（4）公路、桥梁、隧道、渡口等不动产收费权；（5）提供贷款或其他信用产生的债权。

其中，第（4）项为"公路、桥梁、隧道、渡口等不动产收费权"，这与《担保法解释》和其他相关部门规章或规定之间存在不一致之处。《担保法解释》第97条规定，以公路桥梁、公路隧道或者公路渡口等不动产收益权出质的，按照《担保法》第75条第（4）项的规定处理，即属于"依法可以质押的其他权利"。在《物权法》颁布之后，《担保法解释》并没有被废止，与《物权法》不相冲突的条款仍被司法实践适用。《应收账款质押登记办法》将“公路、桥梁、隧道、渡口等不动产收费权”列入应收账款范围，有待于《物权法》司法解释加以确认。此外，国务院《关于收费公路项目贷款担保问题的批复》中明确规定，公路建设项目法人用收费公路的收费权质押方式向国内银行申请抵押贷款，以地市级以上交通主管部门作为公路收费权质押的登记部门。《应收账款质押登记办法》规定的登记机关与国务院的规定不一致，致使相关当事人可能面临难以确定登记机关的困扰。

实证报告

小贷公司借贷业务法律疑难问题
——实例分析报告

一、咨询费问题

【案例】

原告百色市××小额贷款有限责任公司与被告陈××（女）、被告何××（男）签订了编号为2011039号的借款合同，合同约定被告向原告借款人民币30万元，借款期限为4个月，即2011年7月7日至同年11月6日，月利息为1%，每月业务咨询费为9000元。被告用其在东合二路居民住宅小区自有房产［证号：百房权证（1998）字第0016860号］对该借款本金及其他费用作抵押担保，并办理抵押登记手续。原告依约支付给被告30万元，借款到期后被告没有清偿，截至2012年5月4日被告尚欠原告借款本金10万元、利息7700元、咨询费13100元，共计120800元。原告催款未果，向法院提起诉讼，请求判令被告偿还上述款项。

1. 咨询费

咨询费指委托人就相关事项从咨询人员或公司获得意见或建议而支付的报酬。如向律师或律师事务所咨询相关法律问题而支付咨询费、向税务师咨询相关税务问题而支付咨询费等。向这类专业人员或机构如会计师（事务所）、医师、药师、化工师、教师、管理师、营销策划师、广告策划师、ISO咨询师等咨询问题而支付咨询费，以及向虽没有国家认可的相关职称，但可以提供相关信息的人员支付的信息费也可以列入咨询费支出，咨询费可列入企业管理费用，在税前列支。咨询费一般以咨询问题产生的收益来定价。比例因时因事因人而异，高的可达50%，一般的在10%以内。

2. 本案中，咨询费收取的目的

本案利息及咨询费约定于借款合同，合同约定被告向原告借款人民币

30 万元，借款期限为 4 个月，即 2011 年 7 月 7 日至同年 11 月 6 日，月利息为 1%，每月业务咨询费为 9000 元。

因此，利息每月 3000 元，咨询费每月 9000 元。

从中可以很明显地看出，其实际上是借收取咨询的名义，而实现高利润的目的，即规避借贷中法律规定的利率限制问题。

3. 小贷公司的经营范围

中国银行业监督管理委员会、中国人民银行《关于小额贷款公司试点的指导意见》（银监发〔2008〕23 号）规定：

（1）小额贷款公司是由自然人、企业法人与其他社会组织投资设立，不吸收公众存款，经营小额贷款业务的有限责任公司或股份有限公司。

（2）小额贷款公司应执行国家金融方针和政策，在法律、法规规定的范围内开展业务，自主经营，自负盈亏，自我约束，自担风险，其合法的经营活动受法律保护，不受任何单位和个人的干涉。

《江苏省人民政府办公厅关于开展农村小额贷款组织试点工作的意见（试行）》（苏政办发〔2007〕142 号）规定：农村小额贷款组织的业务范围仅限于发放贷款，不得吸收或变相吸收公众存款，不得跨所在县域经营，不得向金融机构借款，试点期间不得从事委托贷款业务。

4. 超越经营范围的法律效力

《最高人民法院关于适用〈中华人民共和国合同法〉若干问题的解释（一）》（法释〔1999〕19 号，以下简称《合同法解释（一）》）第 10 条规定："当事人超越经营范围订立合同，人民法院不因此认定合同无效。但违反国家限制经营、特许经营以及法律、行政法规禁止经营规定的除外。"

《合同法》第 56 条规定："无效的合同或者被撤销的合同自始没有法律约束力。合同部分无效，不影响其他部分效力的，其他部分仍然有效。"

《合同法》第 52 条规定："有下列情形之一的，合同无效：……（三）以合法形式掩盖非法目的的；……"

5. 咨询费问题的处理

（1）咨询费的收取，并不当然地认定为合同无效或者部分合同无效。

（2）可以断定的是，高额收取咨询费的目的是收取高额的利息，存在以合法形式掩盖非法目的的行为。

（3）处理原则：咨询费和约定利息加起来没有超过银行利息的 4 倍的，则认定为有效；如果超过了银行利息的 4 倍，则超过部分无效。

二、利率问题

【案例】

2010年8月5日，原告宝鸡市渭滨区××小额贷款有限责任公司与被告一刘×、被告二宝鸡市××工贸有限公司（以下简称××公司）签订了一份借款合同，约定由原告向被告刘×提供借款10万元，期限自2010年8月5日至2011年8月4日，年利率为21.24%；如发生逾期情形，利息加罚息按照约定利率的150%计算。被告××公司提供担保并对上述借款承担连带清偿责任，保证期间为借款到期日起两年。借款合同中对借款利率有修改，原约定月利率为16.2‰，修改为年利率21.24%。合同签订后，原告依约发放了借款。2011年1月27日，被告××公司代刘×向原告按年利率21.24%支付借款利息5310元（从2010年8月5日起至2011年2月4日止）。两被告对借款本金及剩余利息至今未还。原告诉至法院。

1. 利率司法解释规定

《最高人民法院关于人民法院审理借贷案件的若干意见》（法民发〔1991〕21号）第6条规定："民间借贷的利率可以适当高于银行的利率，各地人民法院可根据本地区的实际情况具体掌握，但最高不得超过银行同类贷款利率的四倍（包含利率本数）。超出此限度的，超出部分的利息不予保护。"

《最高人民法院关于依法妥善审理民间借贷纠纷案件促进经济发展维护社会稳定的通知》（法〔2011〕336号）第6条规定：依法保护合法的借贷利息。人民法院在审理民间借贷纠纷案件时，要依法保护合法的借贷利息，依法遏制高利贷化倾向。出借人依照合同约定请求支付借款利息的，人民法院应当依据合同法和《最高人民法院关于人民法院审理借贷案件的若干意见》第6条、第7条的规定处理。

《江苏省高级人民法院借贷合同纠纷案件审理指南（2010年）》规定："利率是指一定时期内利息的数额同借贷资金本金的比率。基于尊重当事人意思自治的原则，对当事人约定的利率，在不违反法律、行政法规以及司法解释的情况下，应当予以保护，但是应注意以下三个问题：第一，借贷合同约定的利息不得高于银行同期同类贷款利率的四倍。第二，借贷合同所约定的利息不能预扣，若预扣，应以实际贷款数额作为借款本金计算。预扣利息是变相提高利率的行为，为法律所禁止，即便借款人同意也因存在实质不平等而不被允许。第三，借贷合同双方未约定利息的，视为无息借款。”

2. 利率规章规定

中国银行业监督管理委员会、中国人民银行《关于小额贷款公司试点的指导意见》（银监发〔2008〕23号）规定：“四、小额贷款公司的资金运用……小额贷款公司按照市场化原则进行经营，贷款利率上限放开，但不得超过司法部门规定的上限，下限为人民银行公布的贷款基准利率的0.9倍，具体浮动幅度按照市场原则自主确定。有关贷款期限和贷款偿还条款等合同内容，均由借贷双方在公平自愿的原则下依法协商确定。”

《江苏省人民政府办公厅关于开展农村小额贷款组织试点工作的意见（试行）》（苏政办发〔2007〕142号）规定：“贷款利率：在符合国家有关法律法规的前提下，利率由借贷双方自主约定。”

3. 逾期加倍利率约定的处理

第一种观点：存在逾期还款的情形，双方同意，逾期利息按照约定利率的150%计算，即对原来约定的利率视为一种新的利率，在法律性质上依然是利息的计算问题。

第二种观点：存在逾期还款的情形，对于利息加收的50%实质上是关于违约金的约定。所以，逾期后利息的计算实际包括两个部分：利息加违约金，即利息还是21.24%，违约金为21.24%×50%。

按照第一种观点，利率当然不得超过银行同期贷款利率的4倍。

按照第二种观点，利率不得超过银行同期贷款利率的4倍，但是违约金的约定也没有违法，理论上也应当支持。

实践中的观点：无论任何形式的利息、罚息、违约金等，总和都不得超过银行同期贷款利率的四倍，超过部分法院不予支持。

浙江省高级人民法院民四庭副庭长徐向红的态度是：在审理案件中，利率受到保护的总体原则就是，不论借款人和出借人以什么名义进行约定，包括资金暂用费、违约金、综合费用还有利率利息、罚款等，借期内的利息和逾期利息都是以4倍为限，超出部分是不予保护的。徐向红强调：“裁判的价值导向是，对利息问题要引导民间借贷规范化、健康和阳光化操作。”

4. 利率4倍的趋势

关于4倍利率保护的表述在司法实践中近年来已有所放宽。

1991 年，《最高人民法院关于人民法院审理借贷案件的若干意见》指出："民间借贷的利率可以适当高于银行的利率，各地人民法院可根据本地区的实际情况具体掌握，但最高不得超过银行同类贷款利率的 4 倍（包含利率本数）。超出此限度的，超出部分的利息不予保护。"

2009 年，《浙江省高级人民法院关于审理民间借贷纠纷案件若干问题的指导意见》中的规定是，借贷双方对逾期利率有约定的，从其约定。超出 4 倍利率的，超出部分的利息，法院一般不予保护。

到了 2011 年，《重庆市高级人民法院关于审理民间借贷纠纷案件若干问题的指导意见》则指出，借款人已经按约支付完毕借款本息后，又以约定的利率超过人民银行公布的同期同类贷款利率 4 倍为由请求返还的，人民法院不予支持。借款人未按约支付完毕借款本金的，在审理过程中请求将已经支付的超过人民银行公布的同期同类贷款利率 4 倍的利息，冲抵本金的，人民法院应予支持。

三、违约金计算问题

【案例】

2010 年 11 月 5 日，被告范××、王××与原告北海××小额贷款有限公司签订了抵押担保借款合同，合同约定原告向被告借款 30000 元，月利率为 1.6%，借款期限 6 个月（即从 2010 年 11 月 5 日起至 2011 年 5 月 5 日止），合同签订时，被告范××自愿以其名下桂 EBH188 吉利汽车作借款抵押担保，并于当日到车辆管理部门办理了抵押登记。同时，合同约定原告为实现合同债权的一切费用（包括但不限于诉讼费、保全费、执行费、评估费、鉴定费、律师费）均由被告承担，借款逾期而又未签订延期还款协议，原告对借款逾期部分按合同约定利息双倍计收违约金。同日，被告杨××与原告签订保证合同，约定被告杨××对被告范××、王××的债务向原告承担连带保证责任。合同签订后，原告付给被告范××、王××人民币 30000 元，但至今借款已逾期长达 13 个月时间，被告对借款只付至 2012 年 2 月 5 日的利息，经原告多次催促，被告对借款本金及 2012 年 2 月 5 日后的利息仍未归还。原告于 2012 年 6 月向法院起诉。

1. 违约金

当事人完全不履行或不适当履行债务时，必须按约定给付对方一定数额的金钱或者金钱以外的其他财产。违约金是合同救济方式的一种，也是对违约的一种经济制裁。违约金的设立，是为了保证债的履行，即使对方没有遭受任何财产损失，也要按法律或合同的规定给付违约金。违约金的标准依法定或双方在合同中书面约定。违约金有两种：

①惩罚性违约金，其作用全在惩罚，如果对方因违约而遭受财产损失，则违约一方除支付违约金外，还应另行赔偿对方的损失。

②补偿性违约金，是对合同一方当事人因他方违约可能遭受的财产损失的一种预先估计，给付了违约金，即免除了违约一方赔偿对方所遭受的财产损失的责任；即使损失大于违约金，也不再补偿。

2. 约定了违约金的计算问题

《合同法》第 114 条第 1 款规定："当事人可以约定一方违约时应当根据违约情况向对方支付一定数额的违约金，也可以约定因违约产生的损失赔偿额的计算方法。约定的违约金低于造成的损失的，当事人可以请求人民法院或者仲裁机构予以增加；约定的违约金过分高于造成的损失的，当事人可以请求人民法院或者仲裁机构予以适当减少。"

《江苏省高级人民法院借贷合同纠纷案件审理指南（2010 年）》规定：为防止借贷双方规避法律，以违约金的方式获取高息，对借贷合同当事人既约定借款利息又约定违约金的，人民法院在借贷合同纠纷案件审理过程中应当依法主动进行审查，对于根据《合同法》第 114 条的规定进行调整后的违约金与利息之和超过按银行同期同类贷款利率 4 倍计算的利息的，不予保护。

3. 违约金没有约定的计算问题

《最高人民法院关于逾期付款违约金应当按照何种标准计算问题的批复》（1999 年 1 月 29 日最高人民法院审判委员会第 1042 次会议通过，法释〔1999〕8 号）全文规定如下：

广东省高级人民法院：

你院〔1998〕粤法经一行字第 17 号《关于逾期贷款如何计算利息问题的请示》收悉。经研究，答复如下：

对于合同当事人没有约定逾期付款违约金标准的，人民法院可以参照中国人民银行规定的金融机构计收逾期贷款利息的标准计算逾期付款违约金。中国人民银行调整金融机构计收逾期贷款利息的标准时，人民法院可以相应调整计算逾期付款违约金的计算标准。参照中国人民银行 1996 年 4 月 30 日发布的银发〔1996〕156 号《关于降低金融机构存、贷款利率的通知》的规定，目前，逾期付款违约金标准可以按每日万分之四计算。

本批复公布后，人民法院尚未审结的案件中有关计算逾期付款违约金的问题，按照本批复办理。本批复公布前，已经按我院1996年5月16日作出的法复〔1996〕7号《关于逾期付款违约金应当依据何种标准计算问题的批复》审结的案件不再变动。

四、罚息、复利问题

【案例】

2011年9月1日，原告桂林市××小额贷款股份有限公司与被告张××、莫××、刘××、张发军签订了借款及保证合同，约定由张××、莫燕嘉作为共同借款人向原告借款3万元，刘××、张发军对上述借款承担连带保证责任，该借款及保证合同中载明："贷款人（原告）根据借款人（被告张××、莫××）的申请，向借款人发放贷款人民币3万元整。本合同的借款期限为1年，即自2011年9月1日起至2012年8月31日止。借款利率：本合同项下借款利率为浮动利率，按中国人民银行同期贷款基准利率的4倍内执行，执行月利率20‰，贷款利息自实际放款日计算。若借款人未按本合同约定期限还款（包括被宣布提前到期），就逾期部分从逾期之日起按照逾期贷款罚息利率计收利息，直至清偿本息为止。该逾期贷款罚息利率为借款利率上浮50%。对借款人不能按期支付的利息，贷款到期日（含当日）前按照借款利率计收复利，贷款逾期后按逾期利息加上罚息利率计收复利。"

1. 复利及复利计算

复利是指在每经过一个计息期后，都要将所剩利息加入本金，以计算下期的利息。这样，在每一个计息期，上一个计息期的利息都将成为生息的本金，即以利生利，也就是俗称的"利滚利"。

关于复利的计算，在审判实践中也有两种观点：

一种观点认为，只要在审理中发现债权人有将利息计入本金计算复利的行为，审判人员就不能被当事人约定的利率迷惑，而是要把计入本金的利息全部提取出来，然后利息归利息、本金归本金地计算一下实际利率究竟是多少。如果实际利率超过了《最高人民法院关于人民法院审理借贷案件的若干意见》第6条规定的银行同类贷款利率的4倍时，超出部分的利息不予保护。

另一种观点认为，“出借人不得将利息计入本金谋取高利”，也就是说，如果出借人谋取的不是高利，就可以将利息计入本金。后一句“审理中发现债权人将利息计入本金计算复利的，其利率超出第6条规定的限度时，超出部分的利息不予保护”，由于前一句已经有了可以将利息计入本金的意思，所以，法院只要审查双方约定的将利息计入本金后的利率有没有超出《最高人民法院关于人民法院审理借贷案件的若干意见》第6条规定的限度即可，而不需要将最后一次约定之前的所有本金和利息分开计算全部利息的利率。

2. 关于复利的审判观点

对此，审判实践中有两种观点：

一种意见认为此种复利不应予以保护。理由是：1988年4月2日颁布实施的《民通意见》第125条规定，“公民之间的借贷，出借人将利息计入本金计算复利的，不予保护”。《最高人民法院关于人民法院审理借贷案件的若干意见》第7条规定：“出借人不得将利息计入本金谋取高利。审理中发现债权人将利息计入本金计算复利的，只返还本金。”所以，当事人约定复利的行为因违反了法律的禁止性规定而无效。

另一种意见认为对复利应予适当保护。因为计单利和计复利相比，仅仅是计算方式的不同，民间借款过程中将利息计入本金，更换借据后，形成了新的债权债务关系，如债权人基于新的约定起诉，只要计息利率不超出法定限额即应受到法律保护，法律不应给予过多的干涉和限制。且另一版本的《最高人民法院关于人民法院审理借贷案件的若干意见》第7条规定：“出借人不得将利息计入本金谋取高利。审理中发现债权人将利息计入本金计算复利的，其利率超出第六条规定的限度时，超出部分的利息不予保护。”该条司法解释可以理解为允许计收复利，但要适当予以限制。

3. 关于复利的司法意见

《江苏省高级人民法院借贷合同纠纷案件审理指南（2010年）》规定：对于借贷合同中约定的复利问题，原则上应予禁止，因为“利滚利”的计息方式极易导致贷款额急剧膨胀，损害借款人的合法利益。但是，如果当事人约定了复利，且根据借款本金计算未超过银行同期同类贷款利率的4倍的，根据私法自治原则可以予以保护，而超过银行同期同类贷款利率4倍的部分则一律认定无效。

出借人在向借款人交付本金时预先扣除利息的，属于侵害借款人合同利益的行为，不符合借款人借款的真实意思，也违背出借人交付借款的主要合同义务，使得偿还利息在时间上提前到借款交付之时，不论借款人是否同意，均应当认定无效。实体处理包括两方面：其一，借款数额应认定实际借款数额，而非约定的借款数额；其二，借款利息应以实际借款数额计算利息，而非以约定的借款数额计算。

五、确认担保合同效力时应该如何理解因违反“强制性规定”而无效

【问题】

司法实践中，有保证人依据《担保法》第7条规定，具有代为清偿债务能力的法人、其他组织或者公民，可以作为保证人，因其不具有代为清偿债务能力，故保证合同无效；有人依据《担保法》第35条的规定，抵押人所担保的债权不得超出其抵押物的价值，因其违反了《担保法》的强制性规定，故抵押合同无效。

那么应该如何理解担保合同因违反“强制性规定”而无效？

《合同法解释（二）》第14条规定：“《合同法》第五十二条第（五）项规定的‘强制性规定’，是指效力性强制性规定。”

效力性强制性规定着重于违反行为之法律行为的价值，以否认其法律效力为目的，违反效力性强制规范的，合同应被认定无效；而管理性强制性规定着重于违反行为之事实行为的价值，以禁止其行为为目的，违反管理性强制规范的，合同未必有效。

《担保法》第7条关于保证人具有代为清偿债务能力的规定属于倡导性规定，不适用效力性规定。对此，《担保法解释》第14条规定，保证人以自己没有代偿能力要求免除保证责任的，人民法院不予以支持。同样道理，《担保法》第35条的规定也是如此。况且，《物权法》关于“抵押权”的规定中就无此项内容，这意味着允许再抵押或者重复抵押。

《担保法解释》第5条规定：以法律、法规禁止流通的财产或者不可转让的财产设定担保的，担保合同无效。以法律、法规限制流通的财产设定担保的，在实现债权时，人民法院应当按照有关法律、法规的规定对该财产进行处理。

六、所有权保留与担保物权的对抗效力问题

【案例】

广西恒永集团是一家以经销重型矿业机械设备为主业的公司，其因进口机械设备之需，于2007年11月23日向某市长丰商业银行以承兑汇票的方式借款人民币4000万元。约定承兑期4个月，恒永公司对该笔贷款除缴纳承兑保证金外，另承诺以到岸矿业机械设备作为担保物向长丰银行提供质押担保。2007年12月11日设备到岸，双方于同月15日在码头货物区办理了质押物移交手续，由长丰银行保管该批机械设备并持有相关提货凭证。贷款到期后，恒永集团因未能清偿银行债务而被起诉。澳大利亚吉斯汀公司在中国大陆地区的代表机构以对该批货物享有独立请求权为由而向受案法院申请参加诉讼。原来，该批货物由恒永公司购自吉斯汀公司，双方在2007年9月的购销合同中已按中国《合同法》的有关规定约定，“恒永公司不能付清全部货款前，供货方吉斯汀公司保留该批机械设备的所有权”，并以留置该批机械设备的使用说明书作为行使所有权保留的制约手段。

1. 所有权保留

《民法通则》第72条第2款规定：“按照合同或者其他合法方式取得财产的，财产所有权从财产交付时起转移，法律另有规定或者当事人另有约定的除外。”

《民法通则意见》第84条规定：“财产已经交付，但当事人约定财产所有权转移附条件的，在所附条件成就时，财产所有权方为转移。”

《合同法》第134条：“当事人可以在买卖合同中约定买受人未履行支付价款或者其他义务的，标的物的所有权属于出卖人。”

注：财产所有权的移转以交付为要件，但财产的交付并不当然发生财产所有权的转移；作为分期付款买卖的当事人可以约定，标的物所有权在买受人付清全部价款时移转于买受人。

2. 所有权保留与抵押权的对抗效力

第一种情形：先押后卖，即所有权人在同一标的物上设定抵押权后，再进行保留所有权的买卖。

《担保法》第49条规定：“抵押期间，抵押人转让已办理登记的抵押物的，应当通知抵押权人并告知受让人转让物已经抵押的情况；抵押人未

通知抵押权人或者未告知受让人的，转让行为无效。转让抵押物的价款明显低于其价值的，抵押权人可以要求抵押人提供相应的担保；抵押人不提供的，不得转让抵押物。抵押人转让抵押物所得的价款，应当向抵押权人提前清偿所担保的债权或者向与抵押权人约定的第三人提存。超过债权数额的部分，归抵押人所有，不足部分由债务人清偿。”

第二种情形：先卖后押，即所有权人在同一标的物上进行保留所有权买卖后设定抵押权的，该所有权保留的对抗效力。

一般认为：所有权保留中买受人享有物权期待权，并已实际占有标的物，且所有权保留约定在先，应当具有对抗设立在后的抵押权的效力；但买受人在未取得标的物所有权之前，不得设定抵押权。

3. 所有权保留与质权的对抗效力

一般认为：买受人在未取得标的物的所有权之前而设定质权的，其质权的效力处于待定状态，若出卖人予以追认或买方其后履行了全部义务，并取得了标的物的所有权，则质权有效，并具有对抗所有权保留的效力；反之，则质权无效，不具有对抗所有权保留的效力。

这里要注意动产质权的善意取得，若第三人善意取得动产质权，则该质权具有对抗所有权保留的效力。

《担保法解释》第 84 条规定：“出质人以其不具有所有权但合法占有的动产出质的，不知出质人无处分权的质权人行使质权后，因此给动产所有人造成损失的，由出质人承担赔偿责任。”

4. 所有权保留与留置权的对抗效力

在所有权保留的买卖中，因买受人的原因而发生第三人的留置权时，所有权保留的对抗效力如何？此时，一般认为：留置权为法定担保物权，具有对抗标的物所有权的效力，因此，第三人留置权应当具有对抗所有权保留的效力。

关于质权人留置质物的问题，《担保法解释》第 95 条规定：“债务履行期届满质权人未受清偿的，质权人可以继续留置质物，并以质物的全部行使权利。出质人清偿所担保的债权后，质权人应当返还质物。债务履行期届满，出质人请求质权人及时行使权利，而质权人怠于行使权利致使质物价格下跌的，由此造成的损失，质权人应当承担赔偿责任。”

七、保证意思及保证能力问题

【案例】

2012年1月17日，被告中瑞投资公司与原告亦庄贷款公司签订借款合同（合同编号：京亦企借字2012第006号）。根据合同约定，被告中瑞投资公司向原告亦庄贷款公司借款3000000元，月利率为2%，期限为2012年1月17日至2012年7月17日。合同签订后，原告亦庄贷款公司依约向被告中瑞投资公司履行了出借借款义务。同时，针对此项借款，被告国光电子公司及被告宁艳辉与原告亦庄贷款公司签订了保证合同，被告宁艳辉与原告亦庄贷款公司签订了个人连带责任保证承诺函，为被告中瑞投资公司提供连带担保。借款到期后，原告亦庄贷款公司多次找被告中瑞投资公司归还借款本息，但被告中瑞投资公司以种种理由拖延至今未付，原告亦庄贷款公司诉至法院。

被告宁艳辉答辩称：被告中瑞公司要求宁艳辉为公司借款提供担保，该担保只是一个形式，不需要被告宁艳辉负责。被告宁艳辉没有任何实际担保能力，也没有参与借款过程，对借款合同和保证合同均不清楚，所以不承担保证责任。

1. 保证的表现形式

（1）保证合同；

（2）主合同中的保证条款；

（3）在主合同中保证人栏处签字盖章；

（4）承诺函。

2. 保证意思的确定

《担保法》第6条规定：“本法所称保证，是指保证人和债权人约定，当债务人不履行债务时，保证人按照约定履行债务或者承担责任的行为。”

《担保法》第13条规定：“保证人与债权人应当以书面形式订立保证合同。”

《担保法解释》第22条规定：“第三人单方以书面形式向债权人出具担保书，债权人接受且未提出异议的，保证合同成立。主合同中虽然没有保证条款，但是，保证人在主合同上以保证人的身份签字或者盖章的，保证合同成立。”

3. 保证能力问题

《担保法》第7条规定："具有代为清偿债务能力的法人、其他组织或者公民，可以作保证人。"

《担保法解释》第14条规定："不具有完全代偿能力的法人、其他组织或者自然人，以保证人身份订立保证合同后，又以自己没有代偿能力要求免除保证责任的，人民法院不予支持。"

八、事业单位保证问题

【案例】

2011年1月26日，罗云芝与鸿运小贷公司签订借款合同。合同约定：贷款种类为流动资金贷款，借款金额为90万元，借款用途为经营周转；借款利率为月利率10‰，按月结息，利随本清；借款期限6个月，自2011年1月26日起至2011年7月25日止；还款方式为到期还本。如借款方不按期偿还借款，贷款方有权限期追回贷款，并按银行规定计收逾期利息和罚息。合同中的担保条款约定：借款方请耀德粉体公司、张定山、广西科技职业学院作为借款保证人，当借款方不履行合同时，由保证人连带承担偿还本息的责任。张世谦、叶玉兰自愿提供贺房权证八步字第00009636号、贺房权证八步字第00011361号作为抵押物为借款方担保。2011年1月26日，广西科技职业学院出具保证担保承诺书：罗云芝于2011年1月26日向贵公司借款90万元，期限6个月，用于经营周转，现广西科技职业学院自愿以全部学院资产为该贷款向贵公司提供保证担保。后借款人因未及时还款而被诉至法院。

1. 对于以公益为目的的事业单位、社会团体作为保证人的规定及理解

《担保法》第9条规定："学校、幼儿园、医院等以公益为目的的事业单位、社会团体不得为保证人。"

《担保法解释》第16条规定："从事经营活动的事业单位、社会团体为保证人的，如无其他导致保证合同无效的情况，其所签订的保证合同应当认定为有效。"

事业单位、社会团体是否可以作为保证人，关键在于其是否具有经营性质。上述规定将事业单位和社会团体分为两类：一类以公益为目的而存在，另一类以从事经营活动为目的而存在。前一类不可以作为保证人，后一类则可以。

2. 对于从事经营活动事业单位的理解

2004 年 6 月 27 日国务院修订的《事业单位登记管理暂行条例》第 2 条规定："本条例所称事业单位，是指国家为了社会公益目的，由国家机关举办或者其他组织利用国有资产举办的，从事教育、科技、文化、卫生等活动的社会服务组织。事业单位依法举办的营利性经营组织，必须实行独立核算，依照国家有关公司、企业等经营组织的法律、法规登记管理。"根据该条规定，根据该条例登记的事业单位只能是为了公益目的而成立，事业单位要从事经营活动，只能依法另行成立经营组织。

3. 对于从事经营活动的社会团体的理解

1998 年 10 月 25 日国务院发布实施的《社会团体登记管理条例》第 2 条第 1 款规定："本条例所称社会团体，是指中国公民自愿组成，为实现会员共同意愿，按照其章程开展活动的非营利性社会组织。"该条例第 4 条更是明确规定，社会团体不得从事营利性经营活动。

《担保法解释》第 3 条规定："国家机关和以公益为目的的事业单位、社会团体违反法律规定提供担保的，担保合同无效。因此给债权人造成损失的，应当根据担保法第五条第二款的规定处理。"

《担保法解释》第 53 条规定："学校、幼儿园、医院等以公益为目的的事业单位、社会团体，以其教育设施、医疗卫生设施和其他社会公益设施以外的财产为自身债务设定抵押的，人民法院可以认定抵押有效。"

4. 法律限制事业单位、社会团体作为保证人的理由

法律限制事业单位、社会团体作为保证人的理由主要有三：

第一，国家机关以及以公益为目的的事业单位、社会团体等，其行为内容具有特定性，通常不包含从事经营活动的内容。

第二，国家机关以及以公益为目的的事业单位、社会团体的经费主要来源于国家拨款，没有其他的利益获取渠道，故这些单位不具有承担担保责任的经济条件。

第三，作为担保人，承担担保责任的条件通常是要求被担保人必须作相应的对等给付，例如向担保人提供反担保或向担保人支付一定的费用。而对于国家机关以及以公益为目的的事业单位、社会团体而言，它们既不能通过提供担保而收取费用，也不能享受反担保的利益，具有利益提供的单向性，这与商品经济的等价有偿等基本原则相违背。考虑到现实生活中，很多即使是以公益为目的的事业单位和社会团体，实质上仍在从事以

营利为目的的经营活动，如果同样以上述理由限制其保证责任，则可能同风险与利益相一致原则相违背，对债权人太不公平，因此有了上述司法解释的规定。

九、小贷公司为本公司股东担保的法律效力问题

【案例】

姜明、赵军武、王立是某外贸公司的三自然人股东。姜明于2011年5月31日和某小额贷款公司签订借款合同，借款300万元，贷款期限1年。某外贸公司为姜明提供担保，并由该外贸公司的法人代表赵军武与某小额贷款公司签订了保证合同，赵军武向某小额贷款公司出具了董事会同意担保意见书，该意见书有三自然人股东的签名。贷款到期后，因姜明没有偿还贷款而引发纠纷。

该案涉及的问题如下。

1. 关于公司担保能力问题

《公司法》第16条规定："公司向其他企业投资或者为他人提供担保，依照公司章程的规定，由董事会或者股东会、股东大会决议；公司章程对投资或者担保的总额及单项投资或者担保的数额有限额规定的，不得超过规定的限额。公司为公司股东或者实际控制人提供担保的，必须经股东会或者股东大会决议。前款规定的股东或者受前款规定的实际控制人支配的股东，不得参加前款规定事项的表决。该项表决由出席会议的其他股东所持表决权的过半数通过。"

《担保法解释》第11条规定："法人或者其他组织的法定代表人、负责人超越权限订立的担保合同，除相对人知道或者应当知道其超越权限的以外，该代表行为有效。"

2. 担保无效后责任的划分

《担保法解释》第4条规定：董事、经理违反《公司法》第60条的规定，以公司资产为本公司的股东或者其他个人债务提供担保的，担保合同无效。除债权人知道或者应当知道的外，债务人、担保人应当对债权人的损失承担连带赔偿责任。

《担保法解释》第7条规定：主合同有效而担保合同无效，债权人无过错的，担保人与债务人对主合同债权人的经济损失，承担连带赔偿责任；债权人、担保人有过错的，担保人承担民事责任的部分，不应超过债

务人不能清偿部分的1/2。

《担保法解释》第8条规定：主合同无效而导致担保合同无效，担保人无过错的，担保人不承担民事责任；担保人有过错的，担保人承担民事责任的部分，不应超过债务人不能清偿部分的1/3。

3. 实践中注意的问题

（1）《担保法解释》第4条和《公司法》第16条针对的是董事、经理以公司财产提供担保的情形，而不是针对董事、经理以个人身份提供担保的情形，落实到合同上，是指担保合同是以公司名义签订的，至少要加盖公司的印章。

（2）在《担保法》及其司法解释中，在对担保无效的处理上，除个别情况外，都是将债权人全部损失作为赔偿范围对待，并没有按照缔约过失责任理论的要求，仅赔偿损失者机会利益或者信赖利益上的损失。

（3）上市公司作为担保人的，推定债权人知道或应当知道担保人与债务人之间的投资关系，因而确定此时债权人有过错。

（4）未上市股份公司作为担保人为其股东担保的，债权人已尽一般注意义务的，应认定债权人没有过错。债权人一般注意义务包括对债务人近几年财务报表、公司章程、经营业绩以及担保人的上述相关资料进行认真审查，如该资料不能显示担保人与债务人之间的投资关系，应认定债权人尽到了一般注意义务。

（5）经过公司董事会或股东大会同意作出担保的，若该担保行为超出公司章程规定的经营范围，则视为公司对其章程的修改，一般应认定该担保合同有效（如章程没有规定，或者有规定但超出规定两种情形）。

（6）对某些违反国家禁止性规定或具有违法性、欺诈性，不符合公司特定多数原则的超越公司章程的担保行为，即使公司加以批准，或者经股东会或股东大会追认，也应认定担保合同无效。

十、最高额保证、抵押问题

【《最高额保证合同》定义性条款】

第1条　本合同为最高额保证合同，在约定期间内该授信额度可以连续、循环使用，每次使用贷款时债务人须单独与甲方签署用款协议，各个用款协议在同一时点上的贷款余额之和不得超过授信额度人民币______万元。

第2条　本合同签订并生效后，甲方与债务人可在授信额度有效期内签署一个或多个用款协议，如果签署用款协议时，债务人的累计贷款余额与拟新发生的贷款之和未超过授信额度，则甲方无须再通知乙方或征得其同意。

第3条　本合同保证方式为连带责任保证，乙方以其（法人财产、个人财产或家庭共同财产）为责任财产承担前款规定的保证责任。

本合同的保证期间为2年，依各主合同债务到期之日起分别计算。

最高额保证，是指债权人与保证人之间就债务人在一定期间内连续发生的多笔债务，确定一个最高额度，由保证人在此最高额度内对债务人履行债务向债权人提供保证。该最高额度是指债务人在债权人处的各项债务（含或有负债）的总余额。

1. 最高额保证合同的特征

一是最高额保证合同保证的债务可能已经发生，也可能没有发生，最高额保证的生效与被保证的债务是否发生无关。

二是最高额保证所保证的债务为一定期间内连续发生的债务。普通保证所保证的债务通常为确定的债务；而最高额保证则是对债务人在一定时期内所发生的若干个具有连续性或继续性的债务提供保证，保证范围不受债权笔数的影响。

三是最高额保证约定有保证人承担保证责任的最高额。债务人所发生的债务总额累计可以大于最高额，但保证人仅在约定的最高额内承担保证责任。

四是最高额保证所担保的不是债务的简单累加，而是债务整体，各个债务的清偿期仅对债务人有意义，并不影响最高额保证人承担保证责任。

2. 最高额保证相关法律及司法解释

《担保法》第14条规定：保证人与债权人可以就单个主合同分别订立保证合同，也可以协议在最高债权额限度内就一定期间连续发生的借款合同或者某项商品交易合同订立一个保证合同。

《担保法》第27条规定：保证人依照本法第14条规定就连续发生的债权作保证，未约定保证期间的，保证人可以随时书面通知债权人终止保证合同，但保证人对于通知到债权人前所发生的债权，承担保证责任。

《担保法解释》第23条规定：最高额保证合同的不特定债权确定后，保证人应当对在最高债权额限度内就一定期间连续发生的债权余额承担保证责任。

《担保法解释》第37条规定：最高额保证合同对保证期间没有约定或者约定不明的，如最高额保证合同约定有保证人清偿债务期限的，保证期间为清偿期限届满之日起6个月。没有约定债务清偿期限的，保证期间自最高额保证终止之日或自债权人收到保证人终止保证合同的书面通知到达之日起6个月。

3. 有关最高额抵押问题的法律规定

（1）《担保法》

第59条规定："本法所称最高额抵押，是指抵押人与抵押权人协议，在最高债权额限度内，以抵押物对一定期间内连续发生的债权作担保。"

第60条规定："借款合同可以附最高额抵押合同。债权人与债务人就某项商品在一定期间内连续发生交易而签订的合同，可以附最高额抵押合同。"

第61条规定："最高额抵押的主合同债权不得转让。"

（2）《担保法解释》

第81条规定："最高额抵押权所担保的债权范围，不包括抵押物因财产保全或者执行程序被查封后或债务人、抵押人破产后发生的债权。"

第82条规定："当事人对最高额抵押合同的最高限额、最高额抵押期间进行变更，以其变更对抗顺序在后的抵押权人的，人民法院不予支持。"

第83条规定："最高额抵押权所担保的不特定债权，在特定后，债权已届清偿期的，最高额抵押权人可以根据普通抵押权的规定行使其抵押权。抵押权人实现最高额抵押权时，如果实际发生的债权余额高于最高限额的，以最高限额为限，超过部分不具有优先受偿的效力；如果实际发生的债权余额低于最高限额的，以实际发生的债权余额为限对抵押物优先受偿。"

（3）《物权法》

第203条规定："为担保债务的履行，债务人或者第三人对一定期间内将要连续发生的债权提供担保财产的，债务人不履行到期债务或者发生当事人约定的实现抵押权的情形，抵押权人有权在最高债权额限度内就该担保财产优先受偿。最高额抵押权设立前已经存在的债权，经当事人同意，可以转入最高额抵押担保的债权范围。"

第204条规定："最高额抵押担保的债权确定前，部分债权转让的，最高额抵押权不得转让，但当事人另有约定的除外。”

第205条规定：“最高额抵押担保的债权确定前，抵押权人与抵押人可以通过协议变更债权确定的期间、债权范围以及最高债权额，但变更的内容不得对其他抵押权人产生不利影响。”

第206条规定：“有下列情形之一的，抵押权人的债权确定：（一）约定的债权确定期间届满；（二）没有约定债权确定期间或者约定不明确，抵押权人或者抵押人自最高额抵押权设立之日起满二年后请求确定债权；（三）新的债权不可能发生；（四）抵押财产被查封、扣押；（五）债务人、抵押人被宣告破产或者被撤销；（六）法律规定债权确定的其他情形。”

十一、不动产抵押未登记问题

【案例】

2009年12月9日，原某小额贷款公司与被告陈某某签订云阳明浪（2009）借字第016号借款合同，合同约定：被告在原告处借款10万元用于工程流动资金，固定月利率15‰，借款期限从2009年12月9日至2010年2月8日。若借款人未按约定期限还款，从逾期之日起按照逾期借款罚息利率计收利息，直至清偿本息为止。逾期借款罚息利率为本合同约定的借款利率上浮50%。同日，被告同原告签订云阳明浪（2009）抵字第008号抵押合同，将被告所有的云阳县新县城天鹅路37号砖混合结构114.57平方米的住宅进行担保抵押，并将其房地产权证质押于原告处，但未办理房屋抵押登记。

1. 有关抵押权设立与抵押合同成立的法律规定的冲突

《物权法》第187条规定：“以本法第一百八十条第一款第（一）项至第（三）项规定的财产或者第（五）项规定的正在建造的建筑物抵押的，应当办理抵押登记。抵押权自登记时设立。”

《担保法》第38条规定：“抵押人和抵押权人应当以书面形式订立抵押合同。”

《担保法》第41条规定：“当事人以本法第四十二条规定的财产抵押的，应当办理抵押物登记，抵押合同自登记之日起生效。”

《物权法》第178条规定：“担保法与本法规定不一致的，适用本法。”

《物权法》第15条规定：“当事人定之间订立有关设立、变更、转让和消灭不动产物权的合同，除法律另有规定或者合同另有约定外，自合同成立时生效；未办理物权登记的，不影响合同的效力。”

2.《物权法》修订《担保法》关于抵押权设立规定的原因

物权立法过程中，有人提出，《担保法》要求抵押办理登记是正确的，但规定“抵押合同自登记之日起生效”混淆了债权行为与物权行为的效力。抵押合同的订立是以发生物权变动为目的的原因行为，属于债权关系范畴，其成立、生效应当依据《合同法》确定。抵押权的效力，除要求抵押合同合法有效这一要件外，还必须符合《物权法》的公示原则。将抵押合同的效力和抵押权的效力混为一谈，不利于保护抵押合同当事人的合法权益。例如，某甲与某乙订立了房屋抵押合同，但是拖着不与某乙办理抵押登记，随后又将该房屋抵押给了某丙，与某丙办理了抵押登记。根据本条规定，当某甲不履行债务时，某丙由于办理了登记而享有抵押权，可以优先受偿；而某乙没有办理登记，不享有抵押权。如果规定抵押合同不登记就不发生效力，那么某乙不仅不能享有抵押权，连追究某甲合同违约责任的权利都丧失了。这不仅对某乙不公平，也会助长恶意损害他人权益的行为，不利于社会经济秩序的维护。因此，《物权法》有必要区分抵押合同效力和物权变动效力。经研究，《物权法》接受了上述意见，将《担保法》中规定的“抵押合同自登记之日起生效”修改为“抵押权自登记时设立”。

3. 抵押合同订立但抵押物未办理抵押登记的法律效力

（1）抵押合同的效力：抵押合同自成立时生效。依法成立的合同，受法律保护。如果抵押合同有关于违约条款的约定，抵押权人可以根据抵押人的违约行为追究其违约责任。

（2）抵押权的效力：因为抵押没有登记，所以不产生抵押权的效力，即抵押权不能取得未经登记的抵押物优先受偿的权利。《物权法》第 14 条规定：“不动产物权的设立、变更、转让和消灭，依照法律规定应当登记的，自记载于不动产登记簿时发生效力。”

4. 抵押合同违约责任

对此，审判实践中有三种观点：

第一种观点：以抵押合同约定的不动产抵押物的实际价值承担违约责任。

第二种观点：以抵押权人遭受的实际损失为限额，抵押人承担违约责任。

第三种观点：以抵押权人债权实现中未能实现的债权部分承担违约责任。

十二、集体土地使用权抵押问题

【案例】

2011年5月20日，某乡村民万某为了兴办养殖场，与某小额贷款公司签订了一份借款合同，贷款50万元。同日，该乡村民王某与该小额贷款公司签订了一份抵押合同，约定以王某享有的农村集体土地使用权为该50万元借款提供抵押担保，同时，王某向某小额贷款公司提供了集体土地建设用地许可证。贷款逾期后，万某没有偿还贷款，王某也不愿意承担担保责任，由此引发纠纷。

1. 关于集体土地使用权抵押的相关法律法规及司法解释

《担保法》第37条第（2）项规定："下列财产不得抵押：……（二）耕地、宅基地、自留地、自留山等集体所有的土地使用权，但本法第三十四条第（五）项、第三十六条第三款规定的除外。"

《担保法》第36条第3款规定："乡（镇）、村企业的土地使用权不得单独抵押。以乡（镇）、村企业的厂房等建筑物抵押的，其占用范围内的土地使用权同时抵押。"

《担保法解释》第52条规定："当事人以农作物和与其尚未分离的土地使用权同时抵押的，土地使用权部分的抵押无效。"

《物权法》第183条规定："乡镇、村企业的建设用地使用权不得单独抵押。以乡镇、村企业的厂房等建筑物抵押的，其占用范围内的建设用地使用权一并抵押。"

《物权法》第184条规定："下列财产不得抵押：……（二）耕地、宅基地、自留地、自留山等集体所有的土地使用权，但法律规定可以抵押的除外。"

2. 关于担保无效的法律及司法解释规定

《担保法》第5条规定："担保合同是主合同的从合同，主合同无效，担保合同无效。担保合同另有约定的，按照约定。担保合同被确认无效后，债务人、担保人、债权人有过错的，应当根据其过错各自承担相应的民事责任。"

《担保法解释》第7条规定："主合同有效而担保合同无效，债权人无过错的，担保人与债务人对主合同债权人的经济损失，承担连带赔偿责任；债权人、担保人有过错的，担保人承担民事责任的部分，不应超过债务人不能清偿部分的二分之一。"

《担保法解释》第8条规定："主合同无效而导致担保合同无效，担保人无过错的，担保人不承担民事责任；担保人有过错的，担保人承担民事责任的部分，不应超过债务人不能清偿部分的三分之一。"

3. 关于本案的评析

第一种意见认为：依照《担保法解释》第7条的规定，债权人、担保人有过错的，担保人承担民事责任的部分，不应超过债务人不能清偿部分的1/2，故王某应承担25万元及利息的赔偿责任。

第二种意见认为：王某与某小额贷款公司签订的担保合同无效，小额贷款公司的损失主要是由万某无偿还能力造成的，且小额贷款公司作为准金融部门，相对于王某，对其应有充分注意法律禁止性规定的合理期待，只要王某不存在故意或重大过失，担保无效造成的损失应由某小额贷款公司自行承担。

十三、农村私房抵押问题

【问题】

截至2013年3月末，全国共有6555家小额贷款公司，其中绝大部分是农村小额贷款公司，农户、农民、个体工商户是农村小额贷款公司的一部分客户。受传统观念影响，大多数农民往往会将其大部分生产经营收入都投入到住房建设中，农村房屋已成为农民所拥有和控制的占比最大的经济资源。那么能否以农村宅基地上的房屋抵押贷款呢?

1. 否定说

否定说认为，该抵押无效。

首先，《担保法》第37条第（2）项规定，耕地、宅基地、自留地、自留山等集体所有的土地使用权不得抵押。《物权法》对这个问题争议很大，但权衡下来还是采纳了宅基地禁止抵押的意见。我国的房地产政策是"地随房走"。房屋抵押，所占用的土地使用权随之抵押。而宅基地抵押是法律明确禁止的，所以农村宅基地上的房屋抵押具有明确的违法性，而违法的民事行为是无效的，得不到法律的保护。

其次，房屋抵押权的设定，除了签订抵押合同外，还需要完成抵押登记。根据《房屋登记办法》第 87 条规定：“申请农村村民住房所有权转移登记，受让人不属于房屋所在地农村集体经济组织成员的，除法律、法规另有规定外，房屋登记机关应当不予办理。”由此可知，农村宅基地上房屋的移转登记只能发生于同村村民之间，而农村信用社、小额贷款公司等机构既不可能在同一行政村范围之内，更没有“法律、法规另有规定”的除外情形，所以，房屋管理部门依据《房屋登记办法》规定，无法给予抵押登记。根据《物权法》的规定，房屋抵押权自登记时设立，抵押农户无法完成登记的，抵押行为无效。这就给农村信用社、小额贷款公司等机构在现实操作中带来了难处，没有法律、法规的另行规定，房屋管理部门就缺少抵押登记的法律基础。

最后，抵押权的实现缺乏可操作性。根据《担保法解释》第 57 条的规定，当事人在抵押合同中约定，债务履行期届满抵押权人未受清偿时，抵押物的所有权转移为债权人所有的内容无效。此条是我国禁止“流抵押”或者“绝押”的规定。因此，抵押权人实现抵押权有两种途径：一是与抵押人协商；二是请求法院拍卖、变卖。根据《最高人民法院关于人民法院民事执行中查封、扣押、冻结财产的规定》第 6 条规定：对被执行人及其所扶养家属生活所必需的居住房屋，人民法院可以查封，但不得拍卖、变卖或者抵债。由此可见，抵押权人实现抵押权也存在障碍。据此，用农村房屋设定抵押，债权人实现抵押权也存在障碍。

农村宅基地上的房屋还存在是否有人要的问题。国土资源部《关于加强农村宅基地管理的意见》第 13 条规定：严禁城镇居民在农村购置宅基地，严禁为城镇居民在农村购买和违法建造的住宅发放土地使用证。该意见第 5 条规定：严格宅基地申请条件，坚决贯彻“一户一宅”的法律规定。所以，农村宅基地一般只能卖给本村符合建房条件的成员。这样，农村房屋的买卖对象就十分狭窄。

2. 肯定说

肯定说认为，该抵押有效。

首先，以农村宅基地上的房屋设定抵押，未违反法律法规的禁止性规定，应属可行。《中华人民共和国宪法》第 13 条第 1 款规定：“公民的合法的私有财产不受侵犯。”《民法通则》第 75 条规定：“公民的个人财产，包括公民的合法收入、房屋、储蓄、生活用品、文物、图书资料、林木、牲畜和法律允许公民所有的生产资料以及其他合法财产。公民的合法财产受法律保护，禁止任何组织或者个人侵占、哄抢、破坏或者非法查封、扣押、冻结、没收。”根据这些规定，农村宅基地上的房屋是农民的合法的私有财产，受国家法律保护。《民法通则》第71条规定：“财产所有权是指所有人依法对自己的财产享有占有、使用、收益和处分的权利。”农民对自己所有的房屋，当然享有财产所有权，可以依法对房屋行使占有、使用、收益和处分的权利，农民有权处分自己的房屋，其中当然包括抵押权。

《物权法》第184条、《担保法》第37条关于“宅基地等集体所有的土地使用权不得抵押”的规定，只是针对单纯的宅基地使用权，并没有明确规定建筑于宅基地上的农村房屋不得抵押，也没有明确规定宅基地使用权不得与建筑其上的农村房屋一起抵押。既然法律允许乡（镇）、村企业的集体土地使用权可以与地上厂房建筑物一并抵押，那么宅基地使用权也可和建筑其上的农村房屋一并抵押。根据《物权法》第180条第（7）项规定，只要法律、法规未禁止的，均可以设立抵押。因此，农村房屋可以作为抵押财产。

其次，既然可以出租、出售，按照举重以明轻的解释方法，用于抵押也应当许可。根据《中华人民共和国土地管理法》规定，农村村民出租或出售宅基地上所建住宅，再申请宅基地的，不予批准。可见，对于村民出租、出售房屋，法律并无禁止性规定。出卖或抵押农村房屋，从本质上说，在实现方式上是一致的，抵押权的实现不外乎是通过折价、变卖或拍卖的方式，用所获得的价款使抵押权人优先受偿，其和买卖房屋并没有本质的区别；而且，抵押权的实现还具有潜在性和可能不实现性。既然出卖农村房屋都不会损害集体的利益，则设定抵押更不会损害集体的利益，只要房屋的转让是在法律规定的范围内。况且，通过允许农民私有房屋设定抵押，可以使没有住房的农民通过折价、变卖等方式获得房屋，有利于资源的重新整合，也稳定了社会。这样做既不会损害集体的利益，也让农民有了融资的手段。

最后，《物权法》第155条规定，已经登记的宅基地使用权转让或者消灭的，应当及时办理变更登记或者注销登记。这说明，有条件的宅基地使用权的转让符合我国宅基地使用现状，也不为现行法律所禁止。司法部于2002年2月20日颁布的《公证机构办理抵押登记办法》第3条第（2）

项，也确认了位于农村的个人私有房产属于《担保法》第 34 条规定的依法可以抵押的其他财产之列。

3. 实践操作

总结已允许农村宅基地上的房屋抵押贷款的经验，发现有如下共同点：

（1）对农村房屋进行确权，发放房屋所有权证，明确须以合法取得的农村房屋作为抵押物，排除权属有争议的农村房屋。

（2）设定特定的抵押权人，如银行业金融机构、小额贷款公司等，除此之外的其他机构和个人不能作为抵押权人。

（3）抵押人有两处及以上的住所，或者其抵押房屋变卖处置后仍有安居地（须由抵押人承诺、提供住所的房屋所有权人书面保证）。

（4）由农村房屋所在地集体经济组织（村民委员会或经济合作社）书面承诺，同意宅基地使用权与农村房屋一并抵押，以及同意依法处置抵押物、实现抵押权。

（5）由房产管理部门负责办理农村房屋抵押权登记，并及时通知国土资源局备案。

（6）扩大抵押物的受让人范围，将其地域身份限制扩大至乡镇一级，甚至是县市一级辖区范围内的农业户口人口。

十四、工程款优先权与抵押权和购买权竞合问题

【案例】

甲公司与乙公司签订了建设施工合同，承建甲公司的商品楼。在各类手续办妥后，甲公司将乙公司所承建的商品楼抵押给银行，并办理了抵押登记。甲公司在办理商品房屋预售许可证后对外预售商品房，张明购买了其中的一套商品房，并将房款全部付清。因甲公司拖欠乙公司的巨额工程款，乙公司将甲公司诉至法院，要求拍卖或变卖所承建的商品楼的款项优先偿还其所拖欠的工程款。银行得知后，要求张明以有独立请求权的第三人的身份参加诉讼。张明得知后，声称已经购买了一套商品房，该房子应当归其所有。

1. 相关法律法规及司法解释

《合同法》第 286 条规定："发包人未按照约定支付价款的，承包人可以催告发包人在合理期限内支付价款。发包人逾期不支付的，除按照建设

工程的性质不宜折价、拍卖的以外，承包人可以与发包人协议将该工程折价，也可以申请人民法院将该工程依法拍卖。建设工程的价款就该工程折价或者拍卖的价款优先受偿。”

《担保法解释》第47条规定：“以依法获准尚未建造的或者正在建造中的房屋或者其他建筑物抵押的，当事人办理了抵押物登记，人民法院可以认定抵押有效。”

《物权法》第187条规定：“以本法第一百八十条第一款第（一）项至第（三）项规定的财产或者第（五）项规定的正在建造的建筑物抵押的，应当办理抵押登记。抵押权自登记时设立。”

《最高人民法院关于建设工程价款优先受偿权问题的批复》（2002年6月11日最高人民法院审判委员会第1225次会议通过，法释〔2002〕16号）全文规定如下：

上海市高级人民法院：

你院沪高法〔2001〕14号《关于合同法第286条理解与适用问题的请示》收悉。经研究，答复如下：

一、人民法院在审理房地产纠纷案件和办理执行案件中，应当依照《中华人民共和国合同法》第286条的规定，认定建筑工程的承包人的优先受偿权优于抵押权和其他债权。

二、消费者交付购买商品房的全部或者大部分款项后，承包人就该商品房享有的工程价款优先受偿权不得对抗买受人。

三、建筑工程价款包括承包人为建设工程应当支付的工作人员报酬、材料款等实际支出的费用，不包括承包人因发包人违约所造成的损失。

四、建设工程承包人行使优先权的期限为六个月，自建设工程竣工之日或者建设工程合同约定的竣工之日起计算。

五、本批复第一条至第三条自公布之日起施行，第四条自公布之日起六个月后施行。

此复。

2. 竞合相关问题的处理

（1）工程款优先权与一般抵押权竞合的处理。根据《合同法》第286条及最高人民法院上述批复的规定，工程款优先权优于一般抵押权和其他债权。

（2）工程款优先权与消费者购买权竞合的处理。根据上述批复第2条关于“消费者交付购买商品房的全部或者大部分款项后，承包人就该商品房享有的工程价款优先受偿权不得对抗买受人”的规定，分三种情形：

①消费者已交付房款，并已经办理过户登记的，工程款优先权已经归于消灭。

②开发商尚未交房，或者虽交房但未过户，而消费者已经交付全部或者大部分房款的，工程款优先权不得对抗消费者购买权。

③消费者交付少部分或者没有交付房款的，工程款优先权可以对抗消费者的购买权。

3. 消费者购买权与抵押权竞合的处理。对此，分两种情形处理：

（1）房屋先出售后抵押。若房屋买卖合同未登记，而抵押已办理登记的，该抵押权可以对抗消费者购买权；若房屋买卖合同已登记备案或买受人已取得房地产权证，则抵押不能对抗消费者购买权。

（2）房屋先抵押后出售。《担保法解释》第67条规定：“抵押权存续期间，抵押人转让抵押物未通知抵押权人或者未告知受让人的，如果抵押物已经登记的，抵押权人仍可以行使抵押权；取得抵押物所有权的受让人，可以代替债务人清偿其全部债务，使抵押权消灭。受让人清偿债务后可以向抵押人追偿。如果抵押物未经登记的，抵押权不得对抗受让人，因此给抵押权人造成损失的，由抵押人承担赔偿责任。”因此，消费者享有的权利不能对抗该房屋的抵押权。

十五、应收账款质押问题

【问题】

根据《物权法》第223条规定，“债务人或者第三人有权处分的下列权利可以出质：……（六）应收账款”。

中国人民银行配套出台了《应收账款质押登记办法》（本文中以下简称《登记办法》）。《登记办法》第4条界定了应收账款：“本办法所称的应收账款是指权利人因提供一定的货物、服务或设施而获得的要求义务人付款的权利，包括现有的和未来的金钱债权及其产生的收益，但不包括因票据或其他有价证券而产生的付款请求权。本办法所称的应收账款包括下列权利：（一）销售产生的债权，包括销售货物，供应水、电、气、暖，知识产权的许可使用等；（二）出租产生的债权，包括出租动产或不动产；（三）提供服务产生的债权；（四）公路、桥梁、隧道、渡口等不动产收费权；（五）提供贷款或其他信用产生的债权。”

应收账款的法律风险管理。

（1）在设立质押担保前应先对应收账款进行必要审查。

应收账款是指企业因销售商品、产品或提供服务而形成的债权。

在设立应收账款质押担保前，应对应收账款的状况进行相应调查和评估。在设立质押担保前，对应收账款进行审查的内容一般应当包括：

①对产生应收账款的相应合同的真实性进行调查和核实；

②调查、评估产生应收账款的合同条款中是否存在影响追索权的条款或风险；

③对应收账款的账龄及是否存在超过诉讼时效的情形或风险进行分析和判断；

④核实应收账款是否存在保障其清偿的担保权及其对应收账款的影响；

⑤要对应收账款的债务人的资信及其负债等情况进行调查和评估。

（2）应收账款质押登记手续的办理。我国《物权法》第 228 条第 1 款规定：“以应收账款出质的，当事人应当订立书面合同。质权自信贷征信机构办理出质登记时设立。”

（3）对应收账款在设定质押后的处置。

应收账款实质上是出质人对其债务人享有的已到期或未到期的未清偿债权。

在应收账款质押的操作中，需要注意以下几方面：

①应收账款的转让问题。《物权法》第 228 条第 2 款规定：“应收账款出质后，不得转让，但经出质人与质权人协商同意的除外。出质人转让应收账款所得的价款，应当向质权人提前清偿债务或提存。”然而，虽然应收账款在质押时进行了登记，但是应收账款的转让具有隐蔽性，出质人可能在应收账款出质后再将应收账款转让，这不但需要在签署质押协议时约定相应保障措施，还需要在签约后进行相应监督，并在必要时由应收账款的债务人出具相应法律文件予以保障。

②应收账款的清收与使用问题。应收账款是出质人对其债务人享有的已到期或未到期的债权，应收账款的相应债务人会在到期时清偿或未到期时提前清偿，对于债务人因清偿应收账款而向出质人支付的款项应当如何处理，《物权法》和《登记办法》均未予明确规定。在法律法规未明确规

定的情形下，就需要在设立应收账款质押时对此予以约定，即出质人应在应收账款的债务人支付清偿款项时，将之支付给质权人，用于清偿所担保的债权或者提存。

③应收账款在质押后的管理问题。虽然质权人在应收账款质押后对之享有质押权，但应收账款仍处于出质人的管理之下，并且出质人是否有效管理应收账款会影响应收账款的有效性。这包括：出质人应在应收账款诉讼时效届满前，积极采取措施催要应收账款，使诉讼时效得以重新计算，从而使应收账款得到法院司法强制力的保护；出质人应履行其与应收账款债务人之间相应协议的约定，如按约定供应货物、提供服务或者履行退换货等售后服务，避免因重大违约而导致应收账款债务人解除合同或依法、依约拒绝付款。对于这些管理义务，质权人应当在与出质人的应收账款质押协议中予以明确约定，以免因其未适当履行管理义务或采取法律措施而导致应收账款丧失诉讼时效或丧失追索性。

十六、股权质押问题

【问题】

企业作借贷融资，信用借贷已经很少了，一般情况下，金融主体都会要求借款方提供相应的担保。因此，借款人有没有担保能力就成为融资是否成功的关键要素。对于金融主体而言，借款人的担保能力也是其作出授信的关键要素。关于担保的方式，我国《担保法》规定了五种，即抵押、质押、留置、保证、定金。无论是担保还是反担保，适用的担保方式就是这五种。五种担保方式中，质押的内容非常丰富，股权质押就是其中一种。但因股权的特殊属性及股权价值的实现，实践中以股权质押作为担保的法律风险也是很大的，为此，有必要专门讨论股权质押法律风险管理。

（一）设立股权质押的尽职调查

股权质押中，以下各项是尽职调查的主要内容。

1. 了解出质人持有股权的目标公司的基本情况

出质人持有股权的目标公司的基本情况，主要包括以下基本内容：

（1）目标公司的历史沿革；

（2）目标公司的法人代表；

（3）目标公司的股东情况；

（4）目标公司的业绩情况；

（5）目标公司的治理情况。

如果目标公司就是借款人，对目标公司的尽职调查就应该更加详尽；如果目标公司不是借款人，而是第三人，则其基本的工商资料情况是要调查的最基本内容。

2. 了解出质人及拟质押股权的有关情况

（1）出质人的出资证明书、股份或股票。

（2）出质人如为自然人，应提供有关身份的证明；如为法人，应提供营业执照及其他有关文件。

（3）出质人如为法人，另须有法人股东会或董事会同意股权出质的决议。

（4）出质人应提供会计师事务所针对其股权出资而出具的验资报告，如果没有，则质权人应有能够对股权价值评估的能力。

3. 出质的股权如为有限责任公司股份，须有该公司过半数以上股东同意出质的决议，这一点是为了在股权价值实现时排除相应的障碍

4. 了解拟出质股份是否有瑕疵，即是否有禁止出质的情况

出质人应出具对拟质押的股权未重复质押的证明（若重复质押，须有质权人出具的同意函）。

5. 对于股份有限公司，应了解拟出质的股权是否有下列情况

（1）记名股票于股东大会召开前30日内或者公司决定分配红利的基准日前5日内，不得进行股东名义的变更登记的；

（2）发起人持有的本公司的股份，自公司成立之日起3年内不得转让的；

（3）公司董事、监事、经理所持有的本公司的股份，在其任职期间内不得转让的；

（4）股东的股份自公司开始清算之日起不得转让的；

（5）公司员工持有的公司配售的股份，自持有该股份之日起1年内不得转让的；

（6）国家拥有的股份的转让必须经国家有关部门批准的；

（7）法律、法规规定不得转让的。

（二）股权质押设立合同生效

1995年《担保法》第78条第1款和第3款规定："以依法可以转让的

股票出质的，出质人与质权人应当订立书面合同，并向证券登记机构办理出质登记。质押合同自登记之日起生效。”“以有限责任公司的股份出质的，适用公司法股份转让的有关规定。质押合同自股份出质记载于股东名册之日起生效。”

2006 年《物权法》第 15 条规定：“当事人之间订立有关设立、变更、转让和消灭不动产物权的合同，除法律另有规定或合同另有约定外，自成立时生效；未办理物权登记的，不影响合同效力。”

所以，为了避免出质人不进行登记，以便如果出质人不登记，质权人可以追究出质人的违约责任，在股权质押合同中，最好设置关于登记事项的合同条款。而这一点，恰是很多股权质押合同所忽视的。

（三）股权质押质权生效

1. 有限责任公司股权质押

（1）一般规定。

根据《担保法》规定，以有限责任公司的股份出质的，适用《公司法》股份转让的有关规定。质押合同自股份出质记载于股东名册之日起生效。经股东同意对外出质的股份，质权实现时，同等条件下其他股东对该股份有优先购买权。也就是说，不能取得半数以上股东同意的，则股权不能质押给股东以外的人，股权所有者只能从不同意出质的股东中挑选质权人。若半数以上股东同意，出质人得以将自己的股权质押给股东以外的质权人，只须在实现质权时保证其他股东的优先购买权即可。

（2）特殊规定。

①国有独资公司股权质押。

国有独资公司是有限责任公司的一种特殊形式，《公司法》规定，国有独资公司的资产转让，依照法律、行政法规的规定，由国家授权投资的机构或国家授权的部门办理审批和财产转移手续。

根据《国有资产监督管理暂行条例》的规定，核定企业国有资本、监管国有资本变动是各级国有资产管理部门的主要职责。因此，国有独资公司的股权在对股东以外的人出质时，须报经国有资产管理部门批准。

②外商投资企业股权质押。

外商投资企业包括中外合资企业、中外合作企业和外商独资企业，这些企业在中国设立，是中国法人，除对外发行人民币特种股票的股份有限公司外，外商投资一般采取有限责任公司形式。外商投资企业股权质押须经审批机关批准。如果中外合资、合作企业中方投资者的股权变更而使企业变成外资企业，且该企业限制设立外资企业的行业，则该企业中方投资者的股权变更必须经政府有关部门批准。

另外，以国有资产投资的中方投资者股权质押，实现质权时必须经有关国有资产评估机构进行价值评估，并经国有资产管理部门确认，经确认的评估结果应作为该股权的作价依据。

2. 股份有限公司股权质押

（1）一般规定。

《担保法解释》规定：以股份有限公司的股份出质的，适用《公司法》有关股份转让的规定。

股份有限公司的特点是可以发行股票，其股权以股票形式来表现，分为记名股与无记名股。公司向发起人、国家授权投资的机构、法人发行的股票应当为记名股票；向社会公众发行的股票则既有记名股，也有无记名股。

以记名股票出质的，出质人与质权人应订立质押合同或者背书记载质押字样，并向证券登记结算机构办理出质登记。质押合同自登记之日起生效。

以无记名股票出质的，出质人与质权人应订立质押合同或者背书记载质押字样。质押合同自股票交付之日起生效。未经背书质押的无记名股票，不得对抗第三人。

（2）特殊规定。

1）上市公司股份质押。

上市公司股份质押中，主要是注意在特定期间内不得转让的股份。这部分股份主要包括：

①按照《公司法》，发起人持有的本公司股份，自公司成立之日起 1 年内不得转让；公司公开发行股份前已发行的股份，自公司股份在证券交易所上市交易之日起 1 年内不得转让；公司董事、监事、高级管理人员所持本公司股份，自公司股份上市交易之日起 1 年内不得转让；上述人员离职后半年内，不得转让其所持有的本公司股份。同时，公司章程可以对公司董事、监事、高级管理人员转让其所持有的本公司股份作出其他限制性规定。

②按照《证券法》，在上市公司收购中，收购人持有的被收购的上市公司股份，在收购行为完成后的 12 个月内不得转让。

③按照证监会《上市公司证券发行管理办法》《上市公司非公开发行股票实施细则》及《上市公司重大资产重组管理办法》，上市公司向特定对象非公开发行股份的，股份自发行结束之日起，12 个月内不得转让。对于下列 4 类特定对象，其所获股份在 36 个月内不得转让：上市公司控股股东、实际控制人或者其控制的关联人；通过认购本次发行的股份取得上市公司实际控制权的投资者；董事会拟引入的境内外战略投资者；取得本次发行的股份时，对其用于认购股份的资产持续拥有权益的时间不足 12 个月的投资者。

④按照商务部、证监会、国家税务总局、国家工商总局、国家外汇管理局《外国投资者对上市公司战略投资管理办法》，以及商务部《关于外商投资举办投资性公司的规定》《关于外商投资举办投资性公司的补充规定》，无论是对于已完成股权分置改革的上市公司，还是对于股权分置改革后新上市的公司，外国投资者及其在中国设立的从事直接投资的公司（包括以独资或与中国投资者合资的形式设立）进行战略投资所取得的上市公司 A 股股份在 3 年内均不得转让。

⑤按照证监会《上市公司董事、监事和高级管理人员所持本公司股份及其变动管理规则》、《上市公司股权激励管理办法（试行）》，上市公司董事、监事和高级管理人员所持本公司股份在下列情形下不得转让：本公司股份上市交易之日起 1 年内；董事、监事和高级管理人员离职后半年内；董事、监事和高级管理人员承诺一定期限内不转让并在该期限内的；法律、法规、中国证监会和证券交易所规定的其他情形。同时，上市公司授予激励对象限制性股份，应当在股权激励计划中规定激励对象获授股份的禁售期限。因此，禁售期内的激励股份不得转让。

⑥根据证监会《证券公司行政许可审核工作指引第 10 号》，存在控股股东或者实际控制人的证券公司，其控股股东或者实际控制人增资或者受让股权的，应当承诺自持股日起 60 个月内不转让所持证券公司股权，其他持有 5% 以上股权的入股股东应当承诺自持股日起 36 个月内不转让所持证券公司股权。不存在控股股东或者实际控制人的证券公司，持有 5% 以上股权的入股股东应当承诺自持股日起 48 个月内不转让所持证券公司股权。控股股东或者实际控制人的认定标准依照《关于证券公司控制关系的认定

标准及相关指导意见》执行。持股日是指证券公司增资扩股或者变更持有5% 以上股权的股东、实际控制人经证监会核准的日期。

2）上市公司国有股质押。

根据财政部《关于上市公司国有股质押有关问题的通知》，国有股东授权代表单位持有的国有股只限于为本单位及其全资或控股子公司提供质押。国有股东授权代表单位用于质押的国有股数量不得超过其所持该上市公司国有股总额的50% 。国有股东授权代表单位以国有股进行质押，必须事先进行充分的可行性论证，明确资金用途（不得用于购买股票），制订还款计划，并经董事会（不设董事会的由总经理办公会）审议决定。

以国有股质押的，国有股东授权代表单位在质押协议签订后，按照财务隶属关系报省级以上主管财政机关备案，并根据省级以上主管财政机关出具的《上市公司国有股质押备案表》，按照规定到证券登记结算公司办理国有股质押登记手续。

（四）设立股权质押的文件清单

序号	文件名	内容	签字人	注意事项
1	申请书	说明质押原因、质押比例、出质人和质权人	公司盖章	
2	最高权力机构决议	同意出质投资者将其股权质押的决议	董事（股东）	全体董事（股东）或依章程规定
3	质押协议	被担保的主债权种类、数额；债务人履行债务期限；质物名称、数量、质量、状况；质押担保范围；质物移交的时间等	出质投资者与质权人	要签署年月日
4	贷款合同	贷款协议或其他引起股权质押的主债务合同		复印件
5	承诺函	出质股权未作质押或未被司法冻结	公司盖章	
6	出资证明书		出质投资者	

续表

序号	文件名	内容	签字人	注意事项
7	出质投资者及质权人的主体资格证明	公司注册证明或个人身份证复印件	出质投资者与质权人	
8	批准证书、营业执照	年检后的批准证书、营业执照复印件	公司盖章	
9	验资报告		会计师事务所	已缴付出资部分形成的股权可以质押
10	法律文件送达授权委托书			
11	其他材料			

（五）股权质押登记事项

2008 年国家工商行政管理总局《工商行政管理机关股权出质登记办法》（国家工商行政管理总局令第 32 号）中的以下条款涉及股权设立登记的事项。

第 4 条规定："股权出质登记事项包括：（一）出质人和质权人的姓名或名称；（二）出质股权所在公司的名称；（三）出质股权的数额。"

第 5 条规定："申请出质登记的股权应当是依法可以转让和出质的股权。对于已经被人民法院冻结的股权，在解除冻结之前，不得申请办理股权出质登记。以外商投资的公司的股权出质的，应当经原公司设立审批机关批准后方可办理出质登记。"

第 6 条规定："申请股权出质设立登记、变更登记和注销登记，应当由出质人和质权人共同提出。申请股权出质撤销登记，可以由出质人或者质权人单方提出。申请人应当对申请材料的真实性、质权合同的合法性有效性、出质股权权能的完整性承担法律责任。"

十七、大额贷款问题

【案例】

原告宿迁市宿城区民盛农村小额贷款有限公司与蒋建民于2011年4月25日签订了最高额贷款合同一份，约定蒋建民向原告借款650万元，月利率为16.5‰，期限为自2011年4月25日至2012年4月25日，按月给付。新沂市北方农村小额贷款有限公司为上述借款提供保证担保。同日，原告与北方公司签订了最高额保证合同一份，约定北方公司为蒋建民依主合同与债权人所形成的债务提供保证担保，被保证担保的主债权为自2011年4月25日至2011年8月25日期间原告向蒋建民放款而形成的一系列债权，最高额度为650万元，担保的范围包括主合同项下的债务本金、利息、逾期利息、罚息、实现债权的费用（包括但不限于诉讼费、执行费、保全费、鉴定费、律师代理费、差旅费）和实现债权的其他一切费用。

2011年4月25日，蒋建民从原告处领取贷款350万元，向原告出具了借款凭证。双方约定的借款月利率为16.5‰，还款日期为2011年8月25日。后因蒋建民未还款，原告诉至法院。

1. 小额贷款公司贷款额度

《江苏省人民政府办公厅关于开展农村小额贷款组织试点工作的意见（试行）》（苏政办发〔2007〕142号）规定："农村小额贷款组织的贷款用于支持'三农'的比例不得低于80%；要严格控制大额放贷，单户贷款的最高余额不超过资本金的10%，单户小额贷款（标准分别为：苏南50万元以下、苏中30万元以下、苏北20万元以下）的余额之和占全部贷款总量的比重不低于70%。"

《江苏省农村小额贷款公司财务制度（试行）》第9条规定："小额贷款公司在坚持为农民、农业和农村经济发展服务的原则下自主选择贷款对象，重点面向农村中小企业、农民专业合作组织、个体工商户和个人创业者提供贷款服务。小额贷款的资金运用必须符合以下规定：（一）坚持'小额、分散'的原则，对同一借款人的贷款余额不得超过小额贷款公司资本净额的10%，单户小额贷款（标准分别为：苏南50万元以下、苏中30万元以下、苏北20万元以下）的余额或笔数之和占全部贷款总量的比重不低于70%；贷款发放和回收主要通过转账或银行卡等结算渠道，减少现金交易。"

同时参见《江苏省人民政府办公厅关于推进农村小额贷款公司又好又快发展的意见》(苏政办发〔2009〕132 号)。

“小额”体现为“三个不低于 70% ”的信贷投向要求，即小额贷款(具体标准由各市金融办根据当地经济发展水平确定，报省金融办备案)余额之和占全部贷款余额的比重不低于 70% ；“三农”贷款（以人民银行统计口径为准）余额之和占全部贷款余额的比重不低于 70% ；贷款期限在 3 个月以上的经营性贷款之和占全部贷款余额的比重不低于 70% 。

同时，严格控制“过桥贷款”的比重。

《江苏省农村小额贷款公司监督管理办法》（苏金融办发〔2010〕4 号）第 21 条规定：“以下各项为各地金融办日常监管中主要监管和查处内容：……（七）小额贷款余额之和占全部贷款余额的比重低于 70% ，‘三农’贷款（以人民银行统计口径为准）余额之和占全部贷款余额的比重低于 70% ，贷款期限在 3 个月以上的经营性贷款余额之和占全部贷款余额的比重低于 70% ……”

2. 小额贷款公司的大额贷款效力

（1）监管意义上：《江苏省农村小额贷款公司监管处罚细则（暂行）》(苏金融办〔2012〕58 号）第 11 条规定：“农贷公司应严格遵守‘三个 70% ’。违反该规定的，可单处或并处以下措施：1. 诫勉谈话；2. 暂停创新类业务；3. 暂停担保业务；4. 限制融资比例。”

（2）合同意义上：如果小额贷款公司进行大额贷款，不会导致合同无效。《合同法解释（一)》第 10 条规定：“当事人超越经营范围订立合同，人民法院不因此认定合同无效。但违反国家限制经营、特许经营以及法律、行政法规禁止经营规定的除外。”

中国银监会、中国人民银行《关于小额贷款公司试点的指导意见》属于行政规章，某某省小额贷款公司试点管理暂行办法属规范性文件，其有关小额贷款公司贷款额度和经营区域的规定均不构成导致借款合同无效的法定事由。

十八、合同违约解除问题

【案例】

2009年9月1日，原告与第一被告宏晋公司签订了借款合同，约定原告向宏晋公司提供借款500万元，期限从2009年9月1日至2010年8月31日，月利率1.6%，利息按季计收，结息日为每季度末月的最后一天。在该合同第15条“借款人的违约事件和违约责任”中，双方约定借款人违反本合同的约定或借款人在本合同中作出的任何陈述或保证被证明是不正确的或是具有误导性的，贷款人有权要求借款人限期纠正；借款人未按期纠正的，贷款人有权采取下列一项或多项措施：（1）停止发放贷款；（2）宣布贷款提前到期，同时要求借款人限期偿还已发放的贷款本息；（3）单方面解除合同并同时行使本款第（1）项和第（2）项权利。同日，原告与第二被告中恒信公司签订了保证合同，中恒信公司为宏晋公司的上述借款提供连带责任保证。

在合同履行过程中，宏晋公司未按照约定的期限在2010年3月1日支付自2009年12月1日至2010年3月1日的利息。经原告催收后，宏晋公司仍未履行付息义务。因此，原告提起解除合同的诉讼。

1. 合同解除

《合同法》第94条规定，有下列情形之一的，当事人可以解除合同：

（1）因不可抗力致使不能实现合同目的。不可抗力致使合同目的不能实现的，该合同失去意义，应归于消灭。在此情况下，我国《合同法》允许当事人通过行使解除权的方式消灭合同关系。

（2）在履行期限届满之前，当事人一方明确表示或者以自己的行为表明不履行主要债务。此即债务人拒绝履行，也称毁约，包括明示毁约和默示毁约。作为合同解除条件，它一是要求债务人有过错，二是拒绝行为违法（无合法理由），三是有履行能力。

（3）当事人一方迟延履行主要债务，经催告后在合理期限内仍未履行。此即债务人迟延履行。根据合同的性质和当事人的意思表示，履行期限在合同的内容中非属特别重要时，即使债务人在履行期届满后履行，也不致使合同目的的落空。在此情况下，原则上不允许当事人立即解除合同，而应由债权人向债务人发出履行催告，给予一定的履行宽限期。债务人在该履行宽限期届满时仍未履行的，债权人有权解除合同。

(4) 当事人一方迟延履行债务或者有其他违约行为致使不能实现合同目的。对某些合同而言，履行期限至为重要，如债务人不按期履行，合同目的即不能实现，于此情形，债权人有权解除合同。其他违约行为致使合同目的不能实现时，也应如此。

(5) 法律规定的其他情形。法律针对某些具体合同规定了特别法定解除条件的，从其规定。

2. 本案评析

原告与宏晋公司和中恒信公司签订的借款合同、保证合同是双方的真实意思表示，内容合法有效，依法应予保护。原告履行出借义务后，宏晋公司应按约履行付息义务，宏晋公司未按约履行付息义务即构成违约。按照双方约定，宏晋公司违约，原告有权单方面解除合同并同时宣布贷款提前到期。另外，依据《合同法》第 94 条第 1 款第 (4) 项规定，当事人一方迟延履行债务或者有其他违约行为致使不能实现合同目的，当事人可以解除合同。《合同法》第 97 条规定："合同解除后，尚未履行的，终止履行；已经履行的，根据履行情况和合同性质，当事人可以要求恢复原状、采取其他补救措施，并有权要求赔偿损失。"所以，双方关于"借款人的违约事件和违约责任"的约定有法律依据，原告主张解除合同合法有效，宏晋公司应提前偿还借款本金并赔偿原告利息损失。由于中恒信公司为宏晋公司的借款提供了连带保证责任，所以，中恒信公司应按合同约定的担保范围承担连带保证责任，在承担责任后有权向宏晋公司行使追偿权。

十九、偿债主体就偿债约定的法律效力（夫妻债务问题）

【案例】

2008 年 11 月 24 日，遂平县开源信用社与田艳平、遂平县再就业小额贷款信用担保中心签订了保证担保借款合同一份，该合同载明田艳平向遂平县开源信用社借款 3 万元，由遂平县再就业小额贷款信用担保中心担保，借款期间自 2009 年 12 月 24 日起至再就业小额担保贷款全部收回止。借款合同签订后，刘连胜领取了该笔借款。遂平县再就业小额贷款信用担保中心为了确保该笔借款如期全额收回，又让董长安向遂平县再就业小额贷款信用担保中心出具了担保保证书一份，该保证书载明："担保人董长安愿以工资为借款人田艳平申请的再就业小额贷款人民币 3 万元、期间 1 年提供担保，如田艳平借款不能按期归还，同意直接从董长安的工资中扣还本金及利息。”该笔借款到期后，田艳平没有向遂平县开源信用社清偿借款3万元及其利息，而是遂平县再就业小额贷款信用担保中心向遂平县开源信用社清偿了借款3万元及其利息1037.8元，为此，遂平县再就业小额贷款信用担保中心向田艳平、董长安行使追偿权。另查，田艳平与刘连胜原系夫妻关系，2009年1月20日，田艳平与刘连胜二人办理了离婚手续，离婚协议载明外债由刘连胜偿还。2009年1月18日，刘连胜向田艳平出具了凭证：“2008年11月在信用社以田艳平下岗再就业优惠证，董长安担保所贷3万元贷款，到期后即2009年10月27日，由刘连胜偿还。”

1. 关于夫妻债务处理的司法解释

《最高人民法院关于适用〈中华人民共和国婚姻法〉若干问题的解释（二）》（法释〔2003〕19号）中的相关规定如下：

第23条规定：“债权人就一方婚前所负个人债务向债务人的配偶主张权利的，人民法院不予支持。但债权人能够证明所负债务用于婚后家庭共同生活的除外。”

第24条规定：“债权人就婚姻关系存续期间夫妻一方以个人名义所负债务主张权利的，应当按夫妻共同债务处理。但夫妻一方能够证明债权人与债务人明确约定为个人债务，或者能够证明属于婚姻法第十九条第三款规定情形的除外。”

第25条规定：“当事人的离婚协议或者人民法院的判决书、裁定书、调解书已经对夫妻财产分割问题作出处理的，债权人仍有权就夫妻共同债务向男女双方主张权利。一方就共同债务承担连带清偿责任后，基于离婚协议或者人民法院的法律文书向另一方主张追偿的，人民法院应当支持。”

2. 关于夫妻债务的法院审判精神

《江苏省高级人民法院关于适用〈中华人民共和国婚姻法〉及司法解释若干问题的讨论纪要》（苏高法电〔2008〕464号）。

从夫妻债务的外部关系而言，只要是夫妻关系存续期间以一方名义所欠的债务，都应作为共同债务处理，债权人有权要求夫妻双方共同偿还。但在夫妻关系内部，如借债的一方要求配偶共同偿还债务时，必须要证明所借债务是基于双方的共识对外所借，或者借债是用于共同生活，如证明不了，则配偶另一方不应承担还款义务。即使夫妻共同对外偿还了债务，夫妻一方在向对方追偿时，也应由借债这一方对债务的性质承担举证责任。

二十、合同履行的顺序问题

【案例】

2011 年 1 月 17 日，原告上海金山某小额贷款有限公司与被告 A 公司签订借款合同一份，约定被告 A 公司向原告借款 300 万元，借款年利率为 18%，每月 25 日结息，借款期限为 2011 年 1 月 25 日至 2011 年 10 月 24 日。借款合同另约定：如借款人未按期归还借款本金，则贷款人有权在借款利率基础上上浮 50% 计收逾期罚息；如应付利息，则贷款人依据中国人民银行规定计收复利；借款人归还的款项不足以清偿合同项下应付数额的，贷款人可以选择将该款项用于归还本金、利息、罚息、复利或费用；因借款人违约致使贷款人采取诉讼或仲裁方式实现债权的，借款人应当承担贷款人为此支付的律师费、差旅费及其他实现债权的费用。同日，原告与被告 C 公司、陈某、姚某签订保证合同一份，与被告 D 公司、B 公司签订保证合同一份，约定这些被告共同为被告 A 公司上述借款提供连带保证，保证范围包括本金、利息、罚息、复利、违约金、损害赔偿金、诉讼费、律师费等债权人实现债权的一切费用。

2011 年 1 月 25 日，原告向被告 A 公司发放贷款 300 万元。被告 A 公司至 2011 年 7 月 25 日止的利息均已支付，自 2011 年 7 月 26 日起的利息未按期支付，至 2011 年 10 月 24 日本案诉争借款到期时，被告 A 公司所欠债务为本金 300 万元、利息 136500 元、复利 2069. 25 元。因被告方未按期还款，原告提起本次诉讼，为此须支付律师费 90000 元。

另外，2010 年 11 月 3 日，原告与被告 A 公司签订借款合同一份，约定被告 A 公司向原告借款 300 万元，借款年利率为 12. 6%，每月 25 日结息，借款期限为 2010 年 11 月 4 日至 2011 年 5 月 3 日，该笔借款由被告姚某、B 公司提供连带保证担保。该笔借款至 2011 年 12 月 31 日时，尚欠借款本金 300 万元、利息 166950 元、罚息和复利 132618. 18 元。2011 年 4 月 21 日，原告与被告 A 公司签订借款合同一份，约定被告 A 公司向原告借款 300 万元，借款年利率为 19. 8%，每月 25 日结息，借款期限为 2011 年 4 月 25 日至 2012 年 4 月 24 日，该笔借款由被告 D 公司、姚某、干某、姚某某提供抵押担保，同时由被告 D 公司、姚某、干某提供连带保证担保。至 2012 年 4 月 24 日借款到期时，这份借款合同项下尚欠债务为借款本金 300 万元、利息 452100 元、复利 30346. 80 元。

2011 年 12 月 31 日，被告 A 公司向原告转账 420500 元，原告用以抵扣 2010 年 11 月 3 日所签借款合同项下利息 166950 元、罚息和复利 132618.18 元，用以抵扣本案讼争借款合同项下利息 59570.19 元、罚息和复利 61361.63 元。2012 年 4 月 10 日，被告 A 公司向原告转账 300 万元，原告用以抵扣 2010 年 11 月 3 日所签借款合同项下本金 1965021.91 元、利息 105000 元、罚息和复利 54459.14 元，用以抵扣本案借款合同项下利息 328929.81 元、罚息和复利 92417.98 元，用以抵扣 2011 年 4 月 21 日签订的借款合同项下利息 427350 元、罚息和复利 26821.16 元。

1. 债权平等原则

债权平等原则的内容包括：

同一标的物上可以并存两个以上内容相同的债权。

数个债权人之间的效力一律平等，不因成立的先后、数量多寡以及发生原因的不同而有效力上的优劣之分。

同一债务人的数个债权，只要已到清偿期，对债务人的一般责任财产都有平等的受偿权。

债权人先为强制执行者先受清偿，其他债权人即使发生在前，也仅能以剩余财产满足。假设债务人破产，则所有债权无论发生先后，均依比例参加分配。

2. 本案合同约定之内容的法律效力

借款合同另约定：如借款人未按期归还借款本金，则贷款人有权在借款利率基础上上浮 50% 计收逾期罚息；如应付利息，则贷款人依据中国人民银行规定计收复利；借款人归还的款项不足以清偿合同项下应付数额的，贷款人可以选择将该款项用于归还本金、利息、罚息、复利或费用；因借款人违约致使贷款人采取诉讼或仲裁方式实现债权的，借款人应当承担贷款人为此支付的律师费、差旅费及其他实现债权的费用。

该约定违背了当事人法律地位平等的原则，也违背了债权平等的原则。

3. 本案该如何处理

（1）遵守债权平等原则；

（2）计算被告尚欠原告的到期本金和利息；

（3）在到期的本金和利息中，已经还款的数额用以冲抵本金或者利息。

实事评论

南京雨污分流工程中存在的金融风险分析*

按：为改善城市水环境，2007 年南京市启动了雨污分流研究工作，2009 年锁金村试点效果显著。2010 年 1 月，主城雨污分流工程正式启动。计划 4 年内投资 180 多亿元，对主城 226 平方千米范围内实施雨污分流，敷设约 500 千米污水主次干管，完善约 4000 个住宅小区及企事业单位的污水支管，使主城范围内主要水体水质断面指标近期达到功能性水体水质要求，远期逐步恢复至地表水Ⅳ类以上。

所谓“雨污分流”工程，指的是让城市污水和雨水进入不同的管道，最后分流进入污水处理场所。这样做的好处在于，一方面是在某种程度上可以让城市雨后积水迅速排出，另一方面是可以对居民生活污水集中收集处理。

2013 年 10 月 17 日，中共中央纪律委员会官方网站正式发布消息：“江苏省南京市委副书记、市长涉嫌严重违纪违法，目前正接受组织调查。”10 月 22 日，南京市住建部门向社会通报，目前没有开工的雨污分流工程已经暂停，已经开工的项目也在加速整改，并加快“收边收口”，尽快将平静还给市民。10 月 24 日，南京市委宣传部向《第一财经日报》表示，雨污分流工程不会停工，按原计划进行。12 月 10 日，“南京人大”网站开通“金陵民声——热点网谈”栏目，议题聚焦百姓普遍关注的雨污分流市政工程，已有 2460 名网友参加问卷调查，截至 12 月 10 日中午 12 点，认为目前应该继续推进这项工程的占 56.62%，也有 74.76% 的网友对工程现状不满意。一时之间，雨污分流何去何从再次激起了广泛的关注与讨论。

自南京雨污分流工程实施至今，存在哪些金融风险？雨污分流是否应

* 本文所有评论与分析仅限于理论学术研究，并不具有任何实践指导意义。

继续下去？如果继续，按照最新的时间推进表还需两年，在接下来的两年及工程竣工后还可能存在哪些金融风险？如果停摆，又会产生哪些金融风险？这些问题值得我们关注与思考。

一、雨污分流工程的资金来源

2009 年年底编制主城雨污分流实施方案时，按照以往工程经验，对工程投资估算 183.4 亿元。其中，敷设主次干管 500 公里左右，投资约 23.4 亿元；敷设 4000 个片区到户支管，投资约 117.3 亿元；对 80 条河道进行环境整治，投资约 37.8 亿元；构建 6 大流域河道引水补源系统，投资约 4.9 亿元。以上四项累计 183.4 亿元。3 年以来，南京市整个雨污分流工程完成投资 59.05 亿元。

雨污分流工程资金分别是通过世行贷款、政府贷款、企业融资等渠道获得的。2011 年 4 月 26 日，中国交通投资有限公司与南京市签署协议约定，将斥资 30 亿元投资南京市主城雨污分流及水环境综合整治工程项目；该公司与南京市以 BT 模式合作；这一投资项目将于 3 年后完成，竣工验收合格后南京市政府将在 2 年内分批偿还投资款和相应投资红利。

二、BT 模式的金融风险

（一）投资建设方资金短缺和筹集的风险

中国交通投资有限公司作为 BT 投资建设方，负责提供该项目建设所需的资金、技术，安排融资和组织项目的建设，并承担相应的项目风险。融资渠道在 BT 模式中扮演很重要的角色，项目的融资渠道一般是投资方自有资产、银团贷款、政府政策性贷款等。而贷款的条件一般取决于项目本身的经济效益、BT 方的管理能力和资金状况以及政府为项目投资方提供的优惠政策。中国交通投资有限公司是否具有与项目规模相适应的实力，是 BT 项目能否顺利建设和移交的关键。

（二）政府回购风险

对 BT 投资建设方而言，会面临很多风险如政治风险、自然风险、社会风险、技术风险，最大的风险还是政府是否能按合同约定偿还债务、支付投资红利。南京市政府 2013 年上半年财政收入 416.2 亿元，8 成来自房地产业。加之政府缺乏完善的偿债机制、信用机制，没有相应的法规规范政府的行为。那么南京市政府对投资方作出的承诺是否可以实现？如果实现，资金回收速度是否也如合同约定？

三、设计单位的金融风险

在雨污分流工程施工前，需要彻底摸清排水防涝设施现状，然后合理确定不同地区的排水体系和排水防涝设施建设标准：具备雨污分流条件的区域实施雨污分流，适合截污的区域实施截污工程。在总体布局的基础上，开展细致的分片设计。勘察设计阶段尤其是设计阶段的工作在整个建设项目管理过程中有着举足轻重的作用，工程造价的控制是建设项目管理的三大控制目标之一，设计阶段的工作成果决定了整个工程造价的70% ~ 80% 。也就是说，设计成果的质量基本决定了工程造价的高低。而设计成果质量的高低，显然就是设计阶段需要重点控制的风险。

实践中，本阶段常见的法律风险如下：图纸中的技术问题；迟延交付设计文件；设计错误；设计文件不符合国家规定的设计深度要求；设计单位对施工图交底不清；设计单位未参加建设工程质量事故的分析，或对于因设计造成的质量事故未提出相应的技术处理方案；设计单位非法转包设计任务；等等。图纸中的技术问题会给建设单位和施工单位带来很多问题。比如，过多地更改图纸将会造成工期延长，不利于工程早日竣工；而工期延长也会导致施工单位成本增加，风险也会相应增大；等等。而设计单位所有上述法律风险也会带来金融风险，会面临赔偿损失的风险，而且关系到是否能及时、全额获得设计费用。

四、建设单位的金融风险

如果工程项目由建设单位直接施工，那么建设单位也可以称为施工单位。在南京市雨污分流工程中，市、区相关政府部门是建设单位。该项目的建设单位更多地面临政治风险和法律风险。各建设单位根据工程进度拨付工程款，严把建设程序、项目的建设管理情况、资金落实到位和使用情况、工程造价情况等关卡，审计单位对工程建设资金使用情况进行跟踪审计，工程完工后由审计单位进行工程决算审核。不符合要求的必须全面返工整改，建设单位无法再获得建设单位资格。如果这类劣质工程轻易通过验收关，相关部门要承担渎职责任。如果雨污分流工程停摆，或者部分工程停摆，建设单位作为合同相对方，对于已完成施工的项目、正在施工但未完成的项目和未开工但已签订合同的项目，须承担相应责任。

五、施工单位的金融风险

（一）资金短缺风险

施工单位资金短缺的原因主要有以下几种：其一，原始资金投入不足。再加上规模快速扩张，在施工生产中抽出过多的资金，如为扩大施工生产经营规模而大量购置更新设备、增加新的机构等。其二，生产经营中由于管理不到位，造成某个环节资金周转受阻，如存在大量在建工程、存货积压、应收账款增加、超付分包款等。其三，生产经营发生亏损；尤其是亏损额大于企业的折旧提取额时，直接结果是企业的流动资金逐渐减少，引起资金短缺。此外，财产的毁损、坏账损失等都会引起资金短缺。除了施工单位自身的原因，资金短缺还与市场环境、国家宏观经济政策、通货膨胀及竞争对手的实力强弱等都有一定的关系。

（二）筹资风险

筹资风险也叫财务风险，主要是指由于企业急于获取经济效益而盲目筹资，导致企业在按照规定日期还本付息时遭遇资金负担。

（三）资金回收风险

一旦建设单位拖欠施工单位进度款，即向其发出限期催款函；如仍不支付，则果断停工。这是在行使《合同法》中的不安抗辩权；除非建设单位支付或提供了充分适当的担保，方可继续施工。

若发生垫资行为，则要求建设单位请第三方提供充分、适当的担保，并且将风险适当转移给材料商和分包商。

施工单位须按照施工要求保障施工质量；一旦出现质量问题，须返工整改。这不但损失尾款，还须承担返工费用；若受到连续红黄牌警示，相关政府部门会对其进行惩戒，直至将其逐出南京市场。据了解，雨污分流实施以来，共将两家施工队伍逐出了南京市场。

（四）结算风险

南京市雨污分流工程中，市审计局牵头，与市住建委、市财政局组成联合审计组，采购社会第三方服务，由 36 人分成 9 个小组，对雨污分流工程实施全过程跟踪审计。工程竣工后通过第三方进行决算审查；未经决算审批，工程不予结算。施工单位若未通过决算审批，则极有可能无法获得结算款。

六、监理单位的金融风险

监理，是建设单位请来帮助他们对工程的进度、质量、安全、造价进行把关控制的专业人员；然而在工程的监理过程中，监理的作用被弱化成了可有可无。虽然理论上监理可以提出停工整改的要求，但由于没有处罚权，监理的合理要求有时候会被置之不理。按道理，监理不签字，工程就无法通过竣工验收，可这样监理也拿不到监理款。而不通过验收，对于施工单位而言损失并不大；因为按照《合同法》的规定，施工单位按照工程进度拿工程款，不通过验收，一般情况下对施工单位而言损失的只是总造价 5% 的工程尾款，制约力不强。

七、施工设备、材料供应商的金融风险

雨污分流施工中所使用的施工材料，基本都是由施工方自行采购的；若施工单位出现金融风险，那么施工设备、材料供应商也极有可能陷入资金回收的风险。自 2011 年 4 月，为了进一步保障雨污分流工程材料质量，所有施工材料，诸如管材、水泥砖、窨井盖等，都将进行质量备案制度，所有未经南京市环境综合整治指挥部备案和质量查验的材料都不允许在施工现场使用。南京市环境综合整治指挥部公布合格施工材料名单，推荐合格施工材料厂家。对质量不达标的施工设备、材料，实行红黄牌警示；对被连续红黄牌警示的进行惩戒，直至逐出南京市场。据了解，雨污分流实施以来，共进行行政处罚 57 次、红牌警示 22 起、黄牌警示 45 起，并将 8 家材料厂家逐出了南京市场。

八、停摆雨污分流的金融风险

对于是否继续雨污分流，很多媒体、学者、专业技术人员等持反对意见。如果南京不继续雨污分流工程，那么该政策变更是否属于不可抗力？如果属于不可抗力，根据不可抗力的影响程度，政府可以部分或全部免责。而《合同法》对于政策变更是否属于不可抗力未作界定，只是笼统地界定“不可抗力是指不能预见、不能避免、不能克服的客观情况”；对于政策变更是否属于不可抗力，学术上也存在争议。本文倾向于认为该政策

变更不属于不可抗力，作为合同一方的政府自身政策改变导致合同不能履行显而易见属于政府违约，甚至上级政府政策改变或者国家政策改变也不属于不可抗力。司法界通常将不可抗力界定为自然灾害和战争、暴乱等社会现象两类，政策变更也并非完全属于“不能预见、不能避免、不能克服”。因此，对于已完成施工的项目，政府必须按合同约定进行结算，支付相关费用。对于正在施工但未完成的项目，须按实际工程量计算费用，并支付违约金，赔偿相关单位的损失。对于未开工的项目，已签订合同的，须支付违约金，并赔偿相关单位的损失。因合同领域实行意思自治原则，如果在合同文本中就“政策原因导致合同不能履行”作出约定，应遵循约定；但若该规定显失公平，则可以请求法院撤销该合同条款。

如果雨污分流工程效果不理想，为解决整体水环境问题，南京市政府必须采取其他措施，采用更科学合理的方案来解决问题，那么新一轮的改造工程还将面临其他金融风险。

九、微金融业的风险

微金融业各主体如果业务涉及雨污分流工程，应及时进行跟踪管理，做好风险诊断和防控工作。这里所指的微金融主体，主要是银行金融机构之外的非银行金融机构主体，主要包括小额贷款公司、担保公司、典当行、投资管理公司、民间资本管理公司、农村资金互助社以及其他金融类公司。相对于银行类金融机构而言，这些公司的风险防范和风险承受能力相对较弱。在南京市出现这样的问题，资金还款的风险必定会出现。再加上建筑工程类，实践中不规范操作的因素非常多，所以，对于由此产生的金融风险更需要严加注意。

互联网金融

揭开网络借贷——P2P 模式的面纱

网络借贷指在网上实现借贷，借入者和借出者均可利用这个网络平台，实现借贷的“在线交易”。网络借贷分为 B2C 和 C2C（P2P）模式。B2C 是英文 Business to Customer（商家对顾客）的缩写，而其中文简称为“商对客”。“商对客”是电子商务的一种模式，也就是通常说的商业零售，直接面向消费者销售产品和服务。P2P 是 Peer to Peer 的简写，是个人对个人的意思。本文主要针对 C2C 模式即 P2P 模式进行介绍。

一、起源

P2P 网络借贷模式起源于英国，核心是利用互联网技术，实现金融脱媒，使有闲置资金出借的个人与有贷款需求的个人或企业，能在线上通过平台自行配对。英国人理查德·杜瓦、詹姆斯·亚历山大、萨拉·马休斯和大卫·尼克尔森四人在 2005 年 3 月共同创办了全球首家 P2P 网络借贷平台——Zopa。Zopa 打着“摈弃银行，每个人都有更好的交易”的口号，为网站会员提供相互借贷的平台，借贷利率完全由会员自主商定。Zopa 负责对借款人进行风险评估，这也是最原始的 P2P 网络借贷平台模式。

P2P 网络借贷模式或称为对等联网，中文也翻译为人人贷。

二、定义

P2P 网络借贷模式指有资金并且有理财投资想法的个人，通过第三方网络平台牵线搭桥，使用信用借款的方式将资金借给其他有借款需求的人。借款人无需贷款抵押物，第三方平台通过了解其经济效益、经营管理水平、发展前景等信息来确定贷款额度和贷款利率。

三、兴起

2006 年，这种 P2P 模式传入美国。美国最大的网络借贷平台是 Prosper，中文称“繁荣网站”，提供 C2C（P2P）的金融服务，可以实现用户之间的资金借入或借出，整个过程无需银行的介入。借入人只需在 Prosper 网站输入需要借贷的金额，就会自动出现最高利率；投资人则可以寻找自己中意的金额与利率，同时参考借贷者的信用，决定是否投资。一般而言，在 Prosper 上贷款利率越高，风险越大。Prosper 主要依靠向借贷双方收取借贷费用获得收入。

2007 年，P2P 网络借贷模式传入中国。拍拍贷成立于 2007 年 8 月，总部位于上海，是中国第一个 P2P 网络借贷平台。

随着我国经济的发展，银行业高速增长的模式已经无法持续，紧缩的货币政策推动了民间借贷的迅速发展，社会融资结构也正在发生迁移。2007 年以来，我国 P2P 网络借贷经历了三次发展浪潮。

第一波浪潮：2007 年至 2008 年 11 月的一轮紧缩政策助推了民间借贷的繁荣，第一批 P2P 网络借贷平台也在这个时期开始出现。

第二波浪潮：到 2009 年年底，P2P 网络借贷进入第二波发展高潮。

第三波浪潮：2010 年 1 月以来，央行先后 12 次上调存款准备金率，银行间市场利率也开始飙升，紧缩的货币政策下民间借贷逐渐繁荣，P2P 网络借贷平台也开始进入第三波发展浪潮。

进入第三波浪潮以后，P2P 借贷平台的经营模式也逐渐丰富起来，越来越多的 P2P 贷款平台开始将重心转向线下。纯线上的 P2P 平台不参与实际交易，没有信贷员、销售人员，完全通过互联网开展业务；转做线下业务的 P2P 平台的模式也更多地带有小额贷款公司的特点。

四、运作模式

P2P 网络借贷平台有两种身份注册：一是投资咨询公司；二是网络技术类的电子商务公司。两种注册身份反映了对网络借贷理解的差异。注册为网络技术公司的网络借贷平台更重视线上业务，将自身定位为提供金融信息服务的互联网公司；而注册为投资咨询公司的贷款平台偏重线下业务，更愿意从理财服务的角度来理解自身业务。

目前，国内 P2P 网络借贷平台主要有四种运营模式：

（1）无担保线上交易模式：网络借款平台只充当“牵线人”，不承诺保障出资人的本金。这种形式更加贴近美国 P2P 网贷平台，但在我国信用体系还未健全的阶段难以获得出资人的青睐。

（2）有担保线上交易模式：网络借贷平台不是单纯的中介，其通过与担保机构合作，贷前核实借款人信息以保障平台上出资人的本金，同时还负责贷中、贷后的资金管理，扮演担保人和联合追款人的双重角色。这种形式可控性较强，投资风险较低，但相应的收益率也较低；而对于网络借贷平台来说，成本负担更重。

（3）线下交易模式：网络借贷平台只作为传播消息的渠道，有意愿交易的双方须当面洽谈，类似于民间借贷方式，要求借款人抵押，对出资人提供担保。这种方式风险较低，收益也小，而且受到一定的地理环境因素的制约。

（4）线上线下相结合交易方式：设定一个额度参数，交易额在参数以下的完全实行线上模式；超过参数界定范围的则可选择实行线下交易模式，注重实地考察并要求实物抵押。这种模式结合了单纯线上或线下交易的优势，是目前较为理想的一种国内网络借款平台发展模式。

五、国内典型 P2P 贷款机构对比

国内典型 P2P 贷款机构的对比如下表所示：

名称	成立时间	注册资本（元）	年放贷额度（元）	贷款特点	其他信息
拍拍贷	2007 年	100 万	18 亿	起初是完全的贷款脱媒平台，仅收取手续费，借贷风险由出借人承担；因盈利水平较低，近来推出本金保障计划，将自身信用附加	国内首家
宜信	2006 年	500 万	300 亿	债权转让模式，减轻流动性压力；期限与资金的错配；赚取利差的业务模式；信用附加的风险收入行为	在 60 多个城市和 20 多个农村地区铺设网点，以人为的项目筛选方式进行风控

续表

名称	成立时间	注册资本（元）	年放贷额度（元）	贷款特点	其他信息
红岭创投	2009 年	1000 万	26 亿	线下审贷，开创了本金垫付模式	唯一一家股份制公司，立足于深圳及珠三角地区
人人贷	2010 年 5 月	100 万	10 亿	组建风险管理委员会进行风险评估；经营公开，定期公布季报、半年报；计提风险准备金，是坏账率的 7 倍有余；热衷于组建行业协会；近来改版，加入债权转让模式	网站人人贷开始并不出众，发展契机始于 2011 年 8 月 23 日，银监会发布了《人人贷有关风险提示的通知》，官方将网络借贷称呼为“人人贷”，使网站人人贷成为网络借贷行业的“正宗”
陆金所	2011 年 9 月	4.2 亿	月突破 3 亿	平安融资担保的担保业务网络化，平安集团利用自身信誉募集资金用于自身放贷的业务模式	是上海陆家嘴国际金融资产交易市场股份有限公司的电子平台

六、风险

P2P 网络借贷存在以下风险：

（1）影响宏观调控效果。2008 年全球金融危机以来，国家一度实行宽松的货币政策，鼓励民间投资建设；然而当下为了满足国家宏观调控的需要，银根收紧了，贷款政策日益严苛。P2P 网络借贷平台上流通的资金可能会对冲目前的宏观调控效果，进入房地产及“两高一剩”行业，使得这些国家有限制措施的行业难以完成宏观调控的既定目标和方向。不过，P2P 网络借贷平台的出现不能完全说对冲了宏观调控政策，因为现在银行中的一些理财产品也是存在对冲的。

（2）纯信用模式、完全的贷款脱媒平台不适用于中国的文化土壤，导致盈利水平低，网络借贷平台遂将自身信用附加，P2P 模式演变为高风险行为。

P2P 模式的出借人和借款人比较分散，运用大数据搭建平台，可以降低借贷的成本和费用。网络借贷平台只搭建中介平台，出借人和借贷人自行配对，纯信用借贷。平台的收入来源是中介费；若发生逾期坏账，平台会将中介费返还出借人，借贷风险由出借人承担；这种模式符合 P2P 的初衷。但是，纯信用模式、完全的贷款脱媒平台并不适用于中国的文化土壤，国内采用这种模式的平台，盈利水平普遍较低。网络借贷平台遂推出保本、保息条款，将自身信用附加，此举保证了出借人的利益；但平台为降低自身风险，须收取更高的费用或利息，高费用和利息冲减了借款人的利润，更易诱发坏账，从而加剧了平台的流动性压力。为解决流动性压力，网络借贷平台各出奇招。

比较常见的做法是 P2P 网络借贷平台从每笔借款中计提一定比例（一般为 2%）作为风险准备金。一旦出现坏账，先用资金池的资金垫付，再由平台去催收。在这一模式下，网贷平台不再是单纯的中介：网贷平台一方面对出借人的资金提供担保，另一方面也重视贷后资金的管理，同时扮演了担保人、联合追款人的复合中介角色。这种担保模式能够保障出借者的本金，降低出借者的风险，不过也加大了 P2P 平台的盈利难度。风险实际上仍在平台内部流转，并极易引发最终的系统性风险。

（3）金融创新与庞氏骗局，一步之遥。为了解决流动性压力，很多 P2P 网络借贷平台推出了债权转让模式，不断利用各种债权引入新的资金。由于缺乏严格的监管，坏账率未及时公布，未得到严格控制，如果网络借贷平台转让的债权低于出借人投资的金额，极易构成旁氏骗局。

（4）极易涉嫌非法集资。P2P 网络借贷平台通过将借款需求设计成理财产品出售给放贷人或先归集资金再寻找借款对象等方式，使放贷人资金进入平台的中间账户，产生资金池。当资金池随着业务量的增长不断扩大时，极易涉嫌非法吸收公共存款，构成非法集资。

（5）诚信度面临挑战，道德风险难以避免。第三波 P2P 网络借贷平台的爆发式增长已近失控，受初始投入少、门槛低、毛利润高等表象的吸引，P2P 网络借贷平台的投资者们在竞相逐利的过程中易忽视诚信的责任，成交的真实性以及网站各项经营数据、信用审核的权限都掌握在平台手中；出借人不能有效审核这些信息，无从判断真假；平台会利用交易机制设计的漏洞人为地进行骗贷活动等一系列恶性事件就很容易产生。

（6）监管主体不明，监管空白。目前的 P2P 网络借贷平台仍处于“民不告，官不究”状态。作为一种牵线搭桥的居间业务，在赋予其自由发育的时间的同时，也需要相应的行业准则和交易规则来控制交易风险。

不过，监管当局目前仍处于观察状态。央行相关人士表示，P2P 网络借贷平台不属于管辖范围，建议询问银监会。银监会相关人士则表示，网络借贷平台收取的是中介费，不是息差，不由银监会监管；谁发牌，谁监管，建议咨询工商总局或者商务部。行业监管主体不明确，交易过程中行业规范性无从保证；一旦发生恶劣后果，投资者投诉无门，行业的可持续发展受到威胁。

七、建议

对于 P2P 网络借贷，本文提出以下建议：

（1）应尽快通过法律法规的方式明确 P2P 网络借贷平台及 P2P 模式的法律地位。

可以考虑在放贷人条例中首先予以明确。适时修订与 P2P 借贷或民间借贷中介相关的法律法规，比如在《合同法》第 23 章“居间合同”部分增加金融居间的相关规定。对此，可以考虑效仿央行规范第三方支付平台的方式，由相关部门将 P2P 纳入监管范围，发放牌照，重点将 P2P 的市场准入（如资本金、人员要求）、合规经营等方面进行监管；或者可以考虑效仿小贷公司监管方式，下放监管权，由地方金融监管部门实施监管。

（2）支持设立 P2P 行业协会，或在中国小额信贷联盟或中国小额信贷机构联席会下设 P2P 专业委员会。

行业协会应至少具备以下两项职能：一是牵头建立行业信息（数据）共享平台，规避借款人过度负债、重复借贷所带来的风险。二是建立行业标准或自律公约，推进行业自律。

行业协会应采取以下措施：

①在行业内部制定明确的 P2P 标准，“不能任何一个人都打着 P2P 的旗号开展业务”。

②行业内保持一定程度的客户信息交流，防范借款人的重复借贷和过度负债。

③由委员会对平台进行行业认证。

④对借款人进行一些金融知识的宣传和行业利率的公开透明披露，让

借款人了解各家平台真实的融资成本。

(3) 创造有利于P2P行业发展的商业环境。

首先是人行应提高征信系统的开放性，向符合条件的P2P网络借贷平台开放征信信息，并允许符合资质的P2P网络借贷平台上传经过核实的征信信息。适当提供对P2P行业的税收优惠支持。对于P2P公司，可以参照农村小额贷款公司给予其相应的税收减免如营业税的减免。对于出借人收益，根据P2P网络借贷平台户均贷款额和出借人的投资额度大小给予个人所得税税收豁免或减免。借鉴上海的做法，给予符合资质的P2P公司金融信息服务公司的营业执照，以孵化器、创业园等为载体加强对P2P公司的支持。

本文综合分析认为，当前民间资本制度改革需要依靠金融创新，但是任何金融创新在理论上都属于不断突破金融管制的过程，法律监管等配套体系需要在金融实践中不断完善和丰满。因为缺少金融监管，P2P一直就处于边缘地带。

P2P行业的健康发展既需要政策的规范，又需要充分发挥市场的指引作用；需要提高各从业者的从业水平，对参与人进行金融知识宣传；同时对行业利率、坏账率应当公开透明披露，通过竞争形成合理的P2P网络借贷平台中介收费标准，效仿第三方支付平台，最终取得牌照。

诉讼文书

某信用分社诉某金属材料有限公司借款合同纠纷一案二审代理意见

按：某金属材料有限公司是中小企业，资金一直是其发展的关键瓶颈。为解决资金问题，某金属材料有限公司向某信用分社申请贷款，但是，贷款担保条件不符合某信用分社。于是，某信用分社就提出由与其合作的某投资担保公司提供连带责任担保。某投资担保公司提供了连带责任保证，但是向某金属材料有限公司收取了贷款额度1.5%的担保费，同时收取了贷款额度40%的保证金。在贷款到期前，某金属材料有限公司还款有困难，向某信用分社发出书面通知函，要求某信用分社用某投资担保公司收取的保证金先予以代偿；某信用分社收到通知函后，没有采纳某金属材料担保公司的申请。之后，某金属材料有限公司未能还款，某信用分社起诉某金属材料有限公司到法院，要求其偿还贷款，但是没有起诉某投资担保公司。一审中，被告某金属材料有限公司申请追加某投资担保公司为被告，但是一审法院没有采纳。法院一审审判结果是被告某金属材料有限公司败诉。

本案是金融创新中出现的典型案例之一。担保公司也是国家为解决中小企业融资难而出现的金融创新的新生事物。本案的审判中，法院没有追加某投资担保公司为被告，是根据连带责任的法理认为某信用分社具有起诉的选择权；但问题是，某投资担保公司收取了担保费以及高额的保证金，在这样的案件中，这难道不是一个整体的法律关系而是可以拆开的几个案件即某金属材料有限公司可以向某投资担保公司追回其保证金？我们无意追究本案最终的裁决结果，只是提出疑问：对于不断的金融创新，法院该怎样裁决因为新的金融创新而出现的案件？国家通过政策的方式鼓励、激励创新，然而法院这边却并不认同金融创新。我们需要反思的是：在民商事领域，我们的立法精神和裁判宗旨是否需要应对以及怎样应对经济的快速发展和不断创新的金融模式？一个案件可能最终获得裁决，但是该案件的裁决是否能够肯定正向的创新事物，我们意期抛砖引玉。

尊敬的审判长、审判员：

北京市中银（南京）律师事务所受某金属材料有限公司委托，本人受北京市中银（南京）律师事务所的指派，担任某信用分社诉某金属材料有限公司一案二审的诉讼代理人，现就本案发表代理意见如下：

一、本案的法律关系应当是三方法律关系，而非两方法律关系。涉案当事人包括某信用分社、某金属材料有限公司、某投资担保公司。对于三方法律关系的案件，能反映案件整体事实真相的前提必须是涉案三方当事人都参加诉讼，本案一审中漏掉了涉案当事人一方——某投资担保公司，因此，本案一审没有完全调查清楚本案的整体事实，是在事实不清的前提下所作出的错误判决。

根据《某某市某投资担保公司（甲方）与某某县农村信用合作联社（乙方）合作协议》（以下简称《合作协议》）约定，以及本案上诉人和被上诉人的陈述，可以证明，本案的整个案件事实经过是：

2010 年 6 月，因某金属材料有限公司需要流动资金，经某信用分社指定某担保公司担保，某投资担保公司推荐某金属材料有限公司至某信用分社，某金属材料有限公司与某信用分社签订了由某投资担保公司作保证担保的借款合同，借款金额为人民币 500 万元，借款日期为 2010 年 7 月 30 日至 2011 年 7 月 20 日。合同签订后，原告于 2010 年 7 月 30 日转账给被告人民币 500 万元。

某投资担保公司为某金属材料有限公司作担保，担保费为贷款金额的 1.5% 。同时，某投资担保公司要求某金属材料有限公司为其提供反担保，并收取被告风险保证金，风险保证金为原告贷款数额的 40% ，即人民币 200 万元。某金属材料有限公司如实交付了担保费，并分别于 2010 年 8 月 5 日、2010 年 8 月 31 日向某投资担保公司支付了风险保证金人民币 200 万元。此外，某金属材料有限公司还向某投资担保公司提供了总价值不低于人民币 1000 万元的存货提供反担保。

前述贷款到期后，某金属材料有限公司连本带息已经全部偿还给某信用分社。同时，其又于 2011 年 7 月 29 日续贷，续贷中，某金属材料有限公司与某信用分社签订了《流动资金借款合同》，合同编号：（43）农信借字〔2011〕第 12 号；借款金额为人民币 500 万元，借款日期为 2011 年 7

月 29 日至 2012 年 7 月 20 日。某金属材料有限公司与某信用分社、某投资担保公司签订了《保证合同》，合同编号：（43）农信保字〔2011〕第 12 号，合同第 9.1 明确约定："本合同属于担保人某某市某投资担保有限公司、李某与贷款人签订的编号为 43 农保字〔2011〕第 12 号的保证合同项下的主合同。"同时，某金属材料有限公司为某投资担保公司提供的反担保措施以及某投资担保公司收取的风险保证金续延到本次借贷关系中。

案件的整体事实说明，某信用分社与某投资担保公司系长期合作关系，某金属材料有限公司由某投资担保公司作担保以从某信用分社贷款，是根据担保融资的惯例，也是基于某信用分社与某投资担保公司的合作关系。而且，某金属材料有限公司为某投资担保公司提供了相应的反担保，某投资担保公司并提取了贷款额度 40% 即 200 万元的保证金。因此，要调查本案的整体事实，公正、合法地判决本案，必须将某投资担保公司追加为当事人。一审中，某金属材料有限公司提出了追加当事人的申请，一审法院却未追加某投资担保公司为本案的当事人，且在未深入调查的基础上，仅了解本案的部分事实，就在部分事实的基础上作出了判决，是属于事实不清基础上的不合法、不公正的判决，希冀本案二审法院依法纠正。

二、根据二审调查的《合作协议》规定，以及事实上某投资担保公司在某某县农村信用合作联社的确存有 3000 万元保证金，根据《融资性担保业务监管部际联席会议关于规范融资性担保机构客户担保保证金管理的通知》（融资担保发〔2012〕1 号）的规定，保证金仅用于代偿，而在某金属材料有限公司通知的某信用分社要求某投资担保公司代偿的前提下，本案实际上已经由某投资担保公司予以代偿。所以，某信用分社诉某金属材料有限公司偿还贷款，实际上不具有原告主体资格。

2010 年 7 月 27 日，某投资担保公司（甲方）与某某县信用合作联社（乙方）签订了《合作协议》。《合作协议》约定："九、……甲方所缴保证金应于首笔贷款前 3 日内缴存到甲方在乙方下辖某某信用分社开立的保证金账户 3203234201925110901030，在担保贷款全部清偿前不得提取保证金。……"根据法院查明的事实，某投资担保公司的确在铜山县信用合作联社某某处有 3000 万元保证金存款。

另外，融资性担保业务监管部际联席会议关于规范融资性担保机构客户担保保证金管理的通知》（融资担保发〔2012〕1 号）明确规定："二、对于担保客户资信水平较低或抵（质）押条件不足、确需收取客户保证金作为反担保措施的，应当严格按照以下要求对客户保证金进行管理。（一）融资性担保机构收取的客户保证金，用途仅限于合同约定的违约代偿，严禁将客户保证金用于委托贷款、投资等其他用途，也不得用于向银行业金融机构缴纳保证金。担保责任解除后，融资性担保机构应当按合同约定的时间及时将客户保证金退还客户；在客户违约、需要将客户保证金用于代偿时，严格履行合同约定的条件及程序，不得擅自动用。不得以管理费、咨询费等形式收取客户保证金，不得通过代担保客户理财、截留客户贷款等形式在账外变相收取客户保证金。（二）融资性担保机构应当将收取的客户保证金全额存放于在银行业金融机构开立的'客户担保保证金'账户，实行专户管理，不得与基本账户、一般账户等其他账户混用。融资性担保机构及其分支机构在当地同一家银行业金融机构只能开立一个客户保证金专户，专门用于客户保证金的收取、退还和代偿，确保专款专用。融资性担保机构应当通过"存入保证金"科目对客户保证金进行会计核算。"

另外，法院查明的事实如下：2011 年 11 月 18 日，某金属材料有限公司给某某信用联社发告知书，告知书内容中明确恳求："……特恳求贵行从担保人（即某投资担保公司）存在贵行的 3000 万元代偿保证金账户扣除，以此来代偿某金属材料有限公司在贵行的此笔贷款。" 2012 年 6 月 10 日，某金属材料有限公司再次给某某县信用联社发告知书恳求："……我公司经营陷入困境，已无能力偿还此笔贷款，特恳求贵行从担保人（即某投资担保公司）保证金账户扣除。"

根据以上事实，以及国家政策的规定，本案中某金属材料有限公司从某信用分社所借款项，实际上已经由某投资担保公司以保证金予以代偿了，在此前提下，某信用分社不具有作为原告起诉的主体资格。

三、关于《合作协议》中约定的保证金条款的表述的正确理解。

2010 年 7 月 27 日，某投资担保公司（甲方）与某某县信用合作联社（乙方）签订的《合作协议》中提到担保保证金，第 3 页描述："甲方所缴保证金应于首笔贷款前 3 日内缴存到甲方在乙方下辖某某信用分社开立的保证金账户 3203234201925110901030，在担保贷款全部清偿前不得提取保证金。……" 第 4 页描述："如主债务人（借款人）贷款逾期未还或发生其他违约情形时，乙方应书面通知甲方代偿保证范围内的本金和利息；甲方在收到代偿通知后在贷款逾期之次日起一个月内用存放于乙方的保证金以外的资金予以全额代偿。”对此，我们认为正确合法的理解如下。

（1）这里约定的担保保证金的用途仅限于主债务人违约代偿。

《融资性担保业务监管部际联席会议关于规范融资性担保机构客户担保保证金管理的通知》（融资担保发〔2012〕1号）明确规定：“二、对于担保客户资信水平较低或抵（质）押条件不足、确需收取客户保证金作为反担保措施的，应当严格按照以下要求对客户保证金进行管理。（一）融资性担保机构收取的客户保证金，用途仅限于合同约定的违约代偿，严禁将客户保证金用于委托贷款、投资等其他用途，也不得用于向银行业金融机构缴纳保证金。担保责任解除后，融资性担保机构应当按合同约定的时间及时将客户保证金退还给客户；在客户违约、需要将客户保证金用于代偿时，严格履行合同约定的条件及程序，不得擅自动用。不得以管理费、咨询费等形式收取客户保证金，不得通过代担保客户理财、截留客户贷款等形式在账外变相收取客户保证金。”

（2）对于《合作协议》中约定的“甲方在收到代偿通知后贷款逾期之次日起一个月内用存放于乙方的保证金以外的资金予以全额代偿”，正确合法的理解应当是：甲方在收到乙方代偿的通知后，甲方首先以存放在乙方保证金以外的资金予以全额代偿；如果甲方“不以”或者“不能以”或者“不能全部以”存放于乙方的保证金以外的资金予以代偿，则乙方有权利从甲方存入乙方的保证金中扣划代偿范围内的相应金额。

（3）对于《合作协议》中约定的“甲方在收到代偿通知后贷款逾期之次日起一个月内用存放于乙方的保证金以外的资金予以全额代偿”，若理解为：如果甲方“不以”或者“不能以”或者“不能全部以”存放于乙方的保证金以外的资金予以代偿，因此，乙方而免除甲方的代偿义务，则此种理解违反了《融资性担保业务监管部际联席会议关于规范融资性担保机构客户担保保证金管理的通知》中关于保证金仅限于违约代偿的法定用途的规定。因此，如果按照此种理解，则该条款的约定违背了《融资性担保业务监管部际联席会议关于规范融资性担保机构客户担保保证金管理的通知》的相关规定，属于无效的约定。

四、关于本案的法律适用问题。本案一审依照《合同法》第107条、第198条、第205条、第206条、第207条，《担保法》第12条、第18条、第21条之规定作出判决，我们认为，依据这些法律条款判决本案，属于适用法律不当的判决。

依据判决的法律条款内容具体如下：

《合同法》：

第107条　当事人一方不履行合同义务或者履行合同义务不符合约定的，应当承担继续履行、采取补救措施或者赔偿损失等违约责任。

第198条　订立借款合同，贷款人可以要求借款人提供担保。担保依照《中华人民共和国担保法》的规定。

第205条　借款人应当按照约定的期限支付利息。对支付利息的期限没有约定或者约定不明确，依照本法第61条的规定仍不能确定，借款期间不满一年的，应当在返还借款时一并支付；借款期间一年以上的，应当在每届满一年时支付，剩余期间不满一年的，应当在返还借款时一并支付。

第206条　借款人应当按照约定的期限返还借款。对借款期限没有约定或者约定不明确，依照本法第61条的规定仍不能确定的，借款人可以随时返还；贷款人可以催告借款人在合理期限内返还。

第207条　借款人未按照约定的期限返还借款的，应当按照约定或者国家有关规定支付逾期利息。

《担保法》：

第12条　同一债务有两个以上保证人的，保证人应当按照保证合同约定的保证份额，承担保证责任。没有约定保证份额的，保证人承担连带责任，债权人可以要求任何一个保证人承担全部保证责任，保证人都负有担保全部债权实现的义务。已经承担保证责任的保证人，有权向债务人追偿，或者要求承担连带责任的其他保证人清偿其应当承担的份额。

第18条　当事人在保证合同中约定保证人与债务人对债务承担连带责任的，为连带责任保证。连带责任保证的债务人在主合同规定的债务履行期届满没有履行债务的，债权人可以要求债务人履行债务，也可以要求保证人在其保证范围内承担保证责任。

第21条　保证担保的范围包括主债权及利息、违约金、损害赔偿金和实现债权的费用。保证合同另有约定的，按照约定。当事人对保证担保的范围没有约定或者约定不明确的，保证人应当对全部债务承担责任。

如果不考虑融资性担保公司担保的特殊性，仅从担保贷款角度出发考虑，依据上述法律判决有一定的道理。然而依据上述法律条款判决，至少以下情形没有考虑：

（1）在《担保法》颁布的时间上，没有考虑《担保法》对近两年来新型的融资性担保案件的滞后性。

《担保法》由中华人民共和国第八届全国人民代表大会常务委员会第十四次会议于1995年6月30日通过，自1995年10月1日起施行。而作为由融资性担保公司担保的政策性规定，《融资性担保公司管理暂行办法》（银监会令2010年第3号）于2010年3月8日颁布施行。《融资性担保公司管理暂行办法》是针对由融资性担保公司作保的情形，是为了维护新的金融秩序而颁布的政策性规定，因此，仅仅依据《担保法》的规定，而忽视关于融资性担保公司作担保的新的情形，以及忽略相应的政策规定，在适用法律上明显偏颇。

（2）在《担保法》没有及时修订的前提下，针对新型的融资担保，国家以政策的方式作出了规范指导，但一审法院对于本案的审理在法律适用上没有充分注意相关的国家政策。

《民法通则》第6条明确规定："民事活动必须遵守法律，法律没有规定的，应当遵守国家政策。"虽然《担保法》有关于保证的相关规定，但是对于融资性担保机构作保证，缺乏专门针对担保公司特许情形的规定，关于担保公司的一些权利义务特殊性规定都是通过相关政策体现出来的，对此，一审法院应该充分理解和重视关于融资性担保的相关政策规定，依据这些政策性规定进行能动司法。

关于担保公司提供担保的金融创新，相关的政策文件如下（相关的具体政策内容已经提交给法庭）：

①2009年9月19日国务院发布的《关于进一步促进中小企业发展的若干意见》。

②2010年3月8日中国银行业监督管理委员会、国家发展和改革委员会、工业和信息化部、财政部、商务部、中国人民银行行长、国家工商行政管理总局联合发布的《融资性担保公司管理暂行办法》；

③2010年5月12日工业和信息化部发布的《关于加强中小企业信用担保体系建设工作的意见》。

④2011年2月27日银监会发布的《关于促进银行业金融机构与融资性担保机构业务合作的通知》。

⑤2011年6月21日国务院办公厅转发银监会、发展改革委等部门《关于促进融资性担保行业规范发展意见的通知》。

⑥2012年4月15日融资担保部际联席会议发布的《融资性担保业务

监管部际联席会议关于规范融资性担保机构客户担保保证金管理的通知》。

《最高人民法院关于人民法院为防范化解金融风险和推进金融改革发展提供司法保障的指导意见》明确指出："随着金融改革的日益深入和金融创新的不断发展，金融改革和创新业务引发的纠纷案件显著增多，呈现出案件类型多样化、法律关系复杂化、利益主体多元化等特点。人民法院要妥善处理鼓励金融改革创新和防范化解金融风险之间的关系，依法保护各类金融主体的合法权益。""构建专业审判机制，拓展金融解纷资源。各级人民法院要积极培育和利用专业资源，探索构建高效的专业审判模式。要大力培养专家型法官，加强与专业研究机构、高校的合作与资源共享，努力打造金融专家法官队伍。要针对金融案件专业性强的特点，积极借助外部智力资源，建立专家咨询、专家研讨机制，努力提高金融案件审判的专业化水平。要尝试专家陪审机制，通过聘请金融法律专家作为专家陪审员，充分发挥金融专业人士在专业性强、案件类型新、社会影响大的金融案件审判中的作用。"

以上是近年来关于金融创新的主要政策性文件。对于金融领域出现的金融创新，人民法院应当尊重金融创新的事实，遵守金融创新的政策，保证正确地适用法律，尊重金融创新政策，积极能动司法。

（3）在法律赋予的权利义务分担上，某信用分社不起诉某投资担保公司，违背了诚实信用原则和禁止权利滥用原则。

①违背了诚实信用原则。《民法通则》第 4 条规定："民事活动应当遵循自愿、公平、等价有偿、诚实信用的原则。"本案中，因某金属材料有限公司需要流动资金，经某信用分社指定某投资担保公司担保，某投资担保公司推荐某金属材料有限公司至某信用分社，某金属材料有限公司与某信用分社签订了由某投资担保公司作保证担保的借款合同。某信用分社与某投资担保公司是合作关系，且某投资担保公司收取了担保费和贷款额度 40% 的保证金。某金属材料有限公司明确通知了某信用分社从某投资担保公司存储在某信用分社的 3000.00 万元保证金中扣划代偿，但是某信用分社隐瞒这一事实，而只是起诉某金属材料有限公司及其另一担保人李某，违背了本案借款权利义务安排的初始意愿和目的，某信用分社违背了《民法通则》中关于诚实信用原则的规定。

②违背了禁止权利滥用原则。《民法通则》第 7 条规定："民事活动应当尊重社会公德，不得损害社会公共利益，破坏国家经济计划，扰乱社会

经济秩序。”此条规定便是民事权利的行使不得滥用的原则。银行、担保、企业合作，是近年来推进金融创新，缓解企业融资难、融资贵的重大举措。以下政策都提到了融资担保为中小企业以及“三农”服务的重大意义。

2011 年银监会、发展改革委、工业和信息化部、财政部、商务部、人民银行、工商总局、法制办《关于促进融资性担保行业规范发展的意见》中提道：“深入贯彻落实科学发展观，坚持规范与发展并重、市场主导和政府引导相结合，重点提高融资性担保机构为中小企业和‘三农’服务的能力。”

2011 年中国银监会《关于促进银行业金融机构与融资性担保机构业务合作的通知》中提道：“一、充分认识加强银担合作的意义。加强银担合作是银行业金融机构促进经济社会发展，缓解小企业和‘三农’贷款难、担保难的一项重要举措，有利于银行业金融机构拓展业务领域，控制业务风险。各银行业金融机构要转变观念，在风险可控、遵循市场原则的基础上，采取有效措施进一步加强银担业务合作。二、要善于借助融资性担保机构的增信作用。通过加强银担合作，拓展业务领域，改进小企业和‘三农’金融服务，培育新的业务和利润增长点。……五、合理确定担保贷款的利率。对担保贷款中的小企业贷款、‘三农’贷款、‘民生’项目贷款以及战略性新兴产业贷款，银行业金融机构要根据相关政策落实有关利率优惠政策。六、致力于与融资性担保机构的长期稳定合作。双方要根据市场原则，协商一致，建立公平诚信、互惠互利的协作关系，在合同中明确约定承担担保责任的方式。银行业金融机构应对融资性担保机构代偿后的追偿活动提供必要的协助，银行业金融机构之间要加强信息沟通和共享，对融资性担保责任总余额按不超过其净资产的 10 倍掌握。”

另外，某某县信用联社与某投资担保公司签订的《合作协议》中也明确约定：“为支持中小企业的发展，拓宽中小企业贷款担保的渠道，规范对中小企业担保贷款的运作，依照《合同法》《担保法》《贷款通则》等法律、法规，经甲、乙双方友好协商，签署本协议。……二、合同宗旨：双方同意合作开展贷款担保合作业务，即以甲方作为本地区中小企业和自然人向乙方贷款的担保人。借款人应当符合《贷款通则》、中国人民银行的信贷政策规定及甲乙双方约定的各项条件。双方同意重点对成长性较好的中小企业以及符合贷款条件的自然人开展此类贷款担保业务。”

本案中，某信用分社不仅没有从中小企业困难角度考虑，没有为中小企业担保贷款拓宽渠道，反而通过诉讼手段，选择性地仅起诉借款人某金属材料有限公司，而放弃其合作方负有代偿义务的某投资担保公司，免除了某投资担保公司的代偿义务，使得某金属材料有限公司雪上加霜，这违背了某某县信用联社和某投资担保公司《合作协议》的目的和宗旨，违背了国家关于融资担保的相关政策，破坏了国家关于融资担保业务的经济秩序，属于滥用其民事权利，根据《民法通则》之规定，应当予以禁止。

五、对于金融创新问题，2012 年 2 月 10 日，最高人民法院发布了《最高人民法院关于人民法院为防范化解金融风险和推进金融改革发展提供司法保障的指导意见》，希冀二审法院在审理本案时，对于银行、担保、企业合作的新型融资担保案件，应当尊重最高人民法院的指导意见，对××担保公司代偿情况进行调查，了解担保公司的运作实情以及代偿实情，能动司法。

《最高人民法院关于人民法院为防范化解金融风险和推进金融改革发展提供司法保障的指导意见》中明确指出："化解金融纠纷的创新性和前沿性，要求人民法院必须大力开展调查研究，发挥司法建议功能，延伸能动司法效果，构建专业审判机制，拓展金融解纷资源，不断提高金融审判水平。"某某市中小企业局管理下的担保公司共有 64 家。某金属材料有限公司已经向法院提供了担保公司作为保证人予以代偿的实际事例，根据《最高人民法院关于人民法院为防范化解金融风险和推进金融改革发展提供司法保障的指导意见》的精神，为了公平、公正地审理本案，在尊重金融创新的事实和遵守金融创新的政策的同时，我们认为，二审法院在审理本案时，有必要对徐州市 64 家担保公司与工商银行徐州分行、建设银行徐州分行、交通银行徐州分行以及江苏银行徐州分行等主要合作银行的经营代偿情况进行调查，以了解并尊重担保公司的运作实情和代偿实情，便于在尊重事实的基础上更好地能动司法，对于本案依法改判或者发回重审。

此致

××× ××中级人民法院

代理律师：×××

附　录

2013 年度微金融领域政策性文件汇编

浙江省审计厅关于印发加强小额贷款公司审计监督的指导意见的通知

各市、县（市、区）审计局：

为促进我省小额贷款公司科学发展，充分发挥国家审计在维护经济社会健康运行中的“免疫系统”功能，根据《浙江省小额贷款公司监督管理暂行办法》（浙政办发〔2012〕119 号），省厅研究制定了《浙江省审计厅关于加强小额贷款公司审计监督的指导意见》，现印发给你们。请结合本地实际，认真做好贯彻落实工作。

浙江省审计厅

2013 年 1 月 14 日

浙江省审计厅关于加强小额贷款公司审计监督的指导意见

省政府办公厅于 2012 年 9 月 19 日印发了《浙江省小额贷款公司监督管理暂行办法》（浙政办发〔2012〕119 号，以下简称《办法》），对加强我省小额贷款公司监督管理提出了明确要求。《办法》第七条指明：“各级财政、工商、人行、银监、审计、公安等部门在各自职权范围内依法履行对小额贷款公司的业务指导和管理职责，形成监管合力……审计部门负责会同监管部门对小额贷款公司进行专项审计或审计调查”，赋予了浙江省审计机关对小额贷款公司开展外部审计的法规依据，同时将审计评价引入小额贷款公司退出机制的重要考察因素。为贯彻《办法》精神，进一步做好小额贷款公司审计工作，现就我省开展小额贷款公司审计监督提出以下指导意见：

一、总体要求

贯彻“三个三”审计理念，进一步发挥审计在“防范地方金融风险，服务地方金融发展”中的作用，最大限度地降低经济风险。以“提供信息、揭示问题、预防风险，发挥审计免疫系统功能”为审计目标，积极稳妥地开展我省小额贷款公司审计或审计调查，为防范地方金融风险、促进我省小额贷款公司健康发展服务。

二、组织管理

（一）省市县三级审计机关应将小额贷款公司审计监督纳入日常工作范围。原则上要求对全省小额贷款公司三至五年轮审一遍。在项目组织上，由省厅确定年度工作方案，明确工作重点和工作要求，省厅汇总全省审计情况向省政府报送综合报告。

在计划管理上，由各市审计机关确定辖区内年度项目数量和审计对象后报省厅汇总，由省厅与相关部门商定后下达项目计划。该项目定为跨年度项目，计划定在次年，项目可在当年开展，各地应提前向省厅报送计划。

在项目实施上，由各市审计局组成审计组，采取上审下或交叉审的方式进行。有条件的县（市、区）在报经市审计局同意后，可由县级审计机关对辖区内小额贷款公司开展审计或审计调查。在开展现场审计前，各级审计机关应按《办法》要求，与当地地方金融管理部门做好相关沟通协调工作。为与全省小额贷款公司年度考核时间相衔接，各市项目综合报告应于5月31日前上报省厅。

（二）小额贷款公司审计（调查）项目应按照《浙江省审计厅实施国家审计准则若干意见》（浙审法〔2012〕47号）要求实施，重视操作的规范性，审计（调查）报告原则上应征求被审计（调查）单位意见。

三、监督内容

（一）审计机关对小额贷款公司实施审计（调查）的重点内容：一是小额贷款公司法人治理结构和内部控制制度的执行情况；二是小额贷款公司守法合规经营情况；三是小额贷款公司贯彻落实宏观政策情况；四是小额贷款公司对当地经济发展的贡献情况；五是当地党委政府扶持小额贷款公司的政策落实情况。同时应关注影响小额贷款公司持续健康发展的新情况、新问题，注重揭示行业性风险和现阶段管理体制、管理制度中存在的问题。

（二）审计机关除根据《办法》规定内容对小额贷款公司开展审计监督外，同时应关注相关监管部门的职责履行以及管理制度绩效情况。

四、成果利用

（一）审计（调查）报告报送同级人民政府并抄报上级审计机关（县级审计机关出具的报告一并抄送省厅），同时应抄送同级小额贷款公司试点工作联席会议成员单位。若采用上审下或交叉审方式，报告还应抄送被审计单位所在地人民政府及相关联席会议成员单位。各地应加强与当地金融办、财政、工商、人行、银监、公安等部门的协作，探索建立审计成果交流制度，实现信息共享。

（二）审计（调查）结果作为联席会议对小额贷款公司年度考核的参考依据。涉及非法吸收公众资金、发放高利贷、账外经营、暴力催贷等重大违纪违规的行为，应及时报告上级审计机关。涉及完善体制机制和行业制度建设的意见和建议，应及时编报审计信息和专报予以反映。

审计（调查）发现的小额贷款公司违反国家规定的财政财务收支行为，应由审计机关移送相关部门进行处理；发现的小额贷款公司日常业务经营和管理中的违规行为，应提交省厅，统一移送相关部门进行处理。

（三）高度重视审计发现问题的整改落实。各地应做好项目整改跟踪检查，移送处理结果和小额贷款公司年度考核结果应作为项目整改资料归入项目档案。

温州市人民政府关于加强地方金融监管工作的实施意见

温政发〔2013〕28号

各县（市、区）人民政府，市各有关单位：

为加强对小额贷款公司、民间资本管理公司、民间借贷服务中心、融资性担保公司、非融资性担保公司、典当行、股权投资（管理）企业、各类投资（咨询、管理）企业和寄售行等地方金融相关市场主体的监管，促进行业规范健康发展，防止出现监管真空，防范系统性和区域性金融风险，维护良好的金融经济环境，现就加强地方金融监管工作提出如下实施意见：

一、充分认识加强地方金融监管工作的重要性

（一）加强监管是防范区域经济金融风险的需要。防范、化解风险是金融工作的生命线。近年来，在国家各项政策的推动下，我市各类市场主体进入了快速发展阶段，全市地方金融相关市场主体已经达到1800多家。但由于部分行业监管存在盲区，部分市场主体经营行为不够规范，参与非法集资、非法吸收公众存款、高利放贷等违法行为时有发生，不仅损害了行业的整体形象，也增加了行业经营风险和区域经济金融风险。地方政府通过采取依法适度的监管措施，可以有效防范区域经济金融风险，切实维护行业健康发展。

（二）加强监管是服务金融综合改革的需要。目前，国家、省级层面未出台有关行业监管的相关法律法规，部分市场主体在市场准入、日常监管等方面尚无专门规章。我市已获批成为金融综合改革试验区，可先行探索和尝试，通过制定出台相关监管办法明确对地方金融相关市场主体的监管，既可以消除目前存在的监管盲区，又可以为金融综合改革营造良好的市场环境。

（三）加强监管是促进行业规范健康发展的需要。规范发展地方金融相关市场主体是破解我市“两多两难”问题的有效途径之一。近年来，我

市地方金融相关市场主体发展较快，对促进地方经济发展起到了积极的推动作用。但同时我市部分行业准入门槛低，从业人员素质不高等问题十分突出，通过有效监管，可以引导地方金融相关市场主体正规发展，依法打击违法违规市场主体，促进行业健康有序发展。

二、认真落实地方金融监管工作职责

按照属地原则，各县（市、区）人民政府、市级功能区管委会是各类地方金融相关市场主体监督管理和风险防范的第一责任人，负责指定具体监管部门对其实施以风险防范为核心的持续动态监管。

按照“审监分离”的思路，市经信委是全市融资性担保公司的主管部门，市金融办是全市小额贷款公司、民间资本管理公司、民间借贷服务中心的主管部门，市地方金融管理局（以下简称市金融局）是小额贷款公司、民间资本管理公司、民间借贷服务中心、融资性担保公司、非融资性担保公司、典当行、股权投资企业、各类投资（咨询、管理）企业和寄售行等各类地方金融相关市场主体的监管部门。各单位具体职责如下：

（一）市发改委。负责做好全市股权投资管理企业发展规划、制度建设、业务指导和诚信建设。

（二）市经信委。负责做好全市融资性担保公司设立、变更和终止等审核审批工作，并将审批结果即时抄告市金融局。负责建立健全融资性担保公司相关制度，做好行业统计及发展规划，及时报告重大风险事件，做好风险处置工作。做好融资性担保公司重大事项备案，联合市金融局开展年检初审工作。负责全市中小企业信用担保体系建设，做好融资性担保公司的规范发展工作。负责对融资性担保公司的违法违规行为进行调查、核实、通报以及行政处罚，对各相关部门检查后提交的问题进行及时处置，并即时将处置情况抄告市金融局。

（三）市公安局。负责依法打击非法吸收公众存款、集资诈骗等非法集资犯罪活动以及高利转贷、洗钱等扰乱金融秩序的违法犯罪行为。配合主管、监管部门做好各类金融突发事件的应急处置和风险化解工作，维护我市金融秩序和社会稳定。

（四）市国税、地税局。负责做好纳税咨询、辅导、服务工作，落实国家相关税收优惠政策，并加强调查研究，积极向上级有关部门争取有利于促进行业发展的税收优惠政策。

（五）市财政局。加强地方金融相关市场主体财务管理，规范地方金融相关市场主体财务行为，防范地方金融相关市场主体财务风险，促进地方金融相关市场主体健康发展。

（六）市商务局。负责做好辖内典当行设立、变更和退出等审核工作，并将审批结果即时抄告市金融局。做好辖内典当行重大事项备案，联合市金融局开展年检初审工作。负责全市典当行业的统计，及时报告重大风险事件，做好风险处置工作。做好典当行的规范发展工作，对违反相关规定的典当行进行调查、核实、通报以及行政处罚，对各相关部门检查后提交的问题进行及时处置，并即时将处置情况抄告市金融局。

（七）市审计局。负责对地方金融相关市场主体的资产负债损益进行审计调查。

（八）市法制办。负责对各类监管办法的法律审核和对监管中涉及的法律问题提供咨询。

（九）市金融办。负责全市小额贷款公司、民间借贷服务中心、民间资本管理公司等地方金融相关市场主体设立、变更及退出的审批（审核）及备案工作。负责建立健全小额贷款公司、民间资本管理公司、民间借贷服务中心相关制度，做好行业统计及发展规划，及时报告重大风险事件，做好风险处置工作。负责依法对相关部门检查后提交的问题进行及时处置，并即时将处置情况抄告市金融局。

（十）市金融局。负责做好全市地方金融相关市场主体的规范发展工作，做好现场检查及非现场监管工作。负责牵头组织开展专项检查工作，对检查中发现的违法违规情况提请有关部门予以处置。负责全市地方金融相关市场主体（除融资性担保公司、典当行）的风险处置工作。联合市经信委、市商务局做好融资性担保公司、典当行的年检初审工作。对各类地方金融相关市场主体行业协会进行指导。与市人行等单位形成信息互通机制。会同有关部门制定具体监管办法。

（十一）市人行。负责对全市地方金融相关市场主体的资金流向、利率定价水平等进行金融综合统计，按月收集汇总相关统计监测情况。依法办理贷款卡并实施年检。

（十二）温州银监分局。负责对全市银行业非法金融业务活动的查处，非法集资违法行为性质认定等工作。

（十三）温州保监分局。监管辖区内保险公司分支机构、保险中介机构以及保险从业人员的保险经营活动，实施现场和非现场监管，查处保险违法、违规行为，维护保险市场秩序。负责辖区内地市级及以下保险公司分支机构、保险中介机构的行政处罚工作。

（十四）市工商局。依照单位职责加强相关市场主体的监管。负责做好相关市场主体的登记注册、监管及查处相关违法经营行为等工作，定期抄告市金融局。承担工商信用监管工作，依法实施年检。

三、切实提高地方金融监管工作的有效性

（一）强化责任落实。各地各部门要高度重视，切实开展情况排摸、日常监管、清理整顿和风险处置等各项工作。各县（市、区）人民政府、市级功能区管委会要结合实际，积极规范和引导地方金融相关市场主体发展，切实履行好第一责任人职责。对监管不力，导致不良后果的，要严肃追究相关领导和人员的责任。

（二）加强部门协作。充分发挥市地方金融监管领导小组的作用。市级监管及协管部门要密切配合，加强协作，各有关单位应积极配合做好现场检查及非现场监管工作，积极参与业务监督与风险处置工作，主动研究相关市场主体监督管理的有关问题，并结合我市实际情况，抓紧制订完善相关规章制度并组织实施，做到监督管理有法可依、有章可循。

（三）强化分析研判。各行业监管部门要建立业务动态信息监测和统计分析制度，建立和完善非现场监管系统的开发和应用。引入第三方机构，开展现场专项检查工作，定期对相关市场主体经营情况和风险状况进行监测、分析、评估和预警，全面揭示风险与问题，及时把握行业发展趋势，准确研判潜在风险，切实提高监管工作的有效性。

附件：

1. 温州市民间资本管理公司监管暂行办法
2. 温州市民间借贷服务中心监管暂行办法
3. 温州市融资性担保公司监管暂行办法
4. 温州市投资（咨询、管理）企业监管暂行办法
5. 温州市非融资性担保公司监管暂行办法
6. 温州市寄售行监管暂行办法

温州市人民政府

2013年1月14日

福建省人民政府关于进一步加强农村金融服务十条措施的通知

闽政〔2013〕8号

各市、县（区）人民政府，平潭综合实验区管委会，省人民政府各部门、各直属机构，各大企业，各高等院校，各金融机构：

为贯彻落实党的十八大和中央、省委关于加快发展现代农业进一步增强农村发展活力意见的精神及《政府工作报告》的要求，进一步改善农村金融服务，加大农村金融改革创新力度，缓解农村融资难、担保难问题，不断提升“三农”金融服务和保障水平，现提出以下措施：

一、加大“三农”信贷投入

各银行业金融机构要持续加大对“三农”的信贷投放力度，进一步扩大农户小额信贷和联保贷款业务覆盖面，确保涉农贷款增速不低于当年贷款平均增速。（人民银行福州中心支行、福建银监局督导落实）

对实现涉农贷款增速高于各项贷款平均增速的银行业金融机构，优先办理再贴现。其中，对地方法人银行业金融机构，可适度新增贷款额度，优先办理支农再贷款业务。（人民银行福州中心支行牵头落实）

对符合条件的涉农小微企业贷款和农户生产经营性贷款，按75%的比例计算风险权重。（福建银监局督导落实）

农村中小银行业金融机构每年安排不少于50%的新增信贷规模作为涉农贷款；对符合监管条件的农村中小银行业金融机构，适当放宽涉农贷款规模控制。对支农成效较好的农业银行县域“三农金融事业部”执行比农业银行低2个百分点的存款准备金率政策；对23个省级扶贫开发工作重点县的农村合作金融机构继续执行优惠存款准备金率。（人民银行福州中心支行牵头落实）

二、提升涉农金融服务水平

合理提升县域银行业分支机构信贷审批权限，鼓励对涉农贷款业务设立授信审批专岗，针对不同类型的客户制定不同的信贷流程，并公开各项信贷流程和各环节工作时限，限时办结涉农贷款业务。各银行业金融机构可根据实际进一步提高省内单户农户贷款限额，对30万元以下的农户贷款简化或合并流程，按照“一次核定、随用随贷、余额控制、周转使用、动态调整”模式进行管理。进一步提高粮食企业贷款额度，降低粮食购销企业贷款保证金比例，鼓励对符合条件的企业引粮入闽给予信用贷款；国有粮食企业抵押贷款的资产抵押率可提高至70%以上。积极推广涉农金融业务“首问责任制”和“一次性告知制”等做法，充分利用通讯、网络、自助终端等渠道受理涉农信贷申请。（福建银监局督导落实）

评估机构收取的涉农企业贷款抵押物评估费不得高于政府指导价规定高限收费标准的50%；贷款抵押物登记期满后需再评估的，评估费按不超过政府指导价规定高限收费标准的30%计收。（省物价局督导落实）

鼓励有条件的县、乡（镇）政府设立农村贷款周转金，对一时还贷困难的农户和农村小微企业给予低息或免息周转资金支持。列入信贷扶贫开发创新试点的闽侯、云霄、漳浦、永安、仙游、顺昌、连城、柘荣等8个县（市）要切实完善创新试点办法，促进扶贫小额信贷及时投放到位。（各相关市、县人民政府落实）

支持农村商业银行完善市区机构网点布局，提高自助终端覆盖面，为农民工进城用卡提供便利。（福建银监局、省农信联社落实）

三、推动“金融服务不出村”工程建设

支持各大型商业银行、股份制商业银行向县域延伸营业网点，推动开业一年以上的村镇银行以及地方中小法人银行业金融机构在乡（镇）、村设立分支机构。支持社会资本参与设立新型农村金融机构。加快村镇银行组建步伐，鼓励符合条件的农村商业银行发起设立村镇银行，对我省原中央苏区县设立村镇银行参照执行西部省份一般县挂钩政策，力争至2013年年末22个原中央苏区县各设立1家村镇银行，至“十二五”末每个县各设立1家村镇银行。（福建银监局督导落实）

加强农村地区网上银行、电话银行、手机银行等宣传和推广，推动农

村中小银行业金融机构按照每年2%的增长率在县域布设自动存取款设备、POS机等服务终端，争取2013年年末每个乡（镇）拥有自动存取款设备、农信系统实现小额支付便民服务村村全覆盖，邮储银行力争“十二五”期间实现便民取现金融服务点村村全覆盖。（人民银行福州中心支行、省农信联社、省农业银行、省邮储银行落实）

四、支持涉农金融产品创新

开发订单农业贷款、仓单质押贷款和农产品、设施棚舍及大中型农机具等农业设施设备抵押贷款，通过“龙头企业＋农户”“龙头企业＋基地＋农户”等模式，拓展对农户的信贷支持；推动符合城镇化发展需要的金融产品创新，推广统规统建农房建设项目贷款业务，开展农民购建房按揭贷款、农村住房装修贷款试点，探索开展农村土地承包经营权、宅基地使用权、农民住房抵押贷款业务；进一步推广水域滩涂使用权抵押贷款、渔船抵押贷款、“贷款＋政策性农业保险”等符合我省资源实际的抵质押产品，支持将渔船贷款最高抵押率提高至50%以上；扩大林（茶、果）权抵押贷款规模，推广高优特色品种为抵押物的林（茶、果）权抵押贷款，林业种植业贷款期限可延长至15年以上，林权抵押贷款最高抵押率可提高至70%以上，逐步扩大免评估小额林（茶、果）权抵押贷款；积极推广农业补贴收益、农村土地承包经营权预期收益等各类权益类质押贷款。（人民银行福州中心支行、福建银监局牵头落实）

国土资源、住房和城乡建设、农业、海洋与渔业等部门要加强与金融机构的协调配合，探索农村土地使用权、农村房屋、水域滩涂使用权等涉农贷款担保抵押资产的评估、登记、流转和处置方式。（上述省直相关部门落实）

积极开发推广适合农户的证券投资、委托理财等投资产品。（福建证监局督导落实）

鼓励保险公司针对农村客户开办小额贷款借款人意外伤害保险与保单借款业务。（福建保监局督导落实）

五、强化“三农”融资担保服务

借鉴沙县行业性担保公司发展经验，支持依托具备法人资格的农村行业协会组建行业性、互助性担保公司，设立涉农行业性或专业性融资担保公司、村级融资担保基金等担保机构并引导其规范运作。推广“农户信用评级 + 担保基金 + 信贷”融资模式。鼓励融资性担保机构创新满足农户和农村中小企业贷款需求的担保产品和服务。将涉农融资性担保业务纳入省级中小企业信用再担保公司再担保范围。（省经贸委、农业厅牵头落实）

各银行业金融机构可按有关规定对纳入中小企业信用再担保体系、运作规范的县域融资担保机构适当放大抵押担保倍数。（福建银监局督导落实）

鼓励银行业金融机构、农村融资性担保机构及相关中介机构加强与保险公司的合作，探索开发有关支农金融服务产品，有效防范和分散涉农信贷风险。（福建银监局、福建保监局、省经贸委牵头落实）

六、改善农村社会信用环境

按照“先建档、后评级、再授信”的工作思路，建立健全农村目标客户信用档案数据库，力争 2015 年年末实现农村地区目标客户建档和信用评级全覆盖。（人民银行福州中心支行、省农信联社、省农业银行、省邮储银行落实）

各级各有关部门要积极支持金融机构采集农户信用信息，建立统一的农户信用信息管理、查询和共享服务平台以及相应的信息共享、查询服务机制。（各设区市人民政府、平潭综合实验区管委会牵头落实）

大力推进“信用户”“信用村”“信用乡（镇）”“信用县”以及“信用企业”评定活动，鼓励各银行业金融机构对诚实守信、按时还贷的农户和企业给予下调贷款利率、扩大贷款额度等优惠政策。（省发展改革委、人民银行福州中心支行牵头落实）

七、扩大涉农中小企业直接融资规模

将具有较大发展潜力的农业产业化龙头企业和各类涉农企业列为上市后备企业，推动其尽快上市融资；支持涉农上市公司通过增发、配股、发行公司债券等方式再融资，鼓励符合条件的涉农企业发行中小企业私募债等融资产品。（省农办、省发展改革委、福建证监局牵头落实）

有条件的地方可设立直接债务融资发展基金，为涉农企业发行债券提供风险缓释和增信支持。（设区市人民政府、平潭综合实验区管委会落实）

推动符合条件的农业龙头企业和农村中小企业发行短期融资券、中期

票据、中小企业集合票据、区域中小企业集优票据、企业债等。（省发展改革委、人民银行福州中心支行牵头落实）

鼓励农业龙头企业到海峡股权交易中心、省创新创业企业股权融资与交易市场挂牌融资。支持涉农企业发展股权融资，积极引导股权投资企业、创业投资企业投资、参股农业产业化龙头企业和成长型农业中小企业。（省发展改革委、福建证监局牵头落实）

八、增强涉农保险保障功能

鼓励保险公司因地制宜开发适合农村生产生活需要的保险产品，推动蔬菜、茶叶、果树等特色农业险种试点工作，大力发展农村小额人身保险业务。推广龙岩“三农”综合保险示范区建设经验。试点开展涉农贷款保证保险。推动保险资金参与农村基础设施建设和参股优质企业。（福建保监局督导落实）

推进建立财政支持的农业保险大灾风险分散机制。继续开展农房、水稻种植（制种）、森林综合、渔工责任、渔船等政策性保险，逐步扩大政策性农业保险保费补贴的品种、区域覆盖范围，适当提高部分品种的保费补贴比例。（省财政厅牵头落实）

支持保险公司积极参与新型农村合作医疗受托管理，推动保险公司通过竞标方式承办新农合大病保险业务。（省卫生厅牵头落实）

九、加大对农村金融服务的财税扶持力度

对县域金融机构农户农林牧渔业贷款、农户消费和其他生产经营贷款季均余额同比增长超过15%的部分，按2%的比例给予奖励；对存在变相增加农户贷款成本行为的县域金融机构不予奖励；奖励资金由中央和地方财政按3:7比例分担。对融资性担保机构为涉农中小微企业提供担保的按有关规定给予相应的风险补偿；对为农户生产性贷款提供担保的融资性担保机构按年度担保额的1.6%给予风险补偿。继续执行新型农村金融机构定向费用补贴政策，对贷款同比增长、存贷比高于50%且达到监管要求的村镇银行按季均贷款余额的2%给予定向费用补贴。完善林业贷款贴息政策。（省财政厅牵头落实）

至2015年12月31日，对农村信用社、村镇银行、法人机构所在地在县（市、区）及县以下地区农村商业银行的金融保险业收入减按3%的税

率征收营业税。至2013年12月31日，对金融机构农户小额贷款的利息收入免征营业税；对农户小额贷款的利息收入在计算应纳税所得额时，按90%计入收入总额。（省国税局、地税局落实）

十、维护农村金融稳定

各级人民政府要高度重视农村金融稳定工作，按照属地管理原则，建立健全农村金融风险的监测、预警和联合处置机制，制定风险应急处置预案，及时化解本地区金融风险隐患，防范区域性金融风险。（各设区市人民政府、平潭综合实验区管委会落实）

各级经贸部门要按月对融资性担保公司、小额贷款公司资本金的运用、人员管理、经营及风险状况进行持续动态监测。（省经贸委落实）

各级农业行政主管部门要加强农民合作社资金互助业务的检查和指导，促进农民合作社资金互助业务规范发展。（省农业厅、福建银监局落实）

各级工商行政管理部门负责对投资咨询公司的监管。（省工商局落实）

进一步加强对农民和农村企业金融知识、金融法律法规的宣传和教育，保护农村金融消费者合法权益。（人民银行福州中心支行、福建银监局牵头落实）

加大对农村贷款诈骗、骗取贷款、高利贷、非法集资、地下钱庄、非法证券等非法金融活动的打击和防范力度，及时化解农村金融风险，维护区域金融稳定。（省公安厅、福建银监局牵头落实）

福建省人民政府

2013年2月1日

四川省经济和社会化委员会关于组织中小企业担保机构和小额贷款公司申请享受所得税优惠政策的补充通知

各市（州）经济和信息化委，省级担保机构：

根据我委《关于印发〈国家鼓励类产业政策确认暂行办法〉的通知》（川经信产业〔2011〕416 号）要求，现将开展中小企业担保机构和小额贷款公司申请享受所得税优惠政策的确认工作有关事项补充通知如下：

一、中小企业担保机构类

（一）申请条件。

申请享受所得税优惠政策的中小企业担保机构应同时具备下列条件：

1. 在我省登记注册的，以中小企业贷款担保为主营业务，且当年主营业务收入占总额 70% 以上；

2. 平均担保费率不超过银行同期贷款基准利率的 50%；

3. 按规定进行中小企业担保机构备案登记并进行评级；

4. 及时向经济和信息化主管部门报送业务数据和财务会计报告等信息。

已经确认符合西部大开发政策的中小企业担保机构在 5 年内无须再申报。

（二）申报资料。

1. 中小企业担保机构享受所得税优惠政策的申请报告；

2. 西部大开发产业政策确认申请简表（附件 1）；

3. 西部大开发产业政策确认企业基本情况表（附件 2）；

4. 经年审的营业执照、机构代码证、税务登记证正副本和章程复印件；

5. 中小企业担保机构备案证书（复印件）；

6. 融资性担保经营许可证（复印件）；

7. 有效期内的信用评级证书和报告（复印件）；

8. 经审计的上一年度财务报告（包括资产负债表、利润表、现金流量表、担保余额变动表以及报表中相关数据的附注和说明）；

9. 对上述文件真实性负责的声明（加盖单位公章）。

二、小额贷款公司类

（一）申报条件。

申请享受所得税优惠政策的小额贷款公司应同时具备下列条件：

1. 在我省登记注册的，以小型微型企业、个体工商户、农民专业合作社、农户等贷款为主营业务，且当年主营业务收入占总额70%以上（小型微型企业应符合《关于印发中小企业划型标准规定的通知》（工信部联企业〔2011〕300号规定）；

2. 同一借款人的贷款余额不得超过公司资本净额的5%；

3. 对小型微型企业、个体工商户、农民专业合作社、农户等贷款利率不高于银行同期基准贷款利率3倍；

4. 经营规范，风险控制良好，无违规失信记录，并开展信用评级。

已经确认符合西部大开发政策的小额贷款公司在5年内无须再申报。

（二）申报资料。

1. 小额贷款公司享受所得税优惠政策的申请报告；

2. 西部大开发产业政策确认申请简表（附件1）；

3. 西部大开发产业政策确认企业基本情况表（附件3）；

4. 经年审的营业执照、机构代码证、税务登记证正副本和公司章程（复印件）；

5. 《小额贷款机构经营许可证》（复印件）；

6. 上一年度小额贷款业务明细表（附件4）；

7. 有效期内的第三方信用评级证书和报告（复印件）；

8. 经审计的上一年度财务报告（包含报表中相关数据附注和说明）；

9. 对上述文件真实性负责的声明（加盖单位公章）。

三、申请程序及要求

（一）中小企业担保机构、小额贷款公司向注册地所在的市（州）经济和信息化委提交装订成册的书面申请材料；省级中小企业担保机构、在川分支机构直接向省经济和信息化委申报。

（二）市（州）经济和信息化委进行产业政策初审，对初审符合国家鼓励类产业政策的中小企业担保机构、小额贷款公司进行上报。

（三）市（州）经济和信息化委上报须提交上报文件（文件内容须包含是否符合国家产业政策的结论性文字表述）、《西部大开发产业政策确认申请简表》（附件1）和申报机构纸质申报材料一式3套，以及附件1的电子版。上报截止时间为每年的4月15日。

（四）市（州）经济和信息化委要认真组织符合条件的中小企业担保机构、小额贷款公司进行申报，同时做好与当地税务部门的协调和沟通工作，帮助确认的中小企业担保机构、小额贷款公司落实所得税优惠政策。

（五）联系方式。

财金协调与融资担保处：王之佼

联系电话：028－86266021

电子邮箱：scc@ scjm. gov. cn

附件：1. 西部大开发产业政策确认申请简表（信用担保和农村金融服务体系建设类）

2. 西部大开发产业政策确认企业基本情况表（信用担保服务体系建设类）

3. 西部大开发产业政策确认企业基本情况表（农村金融服务体系建设类）

四川省经济和信息化委员会

2013年3月8日

中国银监会关于深化小微企业金融服务的意见

各银监局：

为贯彻党的十八大精神，落实中央经济工作会议要求，加快推动经济转型，打造中国经济的升级版，促进小微企业金融服务转型升级，现提出如下意见：

一、以始终坚持服务小微企业，支持实体经济健康发展为指导思想，加强正向激励，督促商业银行在商业可持续和风险可控的前提下，进一步强化小微企业金融服务“六项机制”建设，重点支持符合国家产业和环保政策、有市场、有需求、可持续运营的小微企业。

二、以提高小微企业贷款可获得性，拓宽小微企业金融服务覆盖面为工作目标，督促商业银行单列年度小微企业信贷计划，进一步加大对小微企业的支持力度。

三、进一步完善多层次的小微企业金融服务体系，引导商业银行在差异化竞争中不断提高小微企业金融服务水平。

（一）引导大型银行发挥网点、人力和技术优势，提高小微企业金融服务效率，切实践行社会责任。

（二）引导中小银行将改进小微企业金融服务和战略转型相结合，科学调整信贷结构，重点支持小微企业和区域经济发展。

（三）引导新型农村金融机构进一步加大对涉农小微企业的金融支持力度。

四、鼓励和引导商业银行尤其是中小银行进一步提高小微企业金融服务专业化水平，加大小微企业金融服务专营机构的建设、管理和资源配置力度。小微企业金融服务专营机构只能为小微企业提供相关服务，严格遵循“四单原则”。

五、鼓励和引导商业银行尤其是中小银行和新型农村金融机构将小微企业服务网点向老少边穷地区、县域、乡镇等金融服务薄弱区域，以及批发市场、商贸集市等小微企业集中地区延伸。

六、对于小微企业授信客户数占该行所有企业授信客户数以及最近六个月月末平均授信余额占该行企业授信余额达到一定比例以上的商业银行（原则上东部沿海省份和计划单列市授信客户数占比应不低于70%，其他省份应不低于60%），各银监局在综合评估的基础上，可允许其一次同时筹建多家同城支行，且不受“每次批量申请的间隔期限不得少于半年”的限制。

七、鼓励商业银行先行先试，创新小微企业金融产品和服务方式，提升小微企业金融服务的广度和深度。

（一）引导商业银行根据小微企业不同发展阶段的金融需求特点，由单纯提供融资服务转向提供集融资、结算、理财、咨询等为一体的综合性金融服务。

（二）引导商业银行在提升风险管理水平的基础上，创新小微企业贷款抵质押方式，研究发展网络融资平台，拓宽小微企业融资服务渠道。

八、引导商业银行根据自身实际，在科学有效地运用资金、合理调整资产负债结构的基础上，有序开展专项金融债的申报工作。获准发行小微企业专项金融债的商业银行应实行专户管理，确保募集资金全部用于小微企业贷款。

九、在推进资产证券化业务试点工作中，优先选择小微企业金融服务成效显著、风险管控水平较高的商业银行，进一步拓宽小微企业贷款的资金来源。

十、根据《商业银行资本管理办法（试行）》（银监会令〔2012〕1号），在权重法下对符合“商业银行对单家企业（或企业集团）的风险暴露不超过500万元，且占本行信用风险暴露总额的比例不高于0.5%”条件的小微企业贷款适用75%的风险权重，在内部评级法下比照零售贷款适用优惠的资本监管要求。

十一、督促商业银行在收益覆盖成本和风险的前提下，根据风险水平、筹资成本、管理成本、授信目标收益、资本回报要求以及当地市场利率水平等因素，在国家利率政策允许的浮动范围内，自主确定贷款利率，建立科学合理的小微企业信贷风险定价机制。同时，进一步规范小微企业金融服务收费，严禁在发放贷款时附加不合理的贷款条件，提高小微企业金融服务收费的透明度。

十二、督促商业银行完善小微企业信贷风险管理体系，加大资源配置和人员培训力度，提升小微企业信贷风险识别、预警和处置能力。

十三、引导商业银行主动、持续宣传和推广小微企业金融服务的政策、经验和成效，普及小微企业金融服务知识，营造良好的社会舆论氛围。

十四、积极加强与有关部门的联动，在规范现有融资性担保机构的基础上，推动完善多层次、多领域、差别化的融资性担保体系，促进银行业金融机构与融资性担保机构加强规范合作，进一步增强担保机构的担保能力，引导其更好地为小微企业融资提供增信服务。

十五、积极配合有关部门进一步改善小微企业金融服务的外部生态环境。

（一）积极推动商业银行加强与地方相关部门的沟通协作，争取在财政补贴、税收优惠、建立风险分担和补偿机制、不良贷款核销等方面获得更大支持。

（二）积极引导商业银行在合理有效利用现有征信系统的基础上，加强其他相关信息资源的搜集，提高小微企业金融服务的质效。

本指导意见所指小微企业按照《关于印发中小企业划型标准规定的通知》（工信部联企业〔2011〕300号）的划分标准执行。小微企业贷款包括商业银行向小型、微型企业发放的贷款，个体工商户贷款以及小微企业主贷款。

2013年3月21日

中国银监会关于加强2013年地方政府融资平台贷款风险监管的指导意见

银监发〔2013〕10号

各银监局，各政策性银行、国有商业银行、股份制商业银行、金融资产管理公司，邮政储蓄银行，各省级农村信用联社银监会直接监管的信托公司、企业集团财务公司、金融租赁公司：

2013年，各银行业金融机构要遵循“总量控制、分类管理、区别对待、逐步化解”的总体原则，以控制总量、优化结构、隔离风险、明晰职责为重点，继续推进地方政府融资平台（简称融资平台）贷款风险管控。现就2013年融资平台贷款风险监管提出如下指导意见：

一、总体要求

（一）严格把握定义。地方政府融资平台是指由地方政府出资设立并承担连带还款责任的机关、事业、企业三类法人。

（二）完善“名单制”管理。各银行要继续完善融资平台“名单制”管理信息系统，及时更新客户信息，并按季报送监管机构。

（三）动态调整风险定性。各银行要继续按照融资平台自身现金流覆盖债务本息的情况，将融资平台分为“全覆盖”“基本覆盖”“半覆盖”“无覆盖”。“全覆盖”是指借款人自有现金流量占其全部应还债务本息的比例为100%（含）以上；“基本覆盖”是指借款人自有现金流占其全部应还债务本息的比例为70%（含）至100%之间；“半覆盖”是指借款人自有现金流占其全部应还债务本息的比例为30%（含）至70%之间；“无覆盖”是指借款人自有现金流占其全部应还债务本息的比例为30%以下。各银行应审慎合理测算融资平台自身现金流，并对分类结果进行动态调整，及时报牵头行汇总形成一致性意见，并按季上报监管机构。

（四）坚持退出分类制度。各银行要继续将融资平台划分为“仍按平台管理类”和“退出为一般公司类”（以下简称“退出类”。如无特殊说明，本指导意见所称融资平台均含这两类），加强对两类融资平台的统一监测和分类管理。

“退出类”是指经核查评估和整改后，已具备商业化贷款条件，自身具有充足稳定的经营性现金流，能够全额偿还贷款本息，整体转化为一般公司类客户管理的融资平台。

凡不符合退出条件以及未完成退出流程的融资平台，均作为“仍按平台管理类”管理。

二、化解到期

（五）制定到期还款方案。对于今年到期的融资平台贷款，各银行要与融资平台、地方政府制定详细的还款方案，逐笔明确还款日期、还款金额和偿债资金来源，并于5月30日前报各银监局和各银行总行。

（六）密切监测到期贷款风险。各银行、各银监局要共同对今年到期的融资平台贷款逐笔建立统计监测制度，逐月统计到期金额和结债资金来源。各银监局要汇总辖内融资平台贷款偿还情况，按季进行风险分析。对于不能按方案落实资金来源、未能按期偿还到期贷款或存在以贷还贷问题的，各银行要立即向监管机构报告，并及时与地方政府进行沟通，采取措施及时处置，避免出现重大违约事件。

三、控制总量

（七）控制平台贷款总量。按照“保在建、压重建、控新建”的基本要求，继续坚持总量控制。各银行业金融机构法人不得新增融资平台贷款规模。

四、优化结构

（八）实施平台层级差异化管理。新增贷款应主要支持符合条件的省级融资平台、保障性住房和国家重点在建续建项目的合理融资需求。对于现金流覆盖率低于100%或资产负债率高于80%的融资平台，各银行要确保其贷款占本行全部平台贷款的比例不高于上年水平，并采取措施逐步减少贷款发放，加大贷款清收力度。

五、严控新增

（九）严格新发放平台贷款条件。融资平台新发放贷款必须满足六个前提条件：一是现金流全覆盖；二是抵押担保符合现有规定，不存在地方政府及所属事业单位、社会团体直接或间接担保，且存量贷款已在抵押担保、贷款期限、还款方式等方面整改合格；三是融资平台存量贷款中需要财政偿还的部分已纳入地方财政预算管理，并已落实预算资金来源；四是借款人为本地融资平台；五是资产负债率低于80%；六是符合《关于制止地方政府违法违规融资行为的通知》（财预〔2012〕463号）文件有关要求。

（十）控制平台贷款投向。对于“仍按平台管理类”，新发放贷款的投向主要为五个方面：一是符合《公路法》的收费公路项目；二是国务院审批或核准通过且资本金到位的重大项目；三是符合《关于加强土地储备与融资管理的通知》（国土资发〔2012〕162号）要求，已列入国土资源部名录的土地储备机构的土地储备贷款；四是保障性安居工程建设项目；五是工程进度达到60%以上，且现金流测算达到全覆盖的在建项目。

农业发展银行的平台贷款投向还包括符合中央政策的农田水利类项目。

（十一）强化贷款审批制度。各银行应按照“统一授信、总量控制、逐笔审批、监督支付”的原则，加强总行对“仍按平台管理类”贷款的集中审批和管理，对于新增贷款，由总行统一授信和审批，加强支付监督，防止贷款挪用。

六、缓释存量

（十二）持续推进存量平台贷款整改。各银行要加强抵押担保整改，严格执行《担保法》《物权法》《预算法》等法律法规规定，及时落实和追加合法、有效、足值的抵质押品。要加强贷款合同整攻，根据项目预期现金流情况和实际建设期、达产期及运营期，限期整改贷款合同中的整借整还和期限过长问题。对于整借整还的中长期贷款，原则上按照等额分摊的方式每年至少两次偿还本金，利随本清。要加强贷款条件整改，全面核实存量平台贷款的合同条款和信贷条件，采取措施限期整改借款人资质不健全、项目资本金不达标、审批文件和手续不合法不齐全等问题。

（十三）分类缓释存量贷款风险。各银行应根据融资平台现金流能否达到全覆盖、项目建设进度等情况，采取“及时收贷、收回再贷、据实定贷、引资还贷、只收不贷”的方式，逐步缓释存量平台贷款风险。

“及时收贷”是指对于融资平台现金流全覆盖、已经完工达产且形成现金流收入的项目，要封闭现金流，对回笼款进行专户管理，按照原来的约定及时清收贷款。

“收回再贷”是指对于融资平台现金流全覆盖、已建成但还没有产生足够现金流偿还贷款本息（没有经济建成）的项目，可以在原有贷款额度内进行再融资。

“据实定贷”是指对于融资平台现金流全覆盖、已经确定工期但因有不可抗拒的因素导致不能如期完工，但贷款已经到期的项目，要一次性修改贷款合同，根据实际工期重新确定贷款期限。

“引资还贷”是指对于融资平台现金流不能够全覆盖，能够吸引社会资金投资的项目，在现有贷款余额不增加的前提下，可以通过资产重组、引入新投资者、项目出售等方式，引进资金用于还贷。

“只收不贷”是指对于融资平台现金流不能够全覆盖，不宜吸引社会资金投资的项目，银行只能只收不贷，并要求地方政府将偿债资金纳入预算，明确偿债资金来源。

（十四）严格把握实施条件。各银行要严格执行融资平台存量贷款风险缓释的各项要求。实施“收回再贷”和“据实定贷”的，借款人必须满足抵押担保、还款方式等方面整改合格的前提条件，必须经各银行总行审批同意，并及时向属地监管机构备案。

七、隔离风险

（十五）建立全口径融资平台负债统计制度。各银行和各级监管机构均要建立包括银行贷款、企业债券、中期票据、短期融资券、信托计划、理财产品等在内的全口径融资平台负债统计制度。各银行要统筹考虑融资平台总负债规模与其偿债能力的匹配程度，加强对融资平台的全面风险管理。

（十六）审慎持有融资平台债券。各银行应将购买持有融资平台发行债券的审批权限上收至总行，并参照新增融资平台贷款条件，制定相应的融资平台债券管理制度，实行总行统一授信、全口径监控和逐笔审批。各银行不得为融资平台发行债券提供担保。

（十七）防范融资平台变相融资。继续严格执行“名单制”管理制度，符合国发〔2010〕19号、财预〔2010〕412号及财预〔2012〕463号文件规定继续保留和新设的融资平台，必须纳入“名单制”进行统计。各银行不得对未纳入“名单制”管理的融资平台发放任何形式由财政性资金承担直接或间接还款责任的贷款。

八、审慎退出

（十八）严格平台退出条件。融资平台退出须满足五个条件：一是符合现代公司治理要求，属于按照商业化原则运作的企业法人；二是资产负债率在70%以下，财务报告经过会计师事务所审计；三是各债权银行对融资平台的风险定性均为全覆盖；四是存量贷款中需要财政偿还的部分已纳入地方财政预算管理并已落实预算资金来源，且存量贷款的抵押担保、贷款期限、还款方式等已整改合格；五是诚信经营，无违约记录，可持续独立发展。

（十九）严格平台退出程序。融资平台退出继续按照以下程序进行：一是牵头行发起。由牵头行发起，各债权银行认真审核并形成一致性退出意见。二是各总行审批。各债权银行分支机构将融资平台退出申请报各总行审批核准。三是三方签字。各债权银行获总行退出审批通过后，与地方政府相关部门、平台公司进行沟通协商并由三方签字确认。四是退出承诺。在三方签字的同时，地方政府及相关部门应明确承诺不再为“退出类”平台新增贷款提供任何担保；各银行应明确承诺按审镇信贷原则进行贷款管理，并独立承担新增贷款风险。五是监管备案。牵头行将有关资料收集完整后，向融资平台属地监管机构报备，监管机构在融资平台报表中标示退出。平台退出时间以三方签字时间为准。

（二十）严格平台退后管理。“退出类”新增贷款应严格遵循产业政策、信贷政策和一般公司贷款条件，实行“谁贷款，谁承担风险”的责任追究机制。各银行总行应于2013年6月30日和12月31日前对已实施退出的融资平台的合规性和风险性进行检查，对于五项指标低于本指导意见有关退出条件监管要求、违背退出程序和贷款承诺的，应及时向融资平台属地监管机构反馈并重新纳入平台管理。各银行不得向“退出类”平台发放保障性住房和其他公益性项目贷款。

九、明晰职责

（二十一）明确各方职责。各银行作为融资平台贷款风险管控的第一责任人，要自主判定融资平台贷款是否存有风险，并应建立融资平台贷款风险问责机制。出现问题的，要严格按照规定追究责任。监管机构负责风险监管政策的制定，指导银行实施，并通过现场检查和非现场监管及时发现银行在融资平台贷款经营活动中的各种违法违规问题。

（二十二）实施现场检查。各银监局要结合2013年现场检查计划，按照属地原则对平台贷款开展现场检查，上下半年各进行一次，由各银监局、银监分局分别组织实施。其中，上半年检查重点为2012年年末“退出类”平台贷款余额最大的一户，下半年检查重点为2013年上半年“仍按平台管理类”新增贷款最多的一户。检查对象原则上不与2011年、2012年重复。现场检查报告由各银监局收集汇总后，分别于2013年7月31日和2014年1月31日前报送银监会。银监会于年中开展一次针对“退出类”平台合规性的检查（形式为现场检查或抽查），重点检查已退出平台是否存在突破本指导意见有关退出条件要求以及违反退出程序的情况，一经发现，将直接重新纳入“仍按平台类管理”，并严格处理银行的相关责任人。

（二十三）加强问责机制。对于非现场监管和现场检查中发现的违规问题，要严肃追究银行相关责任人的责任，并采取监管通报、约见高级管理人员、暂停所有市场准入等监管措施。

请各银行将本指导意见尽快传达至本系统各级分支机构，并结合本行实际制定具体的落实措施及管理办法。各银监局要向地方政府做好政策汇报和解释工作。如在执行过程中发现问题，请及时向银监会报告。

2013年4月9日

中国银监会办公厅关于防范外部风险传染的通知

各银监局，各政策性银行、国有商业银行、股份制商业银行，邮政储蓄银行，各省级农村信用联社：

近期，银行业外部风险事件时有发生，对银行业金融机构稳健运行产生一定影响。为规范银行经营管理，维护正常金融秩序，切实防范外部风险传染，现将有关要求通知如下：

一、关注主要风险来源

银行业金融机构应重点关注银行业外部风险的五种主要来源：小贷公司、典当行、担保机构、民间融资、非法集资。

二、建立名单制

银行业金融机构应对小贷公司和融资性担保机构实行名单制管理，由总行统一确定合作机构准入标准，分支机构根据总行确定的标准提出合作名单，并报总行批准或向总行报备。银行业金融机构应对名单实行动态管理，每年至少评估一次，对存在违规行为和重大风险的合作机构建立及时退出机制。

三、开展资质信用评级

银行业金融机构应对有业务合作关系的小贷公司、融资性担保公司进行评级，评级应考虑但不限于注册资本、股权结构、公司治理、合规经营、财务状况、信用记录等因素。

四、实行分级管理与授信

银行业金融机构应根据信用评级情况，实行分级授信，对信用等级较高的机构可根据法规上限给予较高的授信额度，随着信用等级降低，授信额度逐级递减。严禁向典当行和非融资性担保机构提供授信。

五、防范民间融资和非法集资风险

一是加强银行信贷资金流向监测，严防信贷资金流入民间融资和非法集资；二是密切关注信贷客户动态信息，对于存在明显迹象或已查实参与民间融资的信贷客户，一律不得新增授信；三是开展分支机构和员工行为排查，有效防范分支机构和员工参与民间借贷和非法集资。

六、实施统一管理

银行业金融机构应将外部风险防范纳入全面风险管理，各级机构要确定专门部门，牵头外部风险信息的收集、分析、汇总和报告。

七、建立风险处置机制

银行业金融机构应对潜在的外部风险因素及其影响进行提前研判分析，建立规范化的外部风险监测、处置流程，制定充分的应对预案，加强分支机构风险处置工作指导，有效防范外部风险传染。

八、建立信息报送制度

银行业金融机构应于季后15日内将其上季对小贷公司授信情况、与融资性担保机构企业业务合作情况等，报送银监会或其派出机构。

九、及时提示风险

各银监局应加强对辖内银行业金融机构的监督检查和舆情监测，对重大外部风险事件及时进行提示，实现信息共享。

中国银行业监督管理委员会办公厅
2013年5月14日

沈阳市小额贷款公司监督管理办法

第一章　总则

第一条　为加强全市小额贷款公司的监督管理，规范其经营行为，促进其持续、健康、稳定发展，引导资金流向“三农”和中小微企业，防范小额贷款公司出现经营风险和社会风险，根据《中华人民共和国公司法》、中国银监会和中国人民银行《关于小额贷款公司试点的指导意见》（银监发〔2008〕23号）、《辽宁省人民政府关于开展小额贷款公司试点工作的指导意见》（辽政发〔2008〕42号）等相关法律、法规及政策，制定本办法。

第二条　本办法所称的小额贷款公司，是指经辽宁省人民政府金融工作办公室（以下简称“省政府金融办”）批准的由自然人、企业法人与其他社会组织投资设立的，不吸收公众存款，经营小额贷款等业务的有限责任公司或股份有限公司。

第三条　小额贷款公司监督管理应当遵循依法、合规、公开、公正和效率的原则，坚持促进发展和防范风险相结合、风险监管和合规监管相结合、定性监管和定量监管相结合的原则。

第二章　监督管理机构

第四条　沈阳市人民政府金融工作办公室（以下简称“市政府金融办”）作为市级小额贷款公司的政府监管部门，开展全市小额贷款公司日常监督管理工作，负责指导各地区监管部门做好监督管理和风险防范与处置工作。

各区、县（市）政府、开发区管委会监管部门是小额贷款公司日常监管、风险防范与化解的第一责任主体，负责辖区内小额贷款公司日常监管与风险防范。各地区要加强小额贷款公司监管工作力量，设立专门的监管机构，配备专职人员，从事小额贷款公司监督管理工作。

第五条　从事小额贷款公司监督管理工作的人员，应当具备与其任职相适应的专业知识和业务工作经验，应忠于职守，依法办事，公正廉洁，不得利用职务便利牟取不正当的利益，不得在小额贷款公司中兼任职务及持有股份，有责任为其监督管理的小额贷款公司及当事人正当合法的商业事宜保守秘密。

第六条　沈阳市小额贷款公司协会是小额贷款公司行业的自律组织，负责支持、配合有关部门开展小额贷款公司监督管理工作。

第三章　监督管理职责

第七条　市政府金融办负责研究和制定全市小额贷款公司发展和管理措施，并组织实施。

第八条　各地区监管部门负责辖区内小额贷款公司筹建、开业及分支机构（代办点）设立的初审工作，负责对辖区内小额贷款公司董事及高管人员任职资格、变更事项、分支机构（代办点）调整、办公场所是否符合条件等进行初审并出具意见。

小额贷款公司除筹建事宜须由市小额贷款公司资格审查委员会审核并出具意见外，其他事项由市政府金融办审核并出具意见，上报到省政府金融办审批。

市政府金融办批准部分试点地区小额贷款公司分支机构（代办点）的设立，并报省政府金融办备案。

小额贷款公司变更事项包括：变更名称，变更股东、股权或调整股权结构，变更经营范围，变更注册资本，变更住所或营业场所，变更组织形式，变更法定代表人、董事、监事及高级管理人员，修改公司章程，分立或合并，以及省政府金融办规定的其他变更事项。

第九条　市政府金融办根据年度现场检查工作安排和自身工作需要，对全市小额贷款公司进行现场检查，并将有关情况及时报告省政府金融办。同时指导各地区监管部门对各辖区内小额贷款公司进行现场检查。

第十条　各地区监管部门负责对辖区内小额贷款公司非现场监管报表资料进行统计分析与监测，确保上报数据准确无误，杜绝虚报、假报数据现象。负责考核小额贷款公司的监管指标执行情况，对其经营状况、风险程度作出客观评价。

第十一条　各地区监管部门要持续跟踪、监测、分析、评估辖区内小额贷款公司潜在风险。对于风险较大、问题较多的公司，实施重点专项监控，督促和指导其制定防范、控制和化解风险方案；对不能有效控制和化解风险的小额贷款公司，及时提出处置意见，报市政府金融办。

第十二条　各地区监管部门负责推动辖区内小额贷款公司增资扩股工作，进一步提高小额贷款公司注册资本金规模。积极引导小额贷款公司逐步提高信用贷款占比。

第十三条　各地区监管部门负责组织协调公安、工商、人民银行等部门跟踪监管辖区内小额贷款公司的资金流向，防范风险，打击违法犯罪活动。重点是防范非法集资、违规筹资和协调相关部门处置由借款纠纷引发的治安案件。

第十四条　市政府金融办要纠正和制止危及小额贷款公司健康发展的经营行为和趋势，以保障小额贷款公司的稳健运行，维护各方面的合法利益。

各地区监管部门负责根据辖区内小额贷款公司的风险状况发布风险提示和预警，并采取监管措施，纠正和制止危及小额贷款公司健康发展的经营行为和趋势，发现经营风险及时上报市政府金融办和省政府金融办。

第十五条　未经省政府金融办批准，任何单位或者个人不得设立小额贷款公司。

第十六条　各地区监管部门对小额贷款公司的筹建、开业、变更、终止以及分支机构（代办点）设立等申请事项的初审期限为 30 日，形成初审意见后报市政府金融办审核。市政府金融办应在 30 日内出具审核意见，报省政府金融办批准。

第十七条　市政府金融办要加强与中国人民银行沈阳分行营业管理部合作，加强信息互通共享，推进人民银行将小额贷款公司纳入信贷征信系统。人民银行沈阳分行营管部对小额贷款公司的利率、资金流向进行跟踪监测。

第十八条　银监部门协助市政府金融办对小额贷款公司进行现场检查和非现场监管工作。

第十九条　财政部门履行财务管理职责，加强财务风险监管，促进小额贷款公司稳健经营。

第二十条　工商行政管理部门根据工商管理相关法律规定对小额贷款公司进行监督管理。

第二十一条　市政府金融办是沈阳市小额贷款公司协会的业务主管部门。沈阳市小额贷款公司协会在市政府金融办的业务指导下，负责加强市内各辖区小额贷款公司间的协调和联系，规范行业经营，促进会员自律管理，引导贷款投向，向市政府金融办反映行业发展动态和需求等。

第二十二条　沈阳市小额贷款公司协会的章程须报市政府金融办备案。

第四章　合规性经营要求

第二十三条　小额贷款公司的主要资金来源为股东缴纳的资本金、捐赠资金，以及来自不超过两个银行业金融机构的融入资金。

小额贷款公司从银行业金融机构获得融入资金的余额，不得超过资本净额的 50%（省政府金融办另外批准的除外）。融入资金的利率、期限由小额贷款公司与相应银行业金融机构自主协商确定，利率以同期“上海银行间同业拆放利率”为基准加点确定。

第二十四条　小额贷款公司不得以借款等方式向内部或外部集资，不得吸收或变相吸收公众存款。

第二十五条　严禁小额贷款公司抽逃资本金。

第二十六条　小额贷款公司的业务范围为办理各项小额贷款、银行资金融入业务及经批准的其他业务。对于经营稳健、内控制度健全、法人治理严谨、人员素质较高、考评优秀的小额贷款公司，经市政府金融办考核推荐，报省政府金融办批准后，可开展新业务试点。未经批准，小额贷款公司不准擅自开展新业务。

第二十七条　小额贷款公司按照市场化原则进行经营，贷款利率上限放开，但不得超过司法部门规定的上限，下限为人民银行公布的贷款基准利率的 0.9 倍，具体浮动幅度按照市场原则自主确定。

第二十八条　小额贷款公司发放贷款，应坚持“小额、分散”的原则。原则上对同一借款人的贷款余额不得超过公司资本净额的 5%，对单一集团企业客户的授信余额不得超过资本净额的 20%。

小额贷款公司不得向股东发放贷款，未经省政府金融办批准不得跨市经营。

第二十九条　小额贷款公司申请变更事项，应经各地区监管部门初审后报市政府金融办，经市政府金融办审核后，报省政府金融办批准。董事、高级管理人员持有的股份，在任职期间不得转让或质押。

第三十条　小额贷款公司要健全公司治理结构，明确股东、董事、监事和经理的权责及分工协作关系，制定必要的议事规则、决策程序和内审制度，增强公司治理的有效性。

第三十一条　小额贷款公司应建立健全贷款管理制度，建立审慎规范的资产分类制度和拨备制度，计提呆账准备金，覆盖风险。

第三十二条　小额贷款公司应执行《金融企业会计规则》（财政部令第42号），建立健全财务会计制度，真实记录和全面反映业务活动和财务活动，并按要求向小额贷款公司监督管理机构报送相关报表和资料。

小额贷款公司应聘请具备资质的中介机构对其年终财务报表进行审计，并将审计结果报送各级小额贷款公司监督管理部门。

第三十三条　小额贷款公司在银行业金融机构开立基本账户后5个工作日内，应将其开户行的名称、账号等信息报市政府金融办和中国人民银行沈阳分行营业管理部备案。

小额贷款公司的贷款发放和回收要通过银行机构办理。小额贷款公司不得进行账外经营。

第三十四条　小额贷款公司应建立健全信息公开披露制度，包括定期向公司股东，省、市、区级小额贷款公司监管部门，合作的银行业金融机构等披露由会计师事务所审计的财务报告以及年度经营情况、融资信息、重大事项等内容。

第三十五条　小额贷款公司各项业务活动所订立的合同必须使用辽宁省小额贷款监管信息系统内的统一合同文本，要及时、真实、完整、准确地向辽宁省小额贷款监管信息系统录入业务和财务数据。

第三十六条　小额贷款公司经营场所必须与注册地一致。未经省政府金融办批准，不得擅自设立代办点及在注册地以外其他地方设立营业网点。

第五章　风险控制要求

第三十七条　小额贷款公司应当建立符合审慎经营原则的贷款评估制度、决策程序、事后追偿和处置制度、风险预警机制和突发事件应急机制，并制定严格规范的业务操作规程，加强对贷款项目的风险评估和管理。

第三十八条　应报告的重大风险事件包括以下情形：

（一）小额贷款公司涉及群体事件的；

（二）小额贷款公司重大债权到期未获清偿致使其流动性困难或已无力清偿到期债务的；

（三）小额贷款公司主要资产被查封、扣押、冻结的；

（四）小额贷款公司因涉嫌违法违规被行政机关、司法机关立案调查的；

（五）小额贷款公司主要出资人虚假出资、抽逃出资的，或主要出资人对公司造成其他重大不利影响的；

（六）小额贷款公司主要负责人失踪、非正常死亡的，或被司法机关依法采取强制措施的；

（七）小额贷款公司主发起企业未能按时参加工商年检或被查封、冻结、注销的；

（八）其他需要报告的情况。

第三十九条　市政府金融办要会同有关部门建立小额贷款公司行业突发事件的发现、报告和处置制度，制定小额贷款公司行业突发事件处置预案，明确处置机构及其职责、处置措施和处置程序，及时、有效地处置小额贷款公司行业突发事件。各地区监管部门也要制定和完善相关制度。

第四十条　市政府金融办及各地区监管部门应及时向上级金融办和本级政府报告本辖区小额贷款公司行业的重大风险事件和处置情况。

第六章　监督管理措施

第四十一条　市政府金融办和各地区监管部门将依据国家有关法律、行政法规，对辖区内小额贷款公司风险管理、内部控制、资产质量、资产损失准备充足率、合规经营等方面实施持续、动态监管，切实履行监管职责和风险处置责任。

第四十二条　市政府金融办和各地区监管部门将建立小额贷款公司风险评价评级制度，定期对小额贷款公司进行综合评价、风险提示，加强指导。

第四十三条　市政府金融办定期组织并指导各地区监管部门对辖区内小额贷款公司进行现场检查，每年至少进行一次全面检查；对于风险较大、问题较多的公司，实施重点专项监控。小额贷款公司要自觉接受检查。

第四十四条　市政府金融办和各地区监管部门将依据《辽宁省小额贷款监管信息系统》开展非现场监管，对监管信息系统数据录入的及时性、完整性、真实性进行监管。

第四十五条　市政府金融办和各地区监管部门将建立监管档案。监管档案应包括电子档案和文本档案两部分。

电子档案包括：《辽宁省小额贷款监管信息系统》全部内容，小额贷款公司高管人员培训记录，小额贷款公司报表汇总。

文本档案包括：小额贷款公司筹建、开业的文档，公司业务报表，公司财务报表，年度审计报告，监督检查报告，监测评级分析资料，监管提示，风险提示，约见高管谈话，风险处置预案，市政府金融办及各地区监管部门认为应保存的文件和记录。

第四十六条　市政府金融办和各地区监管部门根据审慎监管的要求，可以采取下列措施进行现场检查。

（一）进入小额贷款公司进行检查；

（二）询问小额贷款公司的工作人员，要求其对有关检查事项作出说明；

（三）查阅、复制小额贷款公司与检查事项有关的文件、资料，对可能被转移、隐匿或者毁损的文件、资料予以封存；

（四）检查小额贷款公司经营场所与注册地是否一致；

（五）进行现场检查，检查人员不得少于2人，并应出示相关证件。

第四十七条　小额贷款公司有下列违规情形之一，先由各地区监管部门采取提示、约见高管谈话、质询、警告等监管措施，督促其整改；情节严重的，由市政府金融办直接采取上述措施进行监管，情节特别严重或者逾期不改正的，市政府金融办建议省政府金融办采取责令停办业务、取消高管人员任职资格等监管措施，直至取消其经营资格。涉及违法的，移送司法机关进行处理。

（一）违反规定对变更事项不报批的；

（二）违反利率管理规定的；

（三）违反资金来源规定的；

（四）违反规定进行现金交易的；

（五）违反规定进行账外经营的；

（六）超过本办法第二十八条规定的比例发放贷款的；

（七）在工商局注册后 6 个月未开业的；

（八）未经批准擅自开办新业务的；

（九）拒绝或阻碍监管部门监督检查的；

（十）不按规定上报报表、有关资料的；

（十一）公司规章制度不健全、经营场所不合要求的；

（十二）提供虚假或者隐瞒重要事实的财务会计报告、统计报表的；

（十三）抽逃或变相抽逃资本金的；

（十四）违反小额贷款公司监督管理机构规定的其他情形的。

第四十八条　小额贷款公司吸收或变相吸收公众存款，或者从事非法集资活动等严重违法违规行为的，由有关部门根据《非法金融机构和非法金融业务活动取缔办法》（国务院令第 247 号）等相关规定进行查处，追究法律责任；同时立即取消其经营资格。

第四十九条　未经省政府金融办批准，擅自设立的小额贷款公司，依据相关法律法规予以处罚；对擅自越权审批的机关予以公开曝光；对擅自设立小额贷款公司的组织或个人，实施终生禁入小额贷款公司领域的处罚。

第五十条　建立社会监督机制，充分利用和发挥社会监督力量，加强对小额贷款公司经营行为的约束、监督，畅通投诉举报渠道，提高监督实效。

第五十一条　各地区监管部门协调工商、公安、税务等相关部门，对辖区内未经批准、擅自设立小额贷款公司或在企业名称中冠以“小额贷款”字样，以及其他扰乱小额贷款公司正常经营的行为予以取缔和整改。

第七章　附则

第五十二条　本办法自 2013 年 6 月 1 日起实施，有效期至 2018 年 5 月 31 日。

广州市金融办关于印发《广州小额再贷款公司业务试行办法》及《广州小额再贷款公司业务试行办法实施细则》的通知

各区、县级市人民政府，市政府有关部门，各家小额贷款公司：为拓宽小额贷款公司融资渠道，促进其加快发展，维护小额贷款公司的运营安全与稳定，根据《广东省建设珠江三角洲金融改革创新综合试验区总体方案》《中共广东省委广东省人民政府关于全面推进金融强省建设若干问题的决定》关于鼓励和支持金融创新的有关精神，以及《广州小额贷款公司管理办法（试行）》等相关规定，结合广州小额贷款公司行业发展的实际情况，我办制定了《广州小额再贷款公司业务试行办法》（见附件1）及《广州小额再贷款公司业务试行办法实施细则》（见附件2），并经市政府领导同意，现印发给你们，请遵照执行。实施过程中遇到问题，请径向我办反映。

附件：

1. 《广州小额再贷款公司业务试行办法》
2. 《广州小额再贷款公司业务试行办法实施细则》

广州市人民政府金融工作办公室

2013 年 6 月 4 日

广州小额再贷款公司业务试行办法

第一条　为规范小额再贷款业务，加强小额再贷款公司业务指导和管理，防范资金风险，制定本办法。

第二条　本市小额再贷款公司设立及其业务适用本办法。

第三条　小额再贷款公司名称为“广州××小额再贷款股份有限公司”，是依照本办法及有关法律、法规在本市范围内设立并经营的股份有限公司。

第四条　市工商行政管理部门负责小额再贷款公司的登记管理，市、区（县级市）金融管理部门负责小额再贷款公司的业务监管以及协调人民银行广州分行营业管理部、广东银监局对小额再贷款股份有限公司进行业务指导。

第五条　申请设立小额再贷款公司应当具备以下条件：

（一）固定且适当的经营场所；

（二）资本金不低于10亿元人民币；

（三）单一最大股东为合法经营且连续3年以上盈利的企业法人，持股比例不低于30%，与关联方合计持股比例不高于50%；其他股东为具备出资实力的法人或自然人，单一股东持股比例不低于1%，与关联方合计持股比例不高于20%；

（四）主要负责人无不良记录且具有5年以上金融业工作经历；

（五）符合规定的章程和经营管理制度。

第六条　小额再贷款公司申请设立登记时，市金融管理部门应当对小额再贷款公司设立方案、可行性研究报告以及章程、经营管理、风险处置制度和股东、高管人员权利义务等进行指导。

第七条　市工商行政管理部门收到小额再贷款股份有限公司设立申请后，应当征求市金融管理部门的意见。市金融管理部门应当按期回复专业意见。

第八条　小额再贷款公司主要从事以下业务：

（一）对广州市小额贷款公司放款；

（二）负责小额贷款公司同业拆借，组织小额贷款公司头寸调剂；

（三）购买及转让广州市小额贷款公司的信贷资产；

（四）处置广州市小额贷款公司的不良资产；

（五）收取并管理小额贷款公司“风险准备金”；

（六）开展与广州市小额贷款公司相关的咨询业务；

（七）向广州市小额贷款公司开展票据贴现业务，向金融机构开展票据转贴现业务；

（八）其他经许可的业务。

第九条　小额再贷款公司在市金融办的指导下，承担以下职能：编制并发布小额贷款公司资金价格及其他有关金融信息；编写、出版全市小额贷款业务年报；牵头拟定并发布小额贷款公司发展规划。

第十条　小额再贷款公司的资金来源（含负债）包括：

（一）股本金；

（二）银行等金融机构借款；

（三）小额贷款公司“风险准备金”；

（四）政府委托运用资金；

（五）企业委托运用资金。

第十一条　小额再贷款股份有限公司向金融机构等借款规模不得超过股本金10倍。

第十二条　小额再贷款股份有限公司向小额贷款公司收取的风险准备金为小额贷款公司贷款余额的1%，风险准备金必须全额存放银行。有关管理及使用规定由小额贷款公司共同制定。

第十三条　委托资金运用由委托人与小额再贷款公司协商确定。

第十四条　小额再贷款公司利率随行就市，国家另有规定除外。

第十五条　小额再贷款公司贷款余额不得超过小额再贷款公司的股本金、银行借款、政府委托运用资金、企业委托运用资金之和的95%。小额再贷款公司对单一小额贷款公司的贷款余额不得超过该小额贷款公司股本金的1倍。小额再贷款公司按其贷款余额的1%计提风险准备金。

第十六条　小额再贷款公司不得吸收公众存款，不得对非小额贷款公司贷款。

第十七条　小额再贷款公司应向市、区（县级市）金融管理部门报送有关财务报表。

第十八条　小额再贷款公司的主要负责人和高级管理人员参照小额贷款公司管理。

第十九条　小额再贷款公司解散、破产时，市金融管理部门应当进行指导。

市工商行政管理部门收到小额再贷款公司注销申请后，应当征求市金融管理部门的意见。市金融管理部门应当会同区（县级市）政府按期回复专业意见。

第二十条　小额再贷款股份有限公司违反本试行办法的，市、区（县级市）金融管理部门应当采取公示、风险提示、约见谈话、质询、建议撤销高级管理人员职务等方式进行业务指导。情节严重的，对公司采取限期整改、提请工商行政管理部门吊销营业执照等监管措施。涉嫌犯罪的，移交司法部门依法追究刑事责任。

第二十一条　本办法自发布之日起施行，有效期 3 年。有关政策法律依据变化或者有效期届满，根据实施情况依法评估修订。

广州小额再贷款公司业务试行办法实施细则

第一条　为加强小额再贷款公司设立和业务监管工作，根据《广州小额再贷款公司业务试行办法》，制定本实施细则。

第二条　小额再贷款公司的注册资本应当为实收货币资本，一次性缴足，不得以实物、技术或知识产权等投资入股。

第三条　小额再贷款公司各出资股东之间存在关联关系的，持股比例是否符合规定以合并的股权进行计算。

第四条　小额再贷款公司的主要负责人和高级管理人员参照小额贷款公司的主要负责人和高级管理人员进行管理。主要负责人包括董事长、总经理等，高级管理人员包括总经理、副总经理、风控总监、财务总监等。

金融业工作经历包括纳入国家金融监管部门监管范围的银行、证券、保险类机构从业经历，以及各地金融管理部门纳入监管范围的小额贷款公司、融资担保公司从业经历。

第五条　小额再贷款公司注册地所在区（县级市）政府应出具风险处置承诺书，承担风险处置责任，并指定区（县级市）金融管理部门进行日常监管。

第六条　小额再贷款公司设立申请材料应当装订成册，编制目录及页码，在骑缝处加盖发起人公章，保证材料的真实性、完整性。申请材料内容包括：

（一）设立小额再贷款公司的报告。应当载明拟设立再贷款公司的名称、拟设地、注册资本、股权结构、业务范围等基本信息以及设立的目的。

（二）小额再贷款公司注册地所在区（县级市）政府出具的风险处置承诺书。内容包括指定区（县级市）金融管理部门负责小额再贷款公司的业务指导，并承担小额再贷款公司的日常监管职责。

（三）小额再贷款公司设立方案。内容包括公司章程及业务管理制度、财务管理制度、风险监控制度、信息披露制度等管理制度；拟聘任高级管理人员和其他从业人员计划。

（四）责任承诺书。股东承诺自愿出资入股小额再贷款公司，资金来源真实合法；自觉遵守有关规定，遵守公司章程；积极服务广州市的小额贷款公司。

（五）可行性研究报告。内容包括：拟设机构的市场前景分析；开业后 3 年内的财务情况分析；业务拓展计划；风险控制手段等。

（六）股东基本情况。包括股东之间关于出资设立小额再贷款公司的协议；各股东关联关系的承诺；法人股东的名称、注册地址、经股东大会通过的同意投资设立小额再贷款公司的决定，法定代表人姓名，法人代码证复印件、经过工商年检的营业执照复印件、贷款卡复印件，经营情况、诚信状况、纳税记录等事项；自然人股东的姓名、简历、身份证复印件、入股资金来源和个人财产性收入的相关证明材料。

（七）单一最大最近 3 年、其他法人股东最近 2 年经审计的资产负债表、利润表和现金流量表（合并会计报表口径）。

（八）各股东的征信报告。

（九）小额再贷款公司股东会或董事会关于董事、监事、高级管理人员拟任职决议。

（十）拟任人工作简历、身份证件、学历证明、专业资格证明、诚信经营承诺书。

（十一）营业场所所有权或使用权的证明材料。

（十二）消防部门对营业场所出具的消防设施合格证明。

（十三）联系人及联系方式。

市、区（县级市）金融管理部门对小额再贷款公司设立进行指导后，应当在申请材料骑缝处加盖公章。

第七条　市金融管理部门的主要职责为：

（一）负责制定小额再贷款公司有关规定；

（二）负责对小额再贷款公司申请设立登记、注销登记进行指导；

（三）负责对小额再贷款公司设立分支机构，注册资本、公司住所、经营范围、股权股东、章程以及董事、监事、法人代表和高级管理人员等变更事项进行指导；

（四）负责组织对小额再贷款公司运行情况进行检查评价和指导；

（五）督促、指导区（县级市）金融管理部门做好对小额再贷款公司的业务指导和日常监管工作。

第八条　区（县级市）金融管理部门的主要职责为：

（一）负责对辖内小额再贷款公司的资本充足状况、资产损失准备充足率、不良贷款率、风险管理、内部控制、风险集中度、关联交易等进行业务指导；

（二）对辖内小额再贷款公司经营情况进行现场检查；

（三）督促、指导辖内小额再贷款公司开展风险管控、防范、处置等工作。

（四）统计辖内小额再贷款公司财务、经营、融资等信息，聘请审计机构对辖内再贷款公司进行审计；对辖内小额再贷款公司的经营业绩、内部控制、合规经营等方面情况进行年度总结并报告市金融管理部门和所在区（县级市）政府。

（五）对辖内小额再贷款公司违规行为出具监管意见。

第九条　小额再贷款公司应在办公场所醒目位置放置营业执照，并设置举报栏公布市金融管理部门和所在区（县级市）金融管理部门的监督举报电话。市金融管理部门和区（县级市）金融管理部门应当对举报情况进行核查和反馈。

第十条　小额再贷款公司成立后，市金融管理部门将小额再贷款公司设立基本情况及联系方式告知人民银行广州分行营管部、广东银监局。小额再贷款公司应当积极配合人民银行广州分行营管部、广东银监局的有关工作。

第十一条　小额再贷款公司应在不超过 5 家银行机构开立运营账户，账户开立情况应向所在区（县级市）金融管理部门申报统计，并按月度提交运营账户资金往来明细。区（县级市）金融管理部门发现账户信息资料存在异常、重大疑点的，应及时核查，确定为违法违规行为的应及时采取监管措施，并及时将有关情况报告市金融管理部门。

第十二条　小额再贷款公司应当接受非现场监管，按月度向市金融管理部门和所在区（县级市）金融管理部门报送书面的贷款结构表、融资明细表、资产损失准备表等月度报表及年度审计报告，并加盖公司公章，主要负责人签名确认，主要负责人应对报表所反映公司经营情况的真实性负责。

区（县级市）金融管理部门应当对小额再贷款公司的资金使用、公司治理、资产质量、流动性、财务和内部控制等方面的信息进行监测分析和处理。

第十三条　小额再贷款公司每年应聘请有资质的会计师事务所对公司上年度经营情况进行审计，并将出具的财务报告交所在区（县级市）金融管理部门申报统计。区（县级市）金融管理部门在实施监管过程中发现小额再贷款公司存在严重违法违规行为的，可聘请独立的第三方中介机构对辖内小额再贷款公司开展临时特殊审计，重点审计小额再贷款公司资金来源和流向，将审计结果向市金融办和所在区（县级市）政府报告，并出具监管意见。

第十四条　区（县级市）金融管理部门应当每半年对辖内小额再贷款公司开展一次现场检查，查验有关文件、账册、单据、银行流水和计算机系统信息，重点检查规范经营及风险控制情况，并将现场检查结果报告市金融管理部门。

第十五条　小额再贷款公司存在违法违规经营行为的，市、区（县级市）金融管理部门应对主要股东、董事长、总经理等人员采取约谈、质询、警告、通报批评、建议撤销任职资格、对公司采取限期整改等措施进行指导。存在应当吊销营业执照情形的，移交工商行政管理部门吊销营业执照。涉嫌犯罪的，移交公安机关进行侦查。

第十六条　本细则自发布之日起施行，有效期 3 年。有关政策法律依据变化或者有效期届满，根据实施情况依法评估修订。

天津市商务委关于修订《天津市典当行及分支机构变更申报要件及流程》的通知

区县商务主管部门、各典当行及有关单位：

为方便典当企业申报变更，根据商务部《典当管理办法》、《典当行业监管规定》和《关于促进天津典当业规范发展的实施意见》（津商务流通〔2012〕56号），我委修订了《天津市典当行及分支机构变更申报要件及流程》，现印发给你们，请遵照执行。

附件：天津市典当行及分支机构变更申报要件及流程

2013年6月18日

附件：

天津市典当行及分支机构变更申报要件及流程

一、审批依据

典当行及分支机构设立变更依据《典当管理办法》、《典当行业监管规定》及商务部的有关规定执行。

二、申报要求

（一）申请人根据《典当管理办法》和《典当行业监管规定》的要求准备变更申报材料，按A4规格打印装订成册并附目录；

（二）申请人应先在网上提交填报变更内容申请后，再提交纸质变更申报材料一式两份；

（三）申报变更事项有效期以工商经营执照核发之日为准：一年内不得调整经营场所、变更股本结构或注册资本；两年内不得对外转让所持有的典当行股权；三年内不得迁入现有典当行数量已达十家以上的区县。

三、申报流程

申请人备齐申请材料→进入商务部网上系统进行变更信息录入→到企

业所在地区商务主管部门办理备案手续并取得加盖公章及经办人签字的审核意见备案表（申请）→将申请纸质材料一并报送天津市行政许可服务中心一层服务大厅商务委15号窗口进行审核→经初审符合要求的予以接件并办理登记手续（3个工作日内告知补正材料）→7个工作日上报商务部备案或审批办结完毕。

（一）申请人将申请材料报送所辖区县商务主管部门，区县商务主管部门对符合本通知要求的申请材料进行审核后以书面形式报送市商务委（市行政许可中心窗口）。

（二）市商务委对典当行（或分支机构）变更申报材料进行审核，经审核符合审批要求的，其中：

1. 企业对外转让股份不超过企业注册资本的50%，由市商务委7日内批复并报商务部备案。企业对外转让股份超过企业注册资本50%的，由市商务委按照商务部当年新增典当行审批工作的要求，于每月20日前报商务部核准备案；

2. 涉及《经营许可证书》登记备案其他事项变更申请的，由市商务委每月20日提交变更事项登记表和变更情况说明报商务部备案；

3. 经商务部审核备案通过后，须换发新证的，由市商务委依据商务部授权编码打印经营许可证证书，通知企业领取新证书。

（三）凡涉及地址、法定代表人、企业名称等变更事项的，在领取《典当经营许可证》后10～20天内，应分别办理《特种行业许可证》、《工商营业执照》的变更手续。

四、申报材料清单及证件

（一）经营地址变更

1. 申报材料：

（1）变更申请；

（2）股东会议决议（全体股东签字盖章）；

（3）经营场所房产证或购买合同、租赁合同（需提供相关的产权权属原件查验后退回）；

（4）经营场所平面图、位置图、安全防范设施安装图；

（5）拟用房产近期7寸彩色外沿及内部照片各一张（贴到A4纸上），注明拍摄日期，经办人签字；

（6）公司章程修订案；

（7）典当经营许可证原证及复印件、营业执照复印件、特业证复印件；

（8）所属区县商务主管部门签署意见并加盖公章的《典当行（分支机构）备案登记事项变更表》和《典当行（含分支机构）备案登记表》；

（9）工商部门出具的典当企业户籍卡查询单；

（10）办理人身份证复印件及股东委托书、承诺书。

2. 审核要求：

经营场所须为一层临街商业用房，建筑面积200平方米以上，如选择多层临街底商，首层面积应不小于70平方米。

（二）投资股东变更

1. 申报材料：

（1）变更申请；

（2）典当行原股东会议决议（决议股东变更事项，全体股东签字盖章）；

（3）新股东简介，法人股东基本情况介绍，自然人股东简历（由档案所在单位人事部门或流动人员人事档案管理机构加盖公章）；

（4）自然人股东、法人股东法定代表人的身份证复印件，公安机关出具的自然人股东或法人股东法定代表人的无故意犯罪证明；

（5）新法人股东出资承诺书和工商部门出具的法人股东户籍卡查询单；

（6）法人股东的近2年盈利的审计报告及出资能力证明（证明须指定会计师事务所出具）；

（7）新法人股东的股东会决议及营业执照副本原证及复印件（查验后退还）；

（8）股权转让合同；

（9）股东重组后的验资报告；

（10）公司章程修订案；

（11）典当经营许可证原证及复印件、营业执照复印件、特业证复印件；

（12）所属区县商务主管部门签署意见并加盖公章的《典当行（分支机构）备案登记事项变更表》和《典当行（含分支机构）备案登记表》，其中涉及《典当管理办法》第18条第2款的，区县商务主管部门以正式文件形式报送申请；

(13) 工商部门出具的典当企业户籍卡查询单；

(14) 典当行新股东会决议（决议新股东组成后公司领导机构，全体股东签字盖章）；

(15) 办理人身份证复印件及股东委托书、承诺书；

(16) 商务部要求提供的其他材料（参照上年度商务部对新增典当行股东的规定）。

2. 审核要求：

(1) 股东中法人股东必须为内资企业，无外资（含港澳台资）股份，个人股东必须为居住在中华人民共和国境内年满18周岁以上非公务员、无犯罪记录、信用良好且有民事行为能力的中国公民；

(2) 法人股应绝对控股（法人股东持股比例合计在51%以上），且最大股东为法人股东；

(3) 依据商务部办公厅《关于加强典当行业监管工作的通知》（商办建函〔2009〕81号）的有关精神，新股东应当具备以货币出资形式的投资能力和投资资格，入股资金来源合法，为真实自有资本，不得以借贷资金或他人委托资金入股；

(4) 承诺2年内不对外转让所持有的典当行股权，不以持有的典当行股权对外质押或提供担保；法人股东须成立3年，最近2个会计年度连续盈利。上年度末累计权益性投资余额不得超过本企业净资产的50%（含本次投资金额），净资产不得低于资产总额的50%（房地产开发、担保、投资类企业净资产不低于资产总额的80%）。融资性担保公司投资典当行应当按照《融资性担保公司管理暂行办法》（银监会、发展改革委、工业和信息化部、财政部、商务部、人民银行、工商总局令2010年第3号）和《天津市融资性担保公司管理暂行办法》（津政发〔2010〕35号）有关规定执行，不存在利益冲突且投资总额不超过本企业净资产的20%（含本次投资金额）；

法人股东为国有独资或控股企业，应当出具国有资产管理部门关于国有资本投资典当行的承诺函，同意国有资本进入典当行，承诺退出或转让时，须先经商务主管部门审核拟受让候选名单及有关材料后，再报国有资产管理部门办理相关国资转让手续；

法人股东为上市公司投资的，上市公司应当出具承诺函，承诺有义务配合各级商务主管部门的监督核查，主动提供与典当经营业务相关联的有关材料和报表；

（5）以上审核要求，参照上年度商务部对新增典当行股东的规定随时进行调整。

（三）法定代表人变更

申报材料：

（1）变更申请；

（2）股东会议决议（全体股东签字盖章）；

（3）新任法定代表人简历、身份证复印件、公安机关出具的无故意犯罪记录证明；

（4）董事会对新、老法定代表人的任免书、新法定代表人的承诺书（承诺内容：此次变更，不存在倒卖典当行经营资格。作为新任法定代表人，我愿意对××典当有限（责任）公司成立以来的业务经营行为、经济和法律责任等负责）；

（5）公司章程修订案；

（6）典当经营许可证原证及复印件、营业执照复印件、特业证复印件；

（7）所属区县商务主管部门签署意见并加盖公章的《典当行（分支机构）备案登记事项变更表》和《典当行（含分支机构）备案登记表》；

（8）工商部门出具的典当企业户籍卡查询单；

（9）办理人身份证复印件及股东委托书和承诺书。

（四）企业名称变更

申报材料：

（1）变更申请；

（2）股东会议决议（全体股东签字盖章）；

（3）工商局企业名称预先核准通知书；

（4）公司章程修订案；

（5）典当经营许可证原证及复印件、营业执照复印件、特业证复印件；

（6）所属区县商务主管部门签署意见并加盖公章的《典当行（分支机构）备案登记事项变更表》和《典当行（含分支机构）备案登记表》；

（7）工商部门出具的典当企业户籍卡查询单；

（8）办理人身份证复印件及股东委托书。

（五）注册资金变更

1. 申报材料：

（1）变更申请；

（2）股东会议决议（全体股东签字盖章）；

（3）出资比例有变化的法人股东最近2个会计年度连续盈利的审计报告及出资能力证明（如典当行减资不需要出资能力证明）；

（4）资金变更后的典当行验资报告；

（5）股东出资承诺书；

（6）公司章程修订案；

（7）典当经营许可证原证及复印件、营业执照复印件、特业证复印件；

（8）所属区县商务主管部门签署意见并加盖公章的《典当行（分支机构）备案登记事项变更表》和《典当行（含分支机构）备案登记表》；

（9）工商部门出具的典当企业户籍卡查询单；

（10）办理人身份证复印件及股东委托书。

注：注册资金变更中，如股东有变化，还须符合股东变更条件的要求。

2. 审核要求：

（1）与开业时间或者前一次增资相隔的时间在一年以上；一年内没有违法违规经营记录。如注册资金减资，须登报公告45天后受理。

（2）增资股东的出资承诺书。

五、材料要求

上述材料一式二份，除《企业名称变更核准通知书》、营业执照副本、房产证、银行对账单可提供复印件外，其余材料均应提供原件。

注：所有材料不允许涂改、挖补、缺损情况并按顺序用A4纸装订成册（附申请单位封皮及报送目录）；《典当行（分支机构）备案登记事项变更表》和《典当行（含分支机构）备案登记表》在 http://www.tjcoc.gov.cn 天津商务网站首页网上办公栏目表格下载。

六、申报咨询电话：24538815

办理典当企业变更的行政许可事项以及领取批复文件、证书，请到天津市行政许可服务中心一层服务大厅商务委15号窗口。

国务院办公厅关于金融支持经济结构调整和转型升级的指导意见

国办发〔2013〕67号

各省、自治区、直辖市人民政府，国务院各部委、各直属机构：

当前，我国经济运行总体平稳，但结构性矛盾依然突出。金融运行总体是稳健的，但资金分布不合理问题仍然存在，与经济结构调整和转型升级的要求不相适应。为深入贯彻党的十八大、中央经济工作会议和国务院常务会议精神，更好地发挥金融对经济结构调整和转型升级的支持作用，更好地发挥市场配置资源的基础性作用，更好地发挥金融政策、财政政策和产业政策的协同作用，优化社会融资结构，持续加强对重点领域和薄弱环节的金融支持，切实防范化解金融风险，经国务院同意，现提出以下指导意见。

一、继续执行稳健的货币政策，合理保持货币信贷总量

统筹兼顾稳增长、调结构、控通胀、防风险，合理保持货币总量。综合运用数量、价格等多种货币政策工具组合，充分发挥再贷款、再贴现和差别存款准备金动态调整机制的引导作用，盘活存量资金，用好增量资金，加快资金周转速度，提高资金使用效率。对中小金融机构继续实施较低的存款准备金率，增加“三农”、小微企业等薄弱环节的信贷资金来源。稳步推进利率市场化改革，更大程度发挥市场在资金配置中的基础性作用，促进企业根据自身条件选择融资渠道、优化融资结构，提高实体经济特别是小微企业的信贷可获得性，进一步加大金融对实体经济的支持力度。（人民银行牵头，发展改革委、工业和信息化部、财政部、银监会、证监会、保监会、外汇局等参加）

二、引导、推动重点领域与行业转型和调整

坚持有扶有控、有保有压原则，增强资金支持的针对性和有效性。大力支持实施创新驱动发展战略。加大对有市场发展前景的先进制造业、战略性新兴产业、现代信息技术产业和信息消费、劳动密集型产业、服务业、传统产业改造升级以及绿色环保等领域的资金支持力度。保证重点在建续建工程和项目的合理资金需求，积极支持铁路等重大基础设施、城市基础设施、保障性安居工程等民生工程建设，培育新的产业增长点。按照“消化一批、转移一批、整合一批、淘汰一批”的要求，对产能过剩行业区分不同情况实施差别化政策。对产品有竞争力、有市场、有效益的企业，要继续给予资金支持；对合理向境外转移产能的企业，要通过内保外贷、外汇及人民币贷款、债权融资、股权融资等方式，积极支持增强跨境投资经营能力；对实施产能整合的企业，要通过探索发行优先股、定向开展并购贷款、适当延长贷款期限等方式，支持企业兼并重组；对属于淘汰落后产能的企业，要通过保全资产和不良贷款转让、贷款损失核销等方式支持压产退市。严禁对产能严重过剩行业违规建设项目提供任何形式的新增授信和直接融资，防止盲目投资加剧产能过剩。（发展改革委、工业和信息化部、财政部、商务部、人民银行、国资委、银监会、证监会、保监会、外汇局等按职责分工负责）

三、整合金融资源支持小微企业发展

优化小微企业金融服务。支持金融机构向小微企业集中的区域延伸服务网点。根据小微企业不同发展阶段的金融需求特点，支持金融机构向小微企业提供融资、结算、理财、咨询等综合性金融服务。继续支持符合条件的银行发行小微企业专项金融债，所募集资金发放的小微企业贷款不纳入存贷比考核。逐步推进信贷资产证券化常规化发展，盘活资金支持小微企业发展和经济结构调整。适度放开小额外保内贷业务，扩大小微企业境内融资来源。适当提高对小微企业贷款的不良贷款容忍度。加强对科技型、创新型、创业型小微企业的金融支持力度。力争全年小微企业贷款增速不低于当年各项贷款平均增速，贷款增量不低于上年同期水平。鼓励地方人民政府建立小微企业信贷风险补偿基金，支持小微企业信息整合，加快推进中小企业信用体系建设。支持地方人民政府加强对小额贷款公司、

融资性担保公司的监管，对非融资性担保公司进行清理规范。鼓励地方人民政府出资设立或参股融资性担保公司，以及通过奖励、风险补偿等多种方式引导融资性担保公司健康发展，帮助小微企业增信融资，降低小微企业融资成本，提高小微企业贷款覆盖面。推动金融机构完善服务定价管理机制，严格规范收费行为，严格执行不得以贷转存、不得存贷挂钩、不得以贷收费、不得浮利分费、不得借贷搭售、不得一浮到顶、不得转嫁成本，公开收费项目、服务质价、效用功能、优惠政策等规定，切实降低企业融资成本。（发展改革委、科技部、工业和信息化部、财政部、人民银行、工商总局、银监会、证监会、保监会、外汇局等按职责分工负责）

四、加大对“三农”领域的信贷支持力度

优化“三农”金融服务，统筹发挥政策性金融、商业性金融和合作性金融的协同作用，发挥直接融资优势，推动加快农业现代化步伐。鼓励涉农金融机构在金融服务空白乡镇设立服务网点，创新服务方式，努力实现农村基础金融服务全覆盖。支持金融机构开发符合农业农村新型经营主体和农产品批发商特点的金融产品和服务，加大信贷支持力度，力争全年“三农”贷款增速不低于当年各项贷款平均增速，贷款增量不低于上年同期水平。支持符合条件的银行发行“三农”专项金融债。鼓励银行业金融机构扩大林权抵押贷款，探索开展大中型农机具、农村土地承包经营权和宅基地使用权抵押贷款试点。支持农业银行在总结试点经验的基础上，逐步扩大县域“三农金融事业部”试点省份范围。支持经中央批准的农村金融改革试点地区创新农村金融产品和服务。（财政部、国土资源部、农业部、商务部、人民银行、林业局、法制办、银监会等按职责分工负责）

五、进一步发展消费金融促进消费升级

加快完善银行卡消费服务功能，优化刷卡消费环境，扩大城乡居民用卡范围。积极满足居民家庭首套自住购房、大宗耐用消费品、新型消费品以及教育、旅游等服务消费领域的合理信贷需求。逐步扩大消费金融公司的试点城市范围，培育和壮大新的消费增长点。加强个人信用管理。根据城镇化过程中进城务工人员等群体的消费特点，提高金融服务的匹配度和适应性，促进消费升级。（人民银行牵头，发展改革委、工业和信息化部、商务部、银监会等参加）

六、支持企业“走出去”

鼓励政策性银行、商业银行等金融机构大力支持企业“走出去”。以推进贸易投资便利化为重点，进一步推动人民币跨境使用，推进外汇管理简政放权，完善货物贸易和服务贸易外汇管理制度。逐步开展个人境外直接投资试点，进一步推动资本市场对外开放。改进外债管理方式，完善全口径外债管理制度。加强银行间外汇市场净额清算等基础设施建设。创新外汇储备运用，拓展外汇储备委托贷款平台和商业银行转贷款渠道，综合运用多种方式为用汇主体提供融资支持。（人民银行牵头，外交部、发展改革委、财政部、商务部、海关总署、银监会、证监会、保监会、外汇局等参加）

七、加快发展多层次资本市场

进一步优化主板、中小企业板、创业板市场的制度安排，完善发行、定价、并购重组等方面的各项制度。适当放宽创业板对创新型、成长型企业的财务准入标准。将中小企业股份转让系统试点扩大至全国。规范非上市公众公司管理。稳步扩大公司（企业）债、中期票据和中小企业私募债券发行，促进债券市场互联互通。规范发展各类机构投资者，探索发展并购投资基金，鼓励私募股权投资基金、风险投资基金产品创新，促进创新型、创业型中小企业融资发展。加快完善期货市场建设，稳步推进期货市场品种创新，进一步发挥期货市场的定价、分散风险、套期保值和推进经济转型升级的作用。（证监会牵头，发展改革委、科技部、工业和信息化部、财政部、人民银行、工商总局、法制办等参加）

八、进一步发挥保险的保障作用

扩大农业保险覆盖范围，推广菜篮子工程保险、渔业保险、农产品质量保证保险、农房保险等新型险种。建立完善财政支持的农业保险大灾风险分散机制。大力发展出口信用保险，鼓励为企业开展对外贸易和“走出去”提供投资、运营、劳动用工等方面的一揽子保险服务。深入推进科技保险工作。试点推广小额信贷保证保险，推动发展国内贸易信用保险。拓宽保险覆盖面和保险资金运用范围，进一步发挥保险对经济结构调整和转型升级的积极作用。（保监会牵头，发展改革委、科技部、工业和信息化部、财政部、

农业部、商务部、人民银行、林业局、银监会、外汇局等参加）

九、扩大民间资本进入金融业

鼓励民间资本投资入股金融机构和参与金融机构重组改造。允许发展成熟、经营稳健的村镇银行在最低股比要求内，调整主发起行与其他股东持股比例。尝试由民间资本发起设立自担风险的民营银行、金融租赁公司和消费金融公司等金融机构。探索优化银行业分类监管机制，对不同类型银行业金融机构在经营地域和业务范围上实行差异化准入管理，建立相应的考核和评估体系，为实体经济发展提供广覆盖、差异化、高效率的金融服务。（银监会牵头，人民银行、工商总局、法制办等参加）

十、严密防范金融风险

深入排查各类金融风险隐患，适时开展压力测试，动态分析可能存在的风险触点，及时锁定、防控和化解风险，严守不发生系统性区域性金融风险的底线。继续按照总量控制、分类管理、区别对待、逐步化解的原则，防范化解地方政府融资平台贷款等风险。认真执行房地产调控政策，落实差别化住房信贷政策，加强名单制管理，严格防控房地产融资风险。按照理财与信贷业务分离、产品与项目逐一对应、单独建账管理、信息公开透明的原则，规范商业银行理财产品，加强行为监管，严格风险管控。密切关注并积极化解“两高一剩”（高耗能、高污染、产能过剩）行业结构调整时暴露的金融风险。防范跨市场、跨行业经营带来的交叉金融风险，防止民间融资、非法集资、国际资本流动等风险向金融系统传染渗透。支持银行开展不良贷款转让，扩大银行不良贷款自主核销权，及时主动消化吸收风险。稳妥有序处置风险，加强疏导，防止因处置不当等引发新的风险。加快信用立法和社会信用体系建设，培育社会诚信文化，为金融支持经济结构调整和转型升级营造良好环境。（人民银行牵头，发展改革委、工业和信息化部、财政部、住房城乡建设部、法制办、银监会、证监会、保监会、外汇局等参加）

国务院办公厅
2013 年 7 月 1 日

国家发展改革委关于加强小微企业融资服务支持小微企业发展的指导意见

发改财金〔2013〕1410号

各省、自治区、直辖市及计划单列市、副省级省会城市发展改革委，北京市金融工作局、福建省经贸委、深圳市金融办：

为贯彻《国务院办公厅关于金融支持经济结构调整和转型升级的指导意见》（国办发〔2013〕67号），落实全国小微企业金融服务经验交流电视电话会议精神和工作部署，拓宽小微企业［系指《中小企业划型标准规定》（工信部联企业〔2011〕300号）中的小型、微型企业］融资渠道，缓解小微企业融资困难，加大对小微企业的支持力度，现提出以下意见：

一、各省级、副省级创业投资企业备案管理部门（以下简称各省级备案管理部门）应依据《关于促进创业投资企业发展有关税收政策的通知》（财税〔2007〕31号），与属地财税部门建立顺畅的工作机制，确保符合条件的创业投资企业及时足额享受税收优惠政策。

二、各省级备案管理部门应依据《国务院办公厅转发发展改革委等部门关于创业投资引导基金规范设立与运作指导意见的通知》（国办发〔2008〕116号），加快设立小微企业创业投资引导基金，吸引社会资本设立创业投资企业，主要投资于小微企业。已设立的创业投资引导基金应加快研究出台鼓励所投资创业投资企业支持小微企业的激励制度，可采取对参股创投企业设置投资小微企业的最低股比要求、支持参股创业投资企业加大对孵化器类企业投资，对投资小微企业的项目进行跟进投资等措施，支持小微企业发展。

三、支持符合条件的创业投资企业、股权投资企业、产业投资基金发行企业债券，专项用于投资小微企业；支持符合条件的创业投资企业、股权投资企业、产业投资基金的股东或有限合伙人发行企业债券，扩大创业投资企业、股权投资企业、产业投资基金资本规模。

四、继续加大国家新兴产业创投计划实施力度。按照“政府引导、规范管理、市场运作、鼓励创新”的原则，鼓励新兴产业创投计划参股创业投资企业进一步加大对战略性新兴产业和高技术产业领域小微企业的投资力度，在科技创新、战略规划、资源整合、市场融资、营销管理等方面，全面提升对创新型小微企业的增值服务水平，促进创新型小微企业加快发展。各省级备案管理部门要做好新兴产业创投计划参股创业投资企业的备案管理工作。

五、各省级发展改革部门应会同有关部门抓紧制定鼓励财政出资的股权投资企业、产业投资基金支持小微企业的政策措施，完善国有股权投资企业、产业投资基金绩效考核制度。各省级备案管理部门应积极协调属地国资部门，完善国有创业投资企业绩效考核政策，鼓励其加大对小微企业的投资。

六、鼓励各省级备案管理部门积极开展创业投资企业、股权投资企业与小微企业的项目对接活动，促进创业投资、股权投资资本的投资需求与小微企业融资需求的有机结合。

七、进一步完善“统一组织，统一担保，捆绑发债，分别负债”的中小企业集合债券相关制度设计，简化审核程序，提高审核效率，逐步扩大中小企业集合债券发行规模。对于集合债券发行主体中募集资金规模小于1亿元的，可以全部用于补充公司营运资金。各地发展改革部门应根据本地实际，优先做好中小企业集合债券发行申请材料的转报工作，提高工作效率。

八、扩大小微企业增信集合债券试点规模。贯彻国务院国发〔2012〕14号文件关于“搭建方便快捷的融资平台，支持符合条件的小企业上市融资、发行债券”的精神，在完善风险防范机制的基础上，继续支持符合条件的国有企业和地方政府投融资平台试点发行“小微企业增信集合债券”，募集资金在有效监管下，通过商业银行转贷管理，扩大支持小微企业的覆盖面。鼓励地方政府出台财政配套措施，采取政府风险缓释基金、债券贴息等方式支持“小微企业增信集合债券”，稳步扩大试点规模。

九、鼓励发行企业债券募集资金投向有利于小微企业发展的领域。鼓励地方政府投融资平台公司发债用于经济技术开发区、高新技术开发区以及工业园区等各类园区内小企业创业基地、科技孵化器、标准厂房等的建设；用于完善产业集聚区技术、电子商务、物流、信息等服务平台建设；

用于中小企业公共服务平台网络工程建设等，鼓励发债用于为小微企业提供设备融资租赁业务。支持中小型企业发行企业债券用于企业技术改造，包括开发和应用新技术、新工艺、新材料、新装备，提高自主创新能力、促进节能减排、提高产品和服务质量、改善安全生产与经营条件等。

十、贯彻《关于坚决遏制产能严重过剩行业盲目扩张的通知》（发改产业〔2013〕892号）精神，支持创业投资企业、产业投资基金、企业债券满足产能过剩行业的小微企业转型转产、产品结构调整的融资需求。严格限制创业投资引导基金和财政出资的股权投资企业、产业投资基金间接或直接投向产能严重过剩行业新增产能项目、违规在建项目。

十一、清理规范涉及企业的基本银行服务费用，完善银行收费定价机制。加强对商业银行收费的监管，把规范银行收费行为作为清理治乱减负的重要内容，重点查处商业银行审核发放贷款过程中强制收费、捆绑收费、只收费不服务少服务行为，以及明令取消的项目继续收费、自立项目收费等行为。彻查违规行为，整肃经营环境，切实降低小微企业实际融资成本。

国家发展改革委
2013年7月23日

国务院办公厅关于金融支持小微企业发展的实施意见

国办发〔2013〕87号

各省、自治区、直辖市人民政府，国务院各部委、各直属机构：

小微企业是国民经济发展的生力军，在稳定增长、扩大就业、促进创新、繁荣市场和满足人民群众需求等方面，发挥着极为重要的作用。加强小微企业金融服务，是金融支持实体经济和稳定就业、鼓励创业的重要内容，事关经济社会发展全局，具有十分重要的战略意义。为进一步做好小微企业金融服务工作，全力支持小微企业良性发展，经国务院同意，现提出以下意见。

一、确保实现小微企业贷款增速和增量“两个不低于”的目标

继续坚持“两个不低于”的小微企业金融服务目标，在风险总体可控的前提下，确保小微企业贷款增速不低于各项贷款平均水平、增量不低于上年同期水平。在继续实施稳健的货币政策、合理保持全年货币信贷总量的前提下，优化信贷结构，腾挪信贷资源，在盘活存量中扩大小微企业融资增量，在新增信贷中增加小微企业贷款份额。充分发挥再贷款、再贴现和差别准备金动态调整机制的引导作用，对中小金融机构继续实施较低的存款准备金率。进一步细化“两个不低于”的考核措施，对银行业金融机构的小微企业贷款比例、贷款覆盖率、服务覆盖率和申贷获得率等指标，定期考核，按月通报。要求各银行业金融机构在商业可持续和有效控制风险的前提下，单列小微企业信贷计划，合理分解任务，优化绩效考核机制，并由主要负责人推动层层落实。（人民银行、银监会按职责分工负责）

二、加快丰富和创新小微企业金融服务方式

增强服务功能、转变服务方式、创新服务产品，是丰富和创新小微企

业金融服务方式的重点内容。进一步引导金融机构增强支小助微的服务理念，动员更多营业网点参与小微企业金融服务，扩大业务范围，加大创新力度，增强服务功能；牢固树立以客户为中心的经营理念，针对不同类型、不同发展阶段小微企业的特点，不断开发特色产品，为小微企业提供量身定做的金融产品和服务。积极鼓励金融机构为小微企业全面提供开户、结算、理财、咨询等基础性、综合性金融服务；大力发展产业链融资、商业圈融资和企业群融资，积极开展知识产权质押、应收账款质押、动产质押、股权质押、订单质押、仓单质押、保单质押等抵质押贷款业务；推动开办商业保理、金融租赁和定向信托等融资服务。鼓励保险机构创新资金运用安排，通过投资企业股权、基金、债权、资产支持计划等多种形式，为小微企业发展提供资金支持。充分利用互联网等新技术、新工具，不断创新网络金融服务模式。（人民银行、银监会、证监会、保监会按职责分工负责）

三、着力强化对小微企业的增信服务和信息服务

加快建立“小微企业—信息和增信服务机构—商业银行”利益共享、风险共担新机制，是破解小微企业缺信息、缺信用导致融资难的关键举措。积极搭建小微企业综合信息共享平台，整合注册登记、生产经营、人才及技术、纳税缴费、劳动用工、用水用电、节能环保等信息资源。加快建立小微企业信用征集体系、评级发布制度和信息通报制度，引导银行业金融机构注重用好人才、技术等“软信息”，建立针对小微企业的信用评审机制。建立健全主要为小微企业服务的融资担保体系，由地方人民政府参股和控股部分担保公司，以省（区、市）为单位建立政府主导的再担保公司，创设小微企业信贷风险补偿基金。指导相关行业协会推进联合增信，加强本行业小微企业的合作互助。充分挖掘保险工具的增信作用，大力发展贷款保证保险和信用保险业务，稳步扩大出口信用保险对小微企业的服务范围。（发展改革委、工业和信息化部、财政部、商务部、人民银行、工商总局、银监会、证监会、保监会等按职责分工负责）

四、积极发展小型金融机构

积极发展小型金融机构，打通民间资本进入金融业的通道，建立广覆盖、差异化、高效率的小微企业金融服务机构体系，是增加小微企业金融

服务有效供给、促进竞争的有效途径。进一步丰富小微企业金融服务机构种类，支持在小微企业集中的地区设立村镇银行、贷款公司等小型金融机构，推动尝试由民间资本发起设立自担风险的民营银行、金融租赁公司和消费金融公司等金融机构。引导地方金融机构坚持立足当地、服务小微的市场定位，向县域和乡镇等小微企业集中的地区延伸网点和业务，进一步做深、做实小微企业金融服务。鼓励大中型银行加快小微企业专营机构建设和向下延伸服务网点，提高小微企业金融服务的批量化、规模化、标准化水平。（银监会牵头）

五、大力拓展小微企业直接融资渠道

加快发展多层次资本市场，是解决小微企业直接融资比例过低、渠道过窄的必由之路。进一步优化中小企业板、创业板市场的制度安排，完善发行、定价、并购重组等方面的政策和措施。适当放宽创业板市场对创新型、成长型企业的财务准入标准，尽快启动上市小微企业再融资。建立完善全国中小企业股份转让系统（以下称“新三板”），加大产品创新力度，增加适合小微企业的融资品种。进一步扩大中小企业私募债券试点，逐步扩大中小企业集合债券和小微企业增信集合债券发行规模，在创业板、“新三板”、公司债、私募债等市场建立服务小微企业的小额、快速、灵活的融资机制。在清理整顿各类交易场所基础上，将区域性股权市场纳入多层次资本市场体系，促进小微企业改制、挂牌、定向转让股份和融资，支持证券公司通过区域性股权市场为小微企业提供挂牌公司推荐、股权代理买卖等服务。进一步建立健全非上市公众公司监管制度，适时出台定向发行、并购重组等具体规定，支持小微企业股本融资、股份转让、资产重组等活动。探索发展并购投资基金，积极引导私募股权投资基金、创业投资企业投资于小微企业，支持符合条件的创业投资企业、股权投资企业等发行企业债券，专项用于投资小微企业，促进创新型、创业型小微企业融资发展。（证监会、发展改革委、科技部等按职责分工负责）

六、切实降低小微企业融资成本

进一步清理规范各类不合理收费，是切实降低小微企业综合融资成本的必然要求。继续对小微企业免征管理类、登记类、证照类行政事业性收费。规范担保公司等中介机构的收费定价行为，通过财政补贴和风险补偿等方式合理降低费率。继续治理金融机构不合理收费和高收费行为，开展对金融机构落实收费政策情况的专项检查，对落实不到位的金融机构要严肃处理。（发展改革委、工业和信息化部、财政部、人民银行、银监会等按职责分工负责）

七、加大对小微企业金融服务的政策支持力度

对小微企业金融服务予以政策倾斜，是做好小微企业金融服务、防范金融风险的必要条件。进一步完善和细化小微企业划型标准，引导各类金融机构和支持政策更好地聚焦小微企业。充分发挥支持性财税政策的引导作用，强化对小微企业金融服务的正向激励；在简化程序、扩大金融机构自主核销权等方面，对小微企业不良贷款核销给予支持。建立科技金融服务体系，进一步细化科技型小微企业标准，完善对各类科技成果的评价机制。在银行业金融机构的业务准入、风险资产权重、存贷比考核等方面实施差异化监管。继续支持符合条件的银行发行小微企业专项金融债，用所募集资金发放的小微企业贷款不纳入存贷比考核。逐步推进信贷资产证券化常规化发展，引导金融机构将盘活的资金主要用于小微企业贷款。鼓励银行业金融机构适度提高小微企业不良贷款容忍度，相应调整绩效考核机制。继续鼓励担保机构加大对小微企业的服务力度，推进完善有关扶持政策。积极争取将保险服务纳入小微企业产业引导政策，不断完善小微企业风险补偿机制。（发展改革委、科技部、工业和信息化部、财政部、人民银行、税务总局、统计局、银监会、证监会、保监会等按职责分工负责）

八、全面营造良好的小微金融发展环境

推进金融环境建设，营造良好的金融环境，是促进小微金融发展的重要基础。地方人民政府要在健全法治、改善公共服务、预警提示风险、完善抵质押登记、宣传普及金融知识等方面，抓紧研究制定支持小微企业金融服务的政策措施；切实落实融资性担保公司、小额贷款公司、典当行、投资（咨询）公司、股权投资企业等机构的监管和风险处置责任，加大对非法集资等非法金融活动的打击惩处力度；减少对金融机构正常经营活动的干预，帮助维护银行债权，打击逃废银行债务行为；化解金融风险，切实维护地方金融市场秩序。有关部门要研究采取有效措施，积极引导小微企业提高自身素质，改善经营管理，健全财务制度，增强信用意识。（发

展改革委、工业和信息化部、公安部、财政部、商务部、人民银行、税务总局、工商总局、银监会、证监会、保监会等按职责分工负责）

各地区、各有关部门和各金融机构要按照国务院的统一部署，进一步提高对小微企业金融服务重要性的认识，明确分工，落实责任，形成合力，真正帮助小微企业解决现实难题。银监会要牵头组织实施督促检查工作，确保各项政策措施落实到位。从2014年开始，各省级人民政府、人民银行、银监会、证监会和保监会要将本地区或本领域上一年度小微企业金融服务的情况、成效、问题、下一步打算及政策建议，于每年1月底前专题报告国务院。各银行业金融机构有关落实情况及下一步工作和建议，由银监会汇总后报国务院。

国务院办公厅

2013年8月8日

国务院关于印发中国（上海）自由贸易试验区总体方案的通知

国发〔2013〕38 号

各省、自治区、直辖市人民政府，国务院各部委、各直属机构：

国务院批准《中国（上海）自由贸易试验区总体方案》（以下简称《方案》），现予印发。

一、建立中国（上海）自由贸易试验区，是党中央、国务院作出的重大决策，是深入贯彻党的十八大精神，在新形势下推进改革开放的重大举措，对加快政府职能转变、积极探索管理模式创新、促进贸易和投资便利化，为全面深化改革和扩大开放探索新途径、积累新经验，具有重要意义。

二、上海市人民政府要精心组织好《方案》的实施工作。要探索建立投资准入前国民待遇和负面清单管理模式，深化行政审批制度改革，加快转变政府职能，全面提升事中、事后监管水平。要扩大服务业开放、推进金融领域开放创新，建设具有国际水准的投资贸易便利、监管高效便捷、法制环境规范的自由贸易试验区，使之成为推进改革和提高开放型经济水平的“试验田”，形成可复制、可推广的经验，发挥示范带动、服务全国的积极作用，促进各地区共同发展。有关部门要大力支持，做好协调配合、指导评估等工作。

三、根据《全国人民代表大会常务委员会关于授权国务院在中国（上海）自由贸易试验区暂时调整有关法律规定的行政审批的决定》，相应暂时调整有关行政法规和国务院文件的部分规定。具体由国务院另行印发。

《方案》实施中的重大问题，上海市人民政府要及时向国务院请示报告。

国务院

2013 年 9 月 18 日

中国（上海）自由贸易试验区总体方案

建立中国（上海）自由贸易试验区（以下简称试验区）是党中央、国务院作出的重大决策，是深入贯彻党的十八大精神，在新形势下推进改革开放的重大举措。为全面有效推进试验区工作，制定本方案。

一、总体要求

试验区肩负着我国在新时期加快政府职能转变、积极探索管理模式创新、促进贸易和投资便利化，为全面深化改革和扩大开放探索新途径、积累新经验的重要使命，是国家战略需要。

（一）指导思想

高举中国特色社会主义伟大旗帜，以邓小平理论、“三个代表”重要思想、科学发展观为指导，紧紧围绕国家战略，进一步解放思想，坚持先行先试，以开放促改革、促发展，率先建立符合国际化和法治化要求的跨境投资和贸易规则体系，使试验区成为我国进一步融入经济全球化的重要载体，打造中国经济升级版，为实现中华民族伟大复兴的中国梦作出贡献。

（二）总体目标

经过两至三年的改革试验，加快转变政府职能，积极推进服务业扩大开放和外商投资管理体制改革，大力发展总部经济和新型贸易业态，加快探索资本项目可兑换和金融服务业全面开放，探索建立货物状态分类监管模式，努力形成促进投资和创新的政策支持体系，着力培育国际化和法治化的营商环境，力争建设成为具有国际水准的投资贸易便利、货币兑换自由、监管高效便捷、法制环境规范的自由贸易试验区，为我国扩大开放和深化改革探索新思路和新途径，更好地为全国服务。

（三）实施范围

试验区的范围涵盖上海外高桥保税区、上海外高桥保税物流园区、洋山保税港区和上海浦东机场综合保税区等 4 个海关特殊监管区域，并根据先行先试推进情况以及产业发展和辐射带动需要，逐步拓展实施范围和试点政策范围，形成与上海国际经济、金融、贸易、航运中心建设的联动机制。

二、主要任务和措施

紧紧围绕面向世界、服务全国的战略要求和上海“四个中心”建设的战略任务，按照先行先试、风险可控、分步推进、逐步完善的方式，把扩大开放与体制改革相结合、把培育功能与政策创新相结合，形成与国际投资、贸易通行规则相衔接的基本制度框架。

（一）加快政府职能转变

1. 深化行政管理体制改革。加快转变政府职能，改革创新政府管理方式，按照国际化、法治化的要求，积极探索建立与国际高标准投资和贸易规则体系相适应的行政管理体系，推进政府管理由注重事先审批转为注重事中、事后监管。建立一口受理、综合审批和高效运作的服务模式，完善信息网络平台，实现不同部门的协同管理机制。建立行业信息跟踪、监管和归集的综合性评估机制，加强对试验区内企业在区外经营活动全过程的跟踪、管理和监督。建立集中统一的市场监管综合执法体系，在质量技术监督、食品药品监管、知识产权、工商、税务等管理领域，实现高效监管，积极鼓励社会力量参与市场监督。提高行政透明度，完善体现投资者参与、符合国际规则的信息公开机制。完善投资者权益有效保障机制，实现各类投资主体的公平竞争，允许符合条件的外国投资者自由转移其投资收益。建立知识产权纠纷调解、援助等解决机制。

（二）扩大投资领域的开放

2. 扩大服务业开放。选择金融服务、航运服务、商贸服务、专业服务、文化服务以及社会服务领域扩大开放（具体开放清单见附件），暂停或取消投资者资质要求、股比限制、经营范围限制等准入限制措施（银行业机构、信息通信服务除外），营造有利于各类投资者平等准入的市场环境。

3. 探索建立负面清单管理模式。借鉴国际通行规则，对外商投资试行准入前国民待遇，研究制订试验区外商投资与国民待遇等不符的负面清单，改革外商投资管理模式。对负面清单之外的领域，按照内外资一致的原则，将外商投资项目由核准制改为备案制（国务院规定对国内投资项目保留核准的除外），由上海市负责办理；将外商投资企业合同章程审批改为由上海市负责备案管理，备案后按国家有关规定办理相关手续；工商登记与商事登记制度改革相衔接，逐步优化登记流程；完善国家安全审查制度，在试验区内试点开展涉及外资的国家安全审查，构建安全高效的开放型经济体系。在总结试点经验的基础上，逐步形成与国际接轨的外商投资管理制度。

4. 构筑对外投资服务促进体系。改革境外投资管理方式，对境外投资开办企业实行以备案制为主的管理方式，对境外投资一般项目实行备案制，由上海市负责备案管理，提高境外投资便利化程度。创新投资服务促进机制，加强境外投资事后管理和服务，形成多部门共享的信息监测平台，做好对外直接投资统计和年检工作。支持试验区内各类投资主体开展多种形式的境外投资。鼓励在试验区设立专业从事境外股权投资的项目公司，支持有条件的投资者设立境外投资股权投资母基金。

（三）推进贸易发展方式转变

5. 推动贸易转型升级。积极培育贸易新型业态和功能，形成以技术、品牌、质量、服务为核心的外贸竞争新优势，加快提升我国在全球贸易价值链中的地位。鼓励跨国公司建立亚太地区总部，建立整合贸易、物流、结算等功能的营运中心。深化国际贸易结算中心试点，拓展专用账户的服务贸易跨境收付和融资功能。支持试验区内企业发展离岸业务。鼓励企业统筹开展国际国内贸易，实现内外贸一体化发展。探索在试验区内设立国际大宗商品交易和资源配置平台，开展能源产品、基本工业原料和大宗农产品的国际贸易。扩大完善期货保税交割试点，拓展仓单质押融资等功能。加快对外文化贸易基地建设。推动生物医药、软件信息、管理咨询、数据服务等外包业务发展。允许和支持各类融资租赁公司在试验区内设立项目子公司并开展境内外租赁服务。鼓励设立第三方检验鉴定机构，按照国际标准采信其检测结果。试点开展境内外高技术、高附加值的维修业务。加快培育跨境电子商务服务功能，试点建立与之相适应的海关监管、检验检疫、退税、跨境支付、物流等支撑系统。

6. 提升国际航运服务能级。积极发挥外高桥港、洋山深水港、浦东空港国际枢纽港的联动作用，探索形成具有国际竞争力的航运发展制度和运作模式。积极发展航运金融、国际船舶运输、国际船舶管理、国际航运经纪等产业。加快发展航运运价指数衍生品交易业务。推动中转集拼业务发展，允许中资公司拥有或控股拥有的非五星旗船，先行先试外贸进出口集装箱在国内沿海港口和上海港之间的沿海捎带业务。支持浦东机场增加国际中转货运航班。充分发挥上海的区域优势，利用中资“方便旗”船税收优惠政策，促进符合条件的船舶在上海落户登记。在试验区实行已在天津试点的国际船舶登记政策。简化国际船舶运输经营许可流程，形成高效率的船籍登记制度。

（四）深化金融领域的开放创新

7. 加快金融制度创新。在风险可控前提下，可在试验区内对人民币资本项目可兑换、金融市场利率市场化、人民币跨境使用等方面创造条件进行先行先试。在试验区内实现金融机构资产方价格实行市场化定价。探索面向国际的外汇管理改革试点，建立与自由贸易试验区相适应的外汇管理体制，全面实现贸易投资便利化。鼓励企业充分利用境内外两种资源、两个市场，实现跨境融资自由化。深化外债管理方式改革，促进跨境融资便利化。深化跨国公司总部外汇资金集中运营管理试点，促进跨国公司设立区域性或全球性资金管理中心。建立试验区金融改革创新与上海国际金融中心建设的联动机制。

8. 增强金融服务功能。推动金融服务业对符合条件的民营资本和外资金融机构全面开放，支持在试验区内设立外资银行和中外合资银行。允许金融市场在试验区内建立面向国际的交易平台。逐步允许境外企业参与商品期货交易。鼓励金融市场产品创新。支持股权托管交易机构在试验区内建立综合金融服务平台。支持开展人民币跨境再保险业务，培育发展再保险市场。

（五）完善法制领域的制度保障

9. 完善法制保障。加快形成符合试验区发展需要的高标准投资和贸易规则体系。针对试点内容，需要停止实施有关行政法规和国务院文件的部分规定的，按规定程序办理。其中，经全国人民代表大会常务委员会授权，暂时调整《中华人民共和国外资企业法》、《中华人民共和国中外合资经营企业法》和《中华人民共和国中外合作经营企业法》规定的有关行政审批，自 2013 年 10 月 1 日起在三年内试行。各部门要支持试验区在服务业扩大开放、实施准入前国民待遇和负面清单管理模式等方面深化改革试点，及时解决试点过程中的制度保障问题。上海市要通过地方立法，建立与试点要求相适应的试验区管理制度。

三、营造相应的监管和税收制度环境

适应建立国际高水平投资和贸易服务体系的需要，创新监管模式，促进试验区内货物、服务等各类要素自由流动，推动服务业扩大开放和货物贸易深入发展，形成公开、透明的管理制度。同时，在维护现行税制公平、统一、规范的前提下，以培育功能为导向，完善相关政策。

（一）创新监管服务模式

1. 推进实施“一线放开”。允许企业凭进口舱单将货物直接入区，再凭进境货物备案清单向主管海关办理申报手续，探索简化进出境备案清单，简化国际中转、集拼和分拨等业务进出境手续；实行“进境检疫，适当放宽进出口检验”模式，创新监管技术和方法。探索构建相对独立的以贸易便利化为主的货物贸易区域和以扩大服务领域开放为主的服务贸易区域。在确保有效监管的前提下，探索建立货物状态分类监管模式。深化功能拓展，在严格执行货物进出口税收政策的前提下，允许在特定区域设立保税展示交易平台。

2. 坚决实施“二线安全高效管住”。优化卡口管理，加强电子信息联网，通过进出境清单比对、账册管理、卡口实货核注、风险分析等加强监管，促进二线监管模式与一线监管模式相衔接，推行“方便进出，严密防范质量安全风险”的检验检疫监管模式。加强电子账册管理，推动试验区内货物在各海关特殊监管区域之间和跨关区便捷流转。试验区内企业原则上不受地域限制，可到区外再投资或开展业务，如有专项规定要求办理相关手续，仍应按照专项规定办理。推进企业运营信息与监管系统对接。通过风险监控、第三方管理、保证金要求等方式实行有效监管，充分发挥上海市诚信体系建设的作用，加快形成企业商务诚信管理和经营活动专属管辖制度。

3. 进一步强化监管协作。以切实维护国家安全和市场公平竞争为原则，加强各有关部门与上海市政府的协同，提高维护经济社会安全的服务保障能力。试验区配合国务院有关部门严格实施经营者集中反垄断审查。加强海关、质检、工商、税务、外汇等管理部门的协作。加快完善一体化监管方式，推进组建统一高效的口岸监管机构。探索试验区统一电子围网管理，建立风险可控的海关监管机制。

（二）探索与试验区相配套的税收政策

4. 实施促进投资的税收政策。注册在试验区内的企业或个人股东，因非货币性资产对外投资等资产重组行为而产生的资产评估增值部分，可在不超过5年期限内，分期缴纳所得税。对试验区内企业以股份或出资比例等股权形式给予企业高端人才和紧缺人才的奖励，实行已在中关村等地区试点的股权激励个人所得税分期纳税政策。

5. 实施促进贸易的税收政策。将试验区内注册的融资租赁企业或金融租赁公司在试验区内设立的项目子公司纳入融资租赁出口退税试点范围。对试验区内注册的国内租赁公司或租赁公司设立的项目子公司，经国家有关部门批准从境外购买空载重量在25吨以上并租赁给国内航空公司使用的飞机，享受相关进口环节增值税优惠政策。对设在试验区内的企业生产、加工并经“二线”销往内地的货物照章征收进口环节增值税、消费税。根据企业申请，试行对该内销货物按其对应进口料件或按实际报验状态征收关税的政策。在现行政策框架下，对试验区内生产企业和生产性服务业企业进口所需的机器、设备等货物予以免税，但生活性服务业等企业进口的货物以及法律、行政法规和相关规定明确不予免税的货物除外。完善启运港退税试点政策，适时研究扩大启运地、承运企业和运输工具等试点范围。

此外，在符合税制改革方向和国际惯例，以及不导致利润转移和税基侵蚀的前提下，积极研究完善适应境外股权投资和离岸业务发展的税收政策。

四、扎实做好组织实施

国务院统筹领导和协调试验区推进工作。上海市要精心组织实施，完善工作机制，落实工作责任，根据《方案》明确的目标定位和先行先试任务，按照“成熟的可先做，再逐步完善”的要求，形成可操作的具体计划，抓紧推进实施，并在推进过程中认真研究新情况、解决新问题，重大问题要及时向国务院请示报告。各有关部门要大力支持，积极做好协调配合、指导评估等工作，共同推进相关体制机制和政策创新，把试验区建设好、管理好。

关于加强小额担保贷款财政贴息资金管理的通知

财金〔2013〕84号

各省、自治区、直辖市、计划单列市财政厅（局）、人力资源社会保障厅（局），中国人民银行上海总部、各分行、营业管理部、省会（首府）城市中心支行、大连、青岛、宁波、厦门、深圳市中心支行，各有关金融机构：

为贯彻落实中央经济工作会议对创业带动就业工作提出的新要求，进一步做好下岗失业人员小额担保贷款（以下简称小额担保贷款）工作，加强财政贴息资金管理，提高财政资金使用效益，现就有关事项通知如下：

一、严格执行贴息贷款政策标准

（一）小额担保贷款的申请和财政贴息资金的审核拨付，要坚持自主自愿、诚实守信、依法合规的原则。各级财政部门要充分认识到小额担保贷款工作对于促进就业、改善民生的重要意义，切实履行职责，加强财政贴息资金审核，规范政策执行管理。

（二）财政贴息资金支持对象按照现行政策执行，具体包括符合规定条件的城镇登记失业人员、就业困难人员（一般指大龄、身有残疾、享受最低生活保障、连续失业一年以上，以及因失去土地等原因难以实现就业的人员）、复员转业退役军人、高校毕业生、刑释解教人员，以及符合规定条件的劳动密集型小企业。上述人员中，对符合规定条件的残疾人、高校毕业生、农村妇女申请小额担保贷款财政贴息资金，可以适度给予重点支持。

（三）财政贴息资金支持的小额担保贷款额度为，高校毕业生最高贷款额度10万元，妇女最高贷款额度8万元，其他符合条件的人员最高贷款额度5万元，劳动密集型小企业最高贷款额度200万元。对合伙经营和组织起来就业的，妇女最高人均贷款额度为10万元。

（四）财政贴息资金支持的个人小额担保贷款利率为，中国人民银行公布的同期限贷款基准利率的基础上上浮不超过3个百分点。财政贴息资金支持的小额担保贷款期限最长为2年，对展期和逾期的小额担保贷款，财政部门不予贴息。

二、认真做好贴息贷款发放审核工作

（五）地方各级财政部门要会同人力资源社会保障部门、中国人民银行分支机构，共同做好小额担保贷款政策的组织实施工作，建立和落实贷款回收责任制，切实防范和控制贷款风险。妇联组织、经办担保机构、经办金融机构，要按照各自职责，认真做好小额担保贷款工作，确保贷款"贷得出、用得好、收得回"。

（六）小额担保贷款经办担保机构要对贴息贷款申请人的还款能力和创业项目的可行性进行充分评估。对不具备财务可行性的项目，以及借款人可自行获得商业银行贷款的，不予提供担保。

（七）小额担保贷款经办金融机构应对借款人的家庭贷款记录和项目风险情况进行审核，加强对贷款资金投向的监督管理。除助学贷款、扶贫贷款、首套住房贷款以外，小额担保贷款申请人及其家庭成员（以户为单位）应没有商业银行其他贷款记录。

三、加强贷款担保基金管理

（八）小额担保贷款担保基金由地方财政部门筹集，所需资金从一般预算中安排。其他专项资金或者财政专户资金不得作为担保基金的资金来源。

（九）小额担保贷款担保基金用于为符合政策规定条件的各类人员创业申请小额担保贷款提供全额担保，为符合政策规定条件的劳动密集型小企业申请小额担保贷款提供担保。

（十）小额担保贷款担保基金实行专户管理、封闭运行，专项用于开展小额担保贷款担保业务。担保基金运营与经办担保机构的其他业务必须分离管理，单独核算。

（十一）受托运营小额担保贷款担保基金的担保机构，要加强对担保基金的规范管理，小额担保贷款责任余额不得超过担保基金银行存款余额的5倍。

（十二）小额担保贷款责任余额达到担保基金银行存款余额的5倍时，地方各级财政部门应停止受理新发放小额担保贷款的贴息资金申请，并协调有关部门停止受理新的小额担保贷款申请。单个经办担保机构的担保基金放大倍数达到5倍时，该担保机构应立即停止开展小额担保贷款担保业务。

四、完善财政贴息支持政策

（十三）对管理尽职尽责、审核操作规范、担保基金管理合规的贴息贷款，各级财政部门要及时、足额地拨付财政贴息资金。

（十四）符合政策规定条件的个人微利项目小额担保贷款由财政部门给予全额贴息。其中，除东部九省市以外，中央财政承担贴息资金的75%，地方财政承担贴息资金的25%。

（十五）符合政策规定条件的劳动密集型小企业小额担保贷款，按照中国人民银行公布的同期限贷款基准利率的50%给予贴息，除东部九省市以外，中央财政和地方财政各承担一半。

（十六）现行政策支持对象以外的人群申请小额担保贷款政策支持，由地方财政部门自行决定贴息，具体标准和条件由各省（自治区、直辖市）自行确定。

（十七）对地方财政部门自行安排贴息的小额担保贷款，要与中央财政贴息支持的小额担保贷款分离管理，分账核算。

五、全力做好组织落实工作

（十八）地方各级财政部门要强化责任意识，加强沟通协调，完善工作机制，进一步加强政策执行的规范管理，实现小额担保贷款工作的平稳有序开展。

（十九）请各地财政部门联合当地人力资源社会保障部门、中国人民银行分支机构将本通知速转发至行政区域内妇联组织、经办担保机构、经办金融机构等有关单位，认真组织做好政策落实工作。

（二十）本通知印发前发布的有关小额担保贷款财政贴息的相关规定继续执行，与本通知规定不一致的，以本通知为准。

（二十一）本通知自2013年10月1日起至2016年10月1日止执行。

政策到期后，结合政策执行情况和国家就业形势，进行修订完善，确保政策切实有效。

财政部

人力资源社会保障部

中国人民银行

2013 年 9 月 18 日

山东省人民政府办公厅
关于促进创业带动就业的意见

鲁政办发〔2013〕25 号

各市人民政府，各县（市、区）人民政府，省政府各部门、各直属机构，各大企业，各高等院校：

为促进创业带动就业，经省政府同意，现提出以下意见：

一、鼓励支持城乡劳动者自主创业

1. 设立创业带动就业扶持资金。2014 年至 2018 年，省政府每年从失业保险滚存结余基金中安排不少于 10 亿元，作为省级创业带动就业扶持资金；各市在按规定留足支付失业保险待遇资金和应对失业风险资金的基础上，每年从失业保险滚存结余基金中安排市级创业带动就业扶持资金。创业带动就业扶持资金主要用于扶持小微企业发展，加强职业技能培训，支持产业转型升级，给予小额担保贷款贴息和促进创业孵化基地、创业园区建设等。

2. 提高创业补贴标准。支持各类初创期自主创业小微企业，提高创业成功率和存活率，创造更多就业岗位。从 2014 年起，对首次领取营业执照并正常经营 1 年以上的小微企业，给予不低于 1 万元的一次性创业补贴；对吸纳就业人员并与其签订 1 年以上期限劳动合同的，按照申请补贴时创造就业岗位数量给予每个岗位 2000 元的一次性创业岗位开发补贴。有条件的地方可在此基础上适当提高。一次性创业补贴和一次性创业岗位开发补贴所需资金，由各地从就业专项资金和创业带动就业扶持资金中统筹安排，省级创业带动就业扶持资金对各地一次性创业补贴给予 40% 的补助。

3. 加大小额担保贷款支持力度。2013 年年底前，省级担保基金增加到 5 亿元，各市担保基金增加到不低于 1 亿元，有条件的县（市、区）担保基金增加到不低于 1000 万元。扩大小额贷款担保基金不足部分，可从扩大失业保险基金支出范围试点资金中安排。从2014年起，全省各类创业人员小额担保贷款最高额度统一提高到10万元，符合条件的小企业小额担保贷款最高额度提高到300万元。提高小额担保贷款额度后，中央财政贴息不足部分和省财政贴息资金，从省级创业带动就业扶持资金中列支。对还款及时、无不良信贷记录的，允许再申请一次小额担保贷款，期限不超过2年，原则上不再贴息。要简化程序，降低门槛，即时受理，快速办结。

4. 加强创业载体建设。各地要通过政府投资、鼓励高校和企业建设、社会共建等多种形式建设一批孵化条件好、承载力强、融创业指导服务为一体的创业孵化基地和创业园区。给予孵化效果好、企业存活率高的创业孵化基地和创业园区一次性奖补，所需资金从省、市创业带动就业扶持资金中列支。每年评估认定20处省级创业孵化示范基地、创业示范园区，根据入驻企业个数和吸纳就业人数，给予每处不超过500万元的一次性奖补资金。提升创业型城市创建水平，启动创业型街道（乡、镇）、社区创建工作。对国家级创业型城市给予一次性奖补100万元，对省级创业型城市给予一次性奖补50万元，对创业型街道（乡、镇）给予一次性奖补20万元，对创业型社区给予一次性奖补5万元，所需资金从省级创业带动就业扶持资金中安排。

二、推动实现更高质量就业

5. 深入落实就业优先战略。制定出台财税、外贸、中小企业发展等相关政策，要征求就业主管部门意见，要有利于促进就业并与就业优惠扶持政策相衔接。完善政府公共投资和重大建设项目对就业影响评估机制，将落实情况作为对各级政府目标责任考核的重要内容。建立国有大中型企业公开招聘制度，切实做到招聘信息公开、过程公开、结果公开，招聘计划、程序和结果须向同级就业主管部门备案。

6. 提高劳动者就业创业能力。以推动素质就业，服务产业转型升级为主线，整合各类培训资源，建立覆盖城乡劳动者的职业培训体系。完善政府购买培训成果机制，全面推行“企业订单、劳动者选单、培训机构列单、政府买单”的培训模式。制定实施山东省职业技能培训规划，采取多种措施加强对高校毕业生、退役军人、农民工、失业人员、就业困难人员的培训，使素质与岗位需求相一致。从2014年起，城乡各类劳动者均可在户籍所在地或求职、就业地享受职业培训补贴和技能鉴定补贴。提高省级培训补助标准，初级工、中级工和高级工分别提高到350元/人、400元/人、450元/人，创业培训补助提高到800元/人，增加部分所需资金从省级创业带动就业扶持资金中列支。建立职业培训补贴标准与社会需求程度、培训成本相挂钩的动态调整机制，逐步实现初、中级技能免费培训。提高企业定额职业培训补贴，新录用符合条件人员并签订1年以上期限劳动合同，经培训后取得初级以上职业资格证书的，将企业定额职业培训补贴提高到80%。

7. 积极促进就业公平。推进就业机会平等，采取切实措施，消除性别、民族、年龄、户籍、毕业院校类型等就业限制和歧视。依法使用被派遣劳动者，确保符合临时性、辅助性、替代性岗位要求，用工人数不得超过国家规定的比例。以农民工等群体为重点，依法保障同工同酬权利。以小微企业、民营企业为重点，提高劳动合同签订率。保持职工工资收入水平合理增长，一线职工工资增长不低于企业平均工资增长水平。加大专项执法检查力度，依法及时调处各类劳动争议，坚决打击拖欠工资、不签劳动合同、违法超时加班、非法用工等违法行为。

8. 努力确保就业稳定。对列入省市节能减排、淘汰落后产能计划范围，依法参加失业保险并履行缴费义务的企业，在实施“转、调、创”过程中，组织职工依托定点职业培训机构开展转岗培训或岗位技能提升培训，不向社会输出失业人员的，根据培训合格人数，参照当地职业培训补贴标准的50%给予职业培训补贴，补贴数额不超过该单位上年度缴纳失业保险费总额的50%，所需资金从失业保险基金中列支。加强失业动态监测，科学分析研判，及时预警预报，对可能出现的区域性、行业性集中失业风险，制定应急预案，切实将失业率控制在社会可承受范围。因不可抗力等客观原因造成企业生产经营严重困难时，对不裁员或少裁员的困难企业，在一定期限内给予政策扶持，确保岗位不流失，具体办法由省人力资源社会保障厅会同省财政厅等有关部门另行制定。

三、全面提升创业就业服务能力

9. 强化创业指导服务。依托创业孵化基地和创业园区，为创业者从项目推介到成功创业提供全过程跟踪服务，并落实房租和水电费减免等扶持政策。建立创业导师队伍，注重创业培训师、创业咨询师等师资培养深造，所需资金从省、市创业带动就业扶持资金中列支。加强创业培训、实训，2014年至2018年每年组织20万人参加创业培训。继续开展创业助推“1+3”行动，为每一个有创业意愿且创业培训合格的城乡劳动者推荐一个创业项目、协助落实一处经营场地、帮助办理一笔小额担保贷款，帮助创业者成功创业。

10. 完善公共就业服务体系。依托街道（乡、镇）和社区（行政村）公共就业服务平台，以2公里为半径、半小时为时限，着力打造“山东半小时公共就业服务圈”。推进公共就业服务信息化，建设数字化就业社区，尽快实现劳动者求职、岗位招聘等信息“一点登录、全省查询”。加快推进公共就业服务标准化建设，加强公共就业服务人员培训，全面实现劳动保障协理员持证上岗，为城乡劳动者提供更加便捷、及时、高效的公共就业服务。

11. 加强就业困难群体就业帮扶。开展“充分就业县（市、区）”和“充分就业社区”创建工作。落实就业援助措施，对就业困难人员做到全员登记认定、全员免费服务、全员岗位提供、全员特困安置。统筹公益性岗位开发管理，拓展岗位设置，发挥好托底安置作用。确保灵活就业的困难人员社会保险补贴等政策落实到位，城镇“零就业”家庭和农村“零转移就业”贫困家庭实现动态消零，就业困难群体基本实现就业。

各级政府要切实加强对就业创业工作的领导，加大工作力度，强化工作措施，狠抓政策落实，积极推进“创业齐鲁·乐业山东”建设，实现更多劳动者创业、更高素质就业、更充分就业、更公平就业、更和谐就业。2014年至2018年，确保创业成功率年均增长5%以上；年培训城乡劳动者120万人以上，培训后就业创业率达到85%以上；年度城镇新增就业和农村劳动力转移就业均稳定在100万人以上，城镇登记失业率控制在4%以内。到2018年，各类企业劳动合同签订率达到95%以上。

2013年9月23日

抄送：省委各部门，省人大常委会办公厅，省政协办公厅，省法院，省检察院，济南军区，省军区，各民主党派省委。

消费金融公司试点管理办法

中国银行业监督管理委员会令
2013 年第 2 号

《消费金融公司试点管理办法》已经中国银监会 2013 年第 18 次主席会议通过。现予公布，自 2014 年 1 月 1 日起施行。

中国银监会主席　尚福林
2013 年 11 月 14 日

第一章　总　则

第一条　为促进消费金融业务发展，规范消费金融公司的经营行为，根据《中华人民共和国银行业监督管理法》、《中华人民共和国公司法》等法律法规，制定本办法。

第二条　本办法所称消费金融公司，是指经银监会批准，在中华人民共和国境内设立的，不吸收公众存款，以小额、分散为原则，为中国境内居民个人提供以消费为目的的贷款的非银行金融机构。

第三条　本办法所称消费贷款是指消费金融公司向借款人发放的以消费（不包括购买房屋和汽车）为目的的贷款。

第四条　消费金融公司名称中应当标明“消费金融”字样。未经银监会批准，任何机构不得在名称中使用“消费金融”字样。

第五条　银行业监督管理机构依法对消费金融公司及其业务活动实施监督管理。

第二章　设立、变更与终止

第六条　申请设立消费金融公司应当具备下列条件：

（一）有符合《中华人民共和国公司法》和银监会规定的公司章程；

（二）有符合规定条件的出资人；

（三）有符合本办法规定的最低限额的注册资本；

（四）有符合任职资格条件的董事、高级管理人员和熟悉消费金融业务的合格从业人员；

（五）建立了有效的公司治理、内部控制和风险管理制度，具备与业务经营相适应的管理信息系统；

（六）有与业务经营相适应的营业场所、安全防范措施和其他设施；

（七）银监会规定的其他审慎性条件。

第七条　消费金融公司的出资人应当为中国境内外依法设立的企业法人，并分为主要出资人和一般出资人。主要出资人是指出资数额最多并且出资额不低于拟设消费金融公司全部股本30%的出资人，一般出资人是指除主要出资人以外的其他出资人。

前款所称主要出资人须为境内外金融机构或主营业务为提供适合消费贷款业务产品的境内非金融企业。

第八条　金融机构作为消费金融公司主要出资人，应当具备下列条件：

（一）具有5年以上消费金融领域的从业经验；

（二）最近1年年末总资产不低于600亿元人民币或等值的可自由兑换货币（合并会计报表口径）；

（三）财务状况良好，最近2个会计年度连续盈利（合并会计报表口径）；

（四）信誉良好，最近2年内无重大违法违规经营记录；

（五）入股资金来源真实合法，不得以借贷资金入股，不得以他人委托资金入股；

（六）承诺5年内不转让所持有的消费金融公司股权（银行业监督管理机构依法责令转让的除外），并在拟设公司章程中载明；

（七）具有良好的公司治理结构、内部控制机制和健全的风险管理制度；

（八）满足住所地国家（地区）监管当局的审慎监管指标要求；

（九）境外金融机构应当在中国境内设立代表处2年以上，或已设有分支机构，对中国市场有充分的分析和研究，所在国家或地区金融监管当局已经与银监会建立良好的监督管理合作机制；

（十）银监会规定的其他审慎性条件。

金融机构作为消费金融公司一般出资人，除应当具备第（三）、（四）、（五）、（六）、（七）、（八）、（九）项规定的条件外，还应当具备注册资本不低于3亿元人民币或等值的可自由兑换货币的条件。

第九条　非金融企业作为消费金融公司主要出资人，应当具备下列条件：

（一）最近1年营业收入不低于300亿元人民币或等值的可自由兑换货币（合并会计报表口径）；

（二）最近1年年末净资产不低于资产总额的30%（合并会计报表口径）；

（三）财务状况良好，最近2个会计年度连续盈利（合并会计报表口径）；

（四）信誉良好，最近2年内无重大违法违规经营记录；

（五）入股资金来源真实合法，不得以借贷资金入股，不得以他人委托资金入股；

（六）承诺5年内不转让所持有的消费金融公司股权（银行业监督管理机构依法责令转让的除外），并在拟设公司章程中载明；

（七）银监会规定的其他审慎性条件。

非金融企业作为消费金融公司一般出资人，应当具备第（二）、（三）、（四）、（五）、（六）项规定的条件。

第十条　消费金融公司主要出资人可以在消费金融公司章程中约定，在消费金融公司出现支付困难时，给予流动性支持；当经营失败导致损失侵蚀资本时，及时补足资本金。

第十一条　消费金融公司至少应当有1名具备5年以上消费金融业务管理和风险控制经验，并且出资比例不低于拟设消费金融公司全部股本15%的出资人。

第十二条　消费金融公司的注册资本应当为一次性实缴货币资本，最低限额为3亿元人民币或等值的可自由兑换货币。

银监会根据消费金融业务的发展情况及审慎监管需要，可以调整注册资本的最低限额。

第十三条　消费金融公司根据业务发展的需要，经银监会批准，可以设立分支机构。设立分支机构的具体条件由银监会另行制定。

第十四条　消费金融公司董事和高级管理人员实行任职资格核准制度。

第十五条　消费金融公司有下列变更事项之一的，应当报经银行业监督管理机构批准：

（一）变更公司名称；

（二）变更注册资本；

（三）变更股权或调整股权结构；

（四）变更公司住所或营业场所；

（五）修改公司章程；

（六）变更董事和高级管理人员；

（七）调整业务范围；

（八）改变组织形式；

（九）合并或分立；

（十）银监会规定的其他变更事项。

第十六条　消费金融公司有下列情况之一的，经银监会批准后可以解散：

（一）公司章程规定的营业期限届满或者公司章程规定的其他解散事由出现；

（二）公司章程规定的权力机构决议解散；

（三）因公司合并或者分立需要解散；

（四）其他法定事由。

第十七条　消费金融公司因解散、依法被撤销或被宣告破产而终止的，其清算事宜按照国家有关法律法规办理。

第十八条　消费金融公司设立、变更、终止和董事及高级管理人员任职资格核准的行政许可程序，按照银监会相关规定执行。

第十九条　消费金融公司设立、变更及业务经营过程中涉及外汇管理事项的，应当遵守国家外汇管理有关规定。

第三章　业务范围及经营规则

第二十条　经银监会批准，消费金融公司可以经营下列部分或者全部人民币业务：

（一）发放个人消费贷款；

（二）接受股东境内子公司及境内股东的存款；
（三）向境内金融机构借款；
（四）经批准发行金融债券；
（五）境内同业拆借；
（六）与消费金融相关的咨询、代理业务；
（七）代理销售与消费贷款相关的保险产品；
（八）固定收益类证券投资业务；
（九）经银监会批准的其他业务。

第二十一条　消费金融公司向个人发放消费贷款不应超过客户风险承受能力且借款人贷款余额最高不得超过人民币 20 万元。

第四章　监督管理

第二十二条　消费金融公司应当按照银监会有关规定，建立健全公司治理架构和内部控制制度，制定业务经营规则，建立全面有效的风险管理体系。

第二十三条　消费金融公司应当遵守下列监管指标要求：
（一）资本充足率不低于银监会有关监管要求；
（二）同业拆入资金余额不高于资本净额的 100%；
（三）资产损失准备充足率不低于 100%；
（四）投资余额不高于资本净额的 20%。

有关监管指标的计算方法遵照银监会非现场监管报表指标体系的有关规定。银监会视审慎监管需要可以对上述指标作出适当调整。

第二十四条　消费金融公司应当按照有关规定建立审慎的资产损失准备制度，及时足额计提资产损失准备。未提足准备的，不得进行利润分配。

第二十五条　消费金融公司应当建立消费贷款利率的风险定价机制，根据资金成本、风险成本、资本回报要求及市场价格等因素，在法律法规允许的范围内，制定消费贷款的利率水平，确保定价能够全面覆盖风险。

第二十六条　消费金融公司应当建立有效的风险管理体系和可靠的业务操作流程，充分识别虚假的申请信息，防止欺诈行为。

第二十七条　消费金融公司如有业务外包需要，应当制定与业务外包相关的政策和管理制度，包括业务外包的决策程序、对外包方的评价和管理、控制业务信息保密性和安全性的措施和应急计划等。

消费金融公司签署业务外包协议前应当向银行业监督管理机构报告业务外包的主要风险及相应的风险规避措施等。

消费金融公司不得将与贷款决策和风险控制核心技术密切相关的业务外包。

第二十八条　消费金融公司应当按规定编制并报送会计报表及银行业监督管理机构要求的其他报表。

第二十九条　消费金融公司应当建立定期外部审计制度，并在每个会计年度结束后的4个月内，将经法定代表人签名确认的年度审计报告报送银行业监督管理机构。

第三十条　消费金融公司应当接受依法进行的监督检查，不得拒绝、阻碍。银行业监督管理机构在必要时可以委托会计师事务所对消费金融公司的经营状况、财务状况、风险状况、内部控制制度及执行情况等进行审计。

第三十一条　消费金融公司对借款人所提供的个人信息负有保密义务，不得随意对外泄露。

第三十二条　借款人未按合同约定归还贷款本息的，消费金融公司应当采取合法的方式进行催收，不得采用威胁、恐吓、骚扰等不正当手段。

第三十三条　消费金融公司应当按照法律法规和银监会有关监管要求做好金融消费者权益保护工作，业务办理应当遵循公开透明原则，充分履行告知义务，使借款人明确了解贷款金额、期限、价格、还款方式等内容，并在合同中载明。

第三十四条　消费金融公司违反本办法规定的，银行业监督管理机构可以责令限期整改；逾期未整改的，或者其行为严重危及消费金融公司的稳健运行、损害客户合法权益的，银行业监督管理机构可以区别情形，依照《中华人民共和国银行业监督管理法》等法律法规，采取暂停业务、限制股东权利等监管措施。

第三十五条　消费金融公司已经或者可能发生信用危机、严重影响客户合法权益的，银监会可以依法对其实行接管或者促成机构重组。消费金融公司有违法经营、经营管理不善等情形，不予撤销将严重危害金融秩序、损害公众利益的，银监会有权予以撤销。

第五章　附　则

第三十六条　香港、澳门和台湾地区的出资人设立消费金融公司适用境外出资人的条件。

第三十七条　本办法中“以上”均含本数或本级。

第三十八条　本办法由银监会负责解释。

第三十九条　本办法自2014年1月1日起施行，原《消费金融公司试点管理办法》（中国银监会令2009年第3号）同时废止。

温州市民间融资管理条例

（2013年11月22日浙江省第十二届人民代表大会常务委员会第六次会议通过，2014年3月1日生效）

第一章　总　则

第一条　为了引导和规范民间融资健康发展，防范和化解民间融资风险，促进民间资金为经济社会发展服务，根据有关法律、法规，结合温州市实际，制定本条例。

第二条　温州市行政区域内的民间融资及其监督管理，适用本条例。

本条例所称民间融资，是指自然人、非金融企业和其他组织之间，依照本条例的规定，通过民间借贷、定向债券融资或者定向集合资金的方式，进行资金融通的行为。

第三条　民间融资应当遵循依法守信、平等自愿、风险自负的原则，不得损害他人、集体、国家和社会公共利益。

第四条　温州市人民政府和辖区内县级人民政府依法履行本行政区域内地方金融监督管理职责，建立民间融资服务、监督管理和风险监测、处置机制以及与驻温州的国家金融监督管理派出机构的沟通协调机制，制定支持政策和配套措施，鼓励和引导民间资金重点投向实体经济，优化民间融资环境。

第五条　温州市人民政府和辖区内县级人民政府地方金融管理部门负责指导、监督、管理本行政区域内的民间融资，其他有关部门依照各自职责负责相关工作。

驻温州的国家金融监督管理派出机构，依法指导地方金融管理部门民间融资监督管理工作。

第二章　民间融资服务主体

第六条　在温州市行政区域内可以设立从事定向集合资金募集和管理

等业务的民间资金管理企业。

民间资金管理企业的注册资本不得低于五千万元，注册资本应当为实缴货币资本。

民间资金管理企业应当自工商注册登记之日起十五日内，持营业执照副本向温州市地方金融管理部门备案。

第七条　在温州市行政区域内设立的从事资金撮合、理财产品推介等业务的民间融资信息服务企业（包括外地民间融资信息服务企业在温州市行政区域内设立的分支机构，下同），应当自工商注册登记之日起十五日内，持营业执照副本向温州市地方金融管理部门备案。

民间融资信息服务企业开展业务，应当保证其提供的信息真实、准确、完整，并向民间融资当事人提示风险。

第八条　在温州市行政区域内设立的民间融资公共服务机构，可以从事民间融资见证、从业人员培训、理财咨询、权益转让服务等活动，并应当为公证处、担保公司、律师事务所、会计师事务所等民间融资配套服务机构入驻提供便利条件。

民间融资公共服务机构可以接受地方金融管理部门委托，从事下列活动：

（一）发布民间融资综合利率指数等相关信息；

（二）收集、统计民间融资信息，对民间融资进行风险监测、评估；

（三）建立民间融资信用档案，跟踪分析民间融资的资金使用和履约情况；

（四）受理本条例规定的民间借贷备案；

（五）地方金融管理部门委托的其他事项。

民间融资公共服务机构从事本条第二款规定活动的，不得向民间融资当事人收取费用。

第九条　民间资金管理企业、民间融资信息服务企业和民间融资公共服务机构的经营活动，不得违反法律、法规、规章和温州市人民政府的有关规定。

第十条　民间资金管理企业和民间融资信息服务企业不得对民间融资当事人的收益作出承诺。

民间融资公共服务机构受理民间借贷备案，不作为其对民间融资当事人的风险、收益作出判断或者承诺。

第十一条　民间资金管理企业和民间融资信息服务企业应当建立保密制度，保护民间融资当事人的商业秘密和个人隐私。

第三章　民间借贷

第十二条　因生产经营需要，自然人之间、自然人与非金融企业和其他组织之间进行借贷，或者非金融企业之间进行临时调剂性借贷的，应当签订书面合同。温州市地方金融管理部门可以制作民间借贷合同示范文本，供民间借贷当事人使用。

出借人应当以自有资金出借，不得非法吸收、变相吸收公众资金或者套取金融机构信贷资金用于借贷牟取非法收入。

借款的利息不得预先在本金中扣除。利息预先在本金中扣除的，应当按照实际借款数额返还借款并计算利息。

第十三条　民间借贷利率由借款人和出借人双方协商确定；国家对利率限制有规定的，从其规定。

第十四条　民间借贷具有下列情形之一的，借款人应当自合同签订之日起十五日内，将合同副本报送地方金融管理部门或者其委托的民间融资公共服务机构备案：

（一）单笔借款金额三百万元以上的；

（二）借款余额一千万元以上的；

（三）向三十人以上特定对象借款的。

前款规定的民间借贷合同重要事项发生变更的，借款人应当及时办理变更备案手续；借款人也可以将民间借贷合同履约情况报送备案。

出借人有权督促借款人履行前两款规定的备案义务，也可以自愿履行。

按照本条第一款规定不需要报送备案的，借款人和出借人可以自愿报送备案。

第十五条　温州市人民政府和辖区内县级人民政府应当对履行民间借贷备案义务的当事人予以政策支持。

第十六条　民间借贷合同可以依法办理公证。当事人持民间借贷合同和备案证明向公证机构申请办理赋予强制执行效力公证的，公证机构应当依法予以办理。

第十七条　本省有关国家机关和仲裁机构办理与民间借贷相关的案件

时，应当依法将民间借贷备案材料视为证明力较高的证据和判断民间借贷合法性的重要依据。

第十八条　金融机构应当将民间借贷当事人履行备案义务的情况作为重要信用信息予以采信；将按照合同约定履行还款义务的情况作为良好信用证明材料使用。经依照本条例备案的民间借贷不得视为影响借款人信用等级的负面因素。

第四章　定向债券融资和定向集合资金

第十九条　企业因生产经营需要，可以以非公开方式向合格投资者进行定向债券融资，按照约定的期限和方式偿还本息。每期定向债券融资的合格投资者不得超过二百人。

第二十条　企业进行定向债券融资的，应当符合下列要求：

（一）在温州市行政区域内注册登记，具有法人资格；

（二）经营状况良好，有支付融资本息能力；

（三）融资后资产负债率不得高于百分之七十；

（四）融资期限在一年以上；

（五）温州市人民政府规定的其他要求。

第二十一条　民间资金管理企业可以以非公开方式向合格投资者募集定向集合资金，对特定的生产经营项目进行投资。每期定向集合资金的合格投资者不得超过二百人。

定向集合资金的投资方式可以由投资相关各方约定。定向集合资金的合格投资者按照募集合同的约定享受权益、承担风险。

第二十二条　民间资金管理企业进行定向集合资金募集的，应当符合下列要求：

（一）主要发起人有持续盈利能力，净资产不得低于二千万元，且出资额不得低于民间资金管理企业注册资本的百分之二十；

（二）主要发起人无不良信用记录，且近三年内无重大违法违规经营行为记录；

（三）有相应的专业管理人员；

（四）有完善的风险管理和内部控制制度；

（五）温州市人民政府规定的其他要求。

第二十三条　民间资金管理企业募集的资金总额不得超过其净资产的

八倍，并应当由温州市行政区域内具备国家规定条件的金融机构托管。

除募集合同另有约定外，民间资金管理企业在其募集的每期资金中的出资比例不得低于百分之十。

定向集合资金应当用于募集时确定的生产经营项目。项目闲置资金经持有三分之二以上该期定向集合资金份额的合格投资者同意，可以用于温州市行政区域内不超过六个月的短期民间借贷；但是数额不得超过该期定向集合资金总额的百分之三十。

第二十四条　具备相应风险识别和承担能力，且自有金融资产三十万元以上的自然人或者净资产一百万元以上的企业和其他组织，为定向债券融资和定向集合资金的合格投资者。

第二十五条　定向集合资金及其收益应当独立于民间资金管理企业的自有财产。民间资金管理企业自有财产应当承担的债务，不得由定向集合资金及其收益承担。

各期定向集合资金财产实行独立核算，各自承担风险。

第二十六条　企业进行定向债券融资或者民间资金管理企业进行定向集合资金募集的，应当事先向温州市地方金融管理部门申请登记，并自融资结束之日起二十日内将融资情况书面报告登记部门。

定向债券融资的企业或者民间资金管理企业履行前款规定的登记、报告义务的，有关国家机关、仲裁机构和金融机构应当依照本条例第十七条、第十八条的规定执行。

第二十七条　定向债券融资的企业和民间资金管理企业应当向合格投资者提示风险，约定信息披露的内容、时间和方式，并保证披露的信息真实、准确、完整。

地方金融管理部门应当对定向债券融资的企业和民间资金管理企业履行信息披露义务的情况实施监督。

第五章　风险防范和处置

第二十八条　地方金融管理部门应当对民间融资进行监测、统计、分析、管理和监督检查。

地方金融管理部门和工商行政管理、经济和信息化、商务等有关部门以及驻温州的国家金融监督管理派出机构，应当建立民间融资监督管理信息共享机制。

第二十九条　地方金融管理部门应当指导民间资金管理企业、民间融资信息服务企业建立健全业务流程与台账、从业人员行为规范、信息披露与保密、信用档案和风险控制等管理制度。

第三十条　民间融资行业协会应当接受地方金融管理部门的指导，制定并实施行业自律规则，监督、检查会员及其从业人员的执业行为，对违反自律规则和协会章程的，按照规定给予处理。

第三十一条　民间资金管理企业和民间融资信息服务企业应当按照地方金融管理部门的要求，报送业务情况、财务会计报告等资料，报告企业合并分立、控股权变更等重大事项。

第三十二条　民间融资当事人应当保证其备案、登记、报告的内容真实、准确、完整。

地方金融管理部门和民间融资公共服务机构应当对有关信息予以保密。

第三十三条　民间融资不得通过报刊、电台、电视台、网络等公众传播媒体或者讲座、报告会、传单、手机短信等方式，向不特定对象宣传推介。

第三十四条　民间融资当事人和担保公司、投资咨询公司、典当行、寄售行等机构，不得非法吸收或者变相吸收公众资金，不得违法发放贷款。

工商行政管理部门应当定期将担保公司、投资咨询公司、典当行、寄售行等机构办理工商注册登记的信息抄送地方金融管理部门。

第三十五条　地方金融管理部门根据已经取得的涉嫌违法行为的证据或者举报，对涉嫌违法民间融资行为进行查处时，可以依法行使下列职权：

（一）要求当事人就涉嫌违法行为作出说明并提供有关材料；

（二）查阅、复制当事人与涉嫌违法行为有关的财务会计、财产权登记等文件、资料；

（三）对可能被转移、隐匿、毁损或者伪造的文件、资料，依照法定程序实施先行登记保存；

（四）法律、法规规定的其他职权。

地方金融管理部门发现民间融资涉嫌犯罪的，应当将有关材料移送公安机关。公安机关应当迅速进行审查，认为有犯罪事实需要追究刑事责任的，应当立案。

第三十六条　地方金融管理部门和民间融资公共服务机构工作人员不得利用职务便利参与民间融资。

民间资金管理企业和民间融资信息服务企业从业人员不得利用职务便利在本单位参与民间融资牟取不正当利益。

第三十七条　地方金融管理部门发现本行政区域内民间融资可能存在系统性、区域性风险隐患的，应当发出预警信息。

地方金融管理部门发现本行政区域内民间融资当事人存在风险隐患的，可以采取约谈、风险提示、责令纠正、公布名录等措施。

第三十八条　温州市人民政府和辖区内县级人民政府应当制定民间融资突发事件应急预案。民间融资突发事件应急预案应当包括组织体系、职责分工、预防预警、突发事件等级、应急响应和后期处置等内容。

发生民间融资突发事件的，温州市人民政府和辖区内县级人民政府应当依法启动应急预案，采取应急处置措施，及时化解系统性、区域性民间融资风险。

第三十九条　因民间融资产生纠纷的，当事人应当依法维护权益，不得使用暴力或者以暴力相威胁解决纠纷。

第六章　法律责任

第四十条　违反本条例规定的行为，法律、行政法规已有法律责任规定的，从其规定。

第四十一条　违反本条例第六条、第七条、第十四条或者第二十六条规定，民间资金管理企业、民间融资信息服务企业、民间借贷的借款人或者定向债券融资的企业不履行备案义务、书面报告义务或者提供虚假备案材料、报告材料的，由地方金融管理部门责令限期改正；逾期不改正的，将未经备案的民间资金管理企业、民间融资信息服务企业和民间借贷行为予以公示，按照下列规定予以处罚：

（一）对民间资金管理企业和定向债券融资的企业处三万元以上十万元以下罚款；

（二）对民间融资信息服务企业处一万元以上三万元以下罚款；

（三）民间借贷的借款人为自然人的，可以处一万元以上五万元以下罚款；为企业、其他组织的，可以处三万元以上十万元以下罚款。

第四十二条　违反本条例第二十条、第二十二条规定，企业不符合规定要求进行定向债券融资或者定向集合资金募集的，由地方金融管理部门处所募集资金百分之一以上百分之五以下罚款，对已募集的资金，可以责令清退。

第四十三条　违反本条例第二十六条规定，定向债券融资的企业或者民间资金管理企业不履行事先登记义务的，由地方金融管理部门责令改正，对尚未募集到资金的，处五万元以上十万元以下罚款；对已募集到资金的，处所募集资金百分之一以上百分之五以下罚款。

定向债券融资的企业和民间资金管理企业提供虚假登记材料的，由地方金融管理部门责令限期改正；逾期不改正的，按照前款规定予以处罚。

第四十四条　违反本条例第二十七条规定，定向债券融资的企业和民间资金管理企业未按照约定履行信息披露义务或者披露的信息有虚假记载、误导性陈述、重大遗漏的，由地方金融管理部门责令改正，处一万元以上十万元以下罚款；情节严重的，处十万元以上二十万元以下罚款。

第四十五条　违反本条例第三十二条规定，民间融资公共服务机构泄露或者违法提供民间借贷备案信息的，由地方金融管理部门责令改正，处一万元以上十万元以下罚款；情节严重的，处十万元以上二十万元以下罚款，对直接负责的主管人员和其他直接责任人员处一万元以上五万元以下罚款；有违法所得的，没收违法所得。

第四十六条　违反本条例第三十四条第一款规定，民间融资当事人或者担保公司、投资咨询公司、典当行、寄售行等机构，非法吸收、变相吸收公众资金或者违法发放贷款的，由地方金融管理部门责令停止违法行为，处五万元以上十万元以下罚款；情节严重的，处五万元以上二十万元以下罚款；有违法所得的，没收违法所得。

第四十七条　违反本条例第三十六条规定，民间融资公共服务机构工作人员利用职务便利参与民间融资，或者民间资金管理企业、民间融资信息服务企业从业人员利用职务便利在本单位参与民间融资牟取不正当利益的，由地方金融管理部门责令改正，予以警告，没收违法所得，并处一万元以上十万元以下罚款。

第四十八条　地方金融管理部门、其他有关部门及其工作人员有下列行为之一的，由有权机关对直接负责的主管人员和其他直接责任人员给予处分：

（一）不按照规定权限和程序办理民间融资备案、登记手续的；

（二）在实施监督管理和行政处罚中有违法行为的；

（三）泄露民间融资当事人商业秘密或者个人隐私的；

（四）利用职务便利参与民间融资的；

（五）有其他滥用职权、玩忽职守、徇私舞弊行为的。

第七章　附　则

第四十九条　温州市人民政府可以根据本条例规定制定实施细则，并报省地方金融管理部门和驻浙江的国家金融监督管理派出机构备案。

第五十条　本条例自 2014 年 3 月 1 日起施行。

国务院关于全国中小企业股份转让系统有关问题的决定

国发〔2013〕49号

各省、自治区、直辖市人民政府，国务院各部委、各直属机构：

为更好地发挥金融对经济结构调整和转型升级的支持作用，进一步拓展民间投资渠道，充分发挥全国中小企业股份转让系统（以下简称全国股份转让系统）的功能，缓解中小微企业融资难，按照党的十八大、十八届三中全会关于多层次资本市场发展的精神和国务院第13次常务会议的有关要求，现就全国股份转让系统有关问题作出如下决定。

一、充分发挥全国股份转让系统服务中小微企业发展的功能

全国股份转让系统是经国务院批准，依据证券法设立的全国性证券交易场所，主要为创新型、创业型、成长型中小微企业发展服务。境内符合条件的股份公司均可通过主办券商申请在全国股份转让系统挂牌，公开转让股份，进行股权融资、债权融资、资产重组等。申请挂牌的公司应当业务明确、产权清晰、依法规范经营、公司治理健全，可以尚未盈利，但须履行信息披露义务，所披露的信息应当真实、准确、完整。

二、建立不同层次市场间的有机联系

在全国股份转让系统挂牌的公司，达到股票上市条件的，可以直接向证券交易所申请上市交易。在符合《国务院关于清理整顿各类交易场所切实防范金融风险的决定》（国发〔2011〕38号）要求的区域性股权转让市场进行股权非公开转让的公司，符合挂牌条件的，可以申请在全国股份转让系统挂牌公开转让股份。

三、简化行政许可程序

挂牌公司依法纳入非上市公众公司监管，股东人数可以超过200人。股东人数未超过200人的股份公司申请在全国股份转让系统挂牌，证监会豁免核准。挂牌公司向特定对象发行证券，且发行后证券持有人累计不超过200人的，证监会豁免核准。依法需要核准的行政许可事项，证监会应当建立简便、快捷、高效的行政许可方式，简化审核流程，提高审核效率，无须再提交证监会发行审核委员会审核。

四、建立和完善投资者适当性管理制度

建立与投资者风险识别和承受能力相适应的投资者适当性管理制度。中小微企业具有业绩波动大、风险较高的特点，应当严格自然人投资者的准入条件。积极培育和发展机构投资者队伍，鼓励证券公司、保险公司、证券投资基金、私募股权投资基金、风险投资基金、合格境外机构投资者、企业年金等机构投资者参与市场，逐步将全国股份转让系统建成以机构投资者为主体的证券交易场所。

五、加强事中、事后监管，保障投资者合法权益

证监会应当比照证券法关于市场主体法律责任的相关规定，严格执法，对虚假披露、内幕交易、操纵市场等违法违规行为采取监管措施，实施行政处罚。全国股份转让系统要制定并完善业务规则体系，建立市场监控系统，完善风险管理制度和设施，保障技术系统和信息安全，切实履行自律监管职责。

六、加强协调配合，为挂牌公司健康发展创造良好环境

国务院有关部门应当加强统筹协调，为中小微企业利用全国股份转让系统发展创造良好的制度环境。市场建设中涉及税收政策的，原则上比照上市公司投资者的税收政策处理；涉及外资政策的，原则上比照交易所市场及上市公司相关规定办理；涉及国有股权监管事项的，应当同时遵守国有资产管理的相关规定。各省（区、市）人民政府要加强组织领导和协调，建立健全挂牌公司风险处置机制，切实维护社会稳定。

国务院

2013年12月13日

银监会、发展改革委、工业和信息化部、财政部、商务部、人民银行、工商总局、法制办关于清理规范非融资性担保公司的通知

银监发〔2013〕48号

各省、自治区、直辖市人民政府：

近期，一些地区非融资性担保公司数量激增、业务混乱等问题日益突出，大量非融资性担保公司不经营担保业务，甚至从事非法吸收存款、非法集资、非法理财、高利放贷等违法违规活动，风险事件和群体性事件频发，对有关地区经济社会发展造成严重影响。为切实规范市场秩序，维护金融与社会稳定，经国务院同意，现就有关事项通知如下：

一、开展集中清理。2013年12月至2014年8月底，各地区要对本行政区域内的非融资性担保公司进行一次集中清理规范，重点是以“担保”名义进行宣传但不经营担保业务的公司，防范其以“担保”名义误导、欺骗公众和非法经营金融业务。对从事非法吸收存款、非法集资、非法理财、高利放贷等违法违规活动或违规经营融资性担保业务的，要坚决依法查处和取缔。非融资性担保公司应按其实际从事的主营业务对公司名称予以规范，标明其行业或经营特点；专门经营工程履约担保、投标担保等业务的，应在名称中标明“非融资性担保”、“工程担保”或主要经营的非融资性担保业务种类。

二、强化管理措施。各地区要以本次清理规范工作为契机，强化对本地区非融资性担保公司的管理，构建长效机制。要结合本地区实际，健全法规制度，明确管理部门。加快非融资性担保公司诚信记录建设，建立健全公司及从业人员信用档案，探索实施非融资性担保公司信用等级评价制度、黑名单制度和失信行为责任人行业禁入制度。进一步提高行业透明度，充分发挥社会舆论等外部监督作用。

三、严守风险底线。各地区要坚持底线思维，既要高度警惕非融资性

担保公司无序发展可能造成的风险，也要切实防范清理规范和完善管理过程中产生的风险。要进一步加强对相关风险的监测、预警和处置工作，制定完善应急预案，确保不发生系统性和区域性风险。重大情况请及时向融资性担保业务监管部际联席会议（办公室设在银监会，以下简称“联席会议”）通报。

各地区要高度重视非融资性担保公司清理规范和强化管理有关工作，加强领导，明确分工，落实责任，务求实效。2014 年 9 月 30 日前，各地区要将清理规范情况报告送联席会议，由联席会议汇总后报国务院。

银监会

发展改革委

工业和信息化部

财政部

商务部

人民银行

工商总局

法制办

2013 年 12 月 21 日

吉林省关于金融支持民营经济和小微企业发展的实施意见

吉政办发〔2013〕49 号

各市（州）人民政府，长白山管委会，各县（市）人民政府，省政府各厅委办、各直属机构，驻省中直有关部门，各金融机构：

为贯彻《国务院办公厅关于金融支持经济结构调整和转型升级的指导意见》(国办发〔2013〕67 号)、《国务院办公厅关于金融支持小微企业发展的实施意见》(国办发〔2013〕87 号）和《中共吉林省委吉林省人民政府关于突出发展民营经济的意见》（吉发〔2013〕5 号)，落实全国小微企业金融服务经验交流电视电话会议精神，着力破解民营经济市场主体融资难题，进一步提高金融支持民营经济发展的水平，经省政府同意，提出以下实施意见：

一、千方百计满足民营经济融资需求

（一）充分认识金融支持民营经济加快发展的重要性，着力破解融资难这一制约民营经济发展的关键因素。要通过加快金融发展，深化金融改革，强化金融服务，千方百计满足民营经济融资需求。

（二）紧紧围绕小微企业作为民营经济主体的发展实际，将解决好小微企业融资难、融资贵问题作为金融支持民营经济发展的重点，切实抓好已出台政策措施的贯彻落实，进一步突出创新体制机制，创新金融机构、创新金融工具和产品、创新服务方式，为小微企业提供全覆盖、多层次、高效率、低成本的金融服务。

（三）坚持“两个不低于”的小微企业金融服务目标，确保全省小微企业贷款增速不低于各项贷款平均水平，贷款增量不低于上年同期水平，直接融资规模确保 10% 以上增速，金融公共服务体系不断改善。（吉林银监局、人民银行长春中心支行、各银行业金融机构负责）

二、大力发展多种形式的小微企业金融服务机构

（四）积极引进域外银行、证券、基金公司等金融机构。支持民间资本发起设立自担风险的民营银行，积极争取金融租赁公司和消费金融公司等在我省试点。（省金融办、人民银行长春中心支行、吉林银监局负责）

（五）增强普惠金融意识，鼓励引导国有商业银行、股份制银行加大小微企业金融服务专营机构建设、管理和资源配置力度。支持银行业金融机构设立社区银行和服务网点。鼓励中小商业银行优先到金融服务薄弱地区设立分支机构。（吉林银监局、各银行业金融机构负责）

（六）进一步扩大金融开放，支持民营资本参股地方法人金融机构。引入域外战略投资者参与农村信用合作社改制，促进业务创新和体制机制转变，稳步推进农村信用合作社转制为农村商业银行。（省金融办、人民银行长春中心支行、吉林银监局、吉林保监局负责）

（七）加快设立村镇银行。符合条件的县（市、区）至少要引进 1 家村镇银行，逐步实现村镇银行全覆盖。鼓励民间资本参与村镇银行发起设立或增资扩股，村镇银行主发起行最低持股比例由 20% 降为 15% 。鼓励村镇银行在辖区内设立分支机构。（吉林银监局、省金融办负责）

（八）充分发挥小额贷款公司作为从事小额信贷业务的非公众性金融机构的作用。鼓励行业龙头企业和产业链核心企业发起设立较大型的小额贷款公司。探索设立小额信贷联盟和小额再贷款机构，支持小额贷款公司通过同业拆借、定向借款、股权投资基金、私募债和信贷资产转让等多种形式扩大后续资金来源，提升服务民营经济和小微企业能力。（省金融办、省财政厅、省审计厅、省公安厅、省工商局、省国税局、人民银行长春中心支行、吉林银监局负责）

（九）鼓励银行、证券、保险、担保、股权基金、信托、租赁、小额贷款公司等机构结成金融服务联盟，创新业务合作模式，为民营经济和小微企业提供多元化的金融支持。（省金融办、人民银行长春中心支行、吉林银监局、吉林证监局、吉林保监局负责）

（十）支持民间资本发起设立融资性担保公司，支持省内各类担保机构与域外优质机构合资合作。完善融资担保体系，建立健全担保公司的信用评级和征信管理体系，推动建立银行业金融机构与融资性担保公司的信息共享机制和风险分担机制。（省工业信息化厅、省金融办负责）

三、进一步扩大小微企业信贷投放

（十一）坚持小微企业贷款优先投放。全省银行业金融机构要单列小微企业信贷计划，由主要负责人负责推动落实。优化贷款审批流程，下放审批权限，提高贷款审批的时效性。支持法人银行机构发行专项用于小微企业贷款的金融债，支持资产证券化、常态化发展，增加小微企业信贷资金来源，提高贷款可获得性。支持金融机构应用产业链金融模式，为整个产业链上的小微企业提供融资问题综合解决方案。（吉林银监局、人民银行长春中心支行、各银行业金融机构负责）

（十二）对小微企业贷款实行差异化监管。对于符合条件的商业银行，允许其将单户 500 万元（含 500 万元）以下的小微企业贷款，视为零售贷款计算风险权重。商业银行发行金融债所对应的单户 500 万元（含 500 万元）以下的小微企业贷款，可不纳入存贷比考核范围。完善市场化利率形成机制，支持和引导金融机构根据小微企业的贷款期限、风险程度、收益目标以及市场利率水平等要素，合理确定小微企业贷款利率浮动幅度，推动贷款利率差别化定价。（人民银行长春中心支行、吉林银监局、各银行业金融机构负责）

（十三）支持商业银行为小微企业全面提供开户、结算、理财、咨询等基础性、综合性金融服务。大力发展产业链融资、商业圈融资和企业群融资，积极开展知识产权质押、应收账款质押、动产质押、仓单质押等抵（质）押贷款业务。支持发展流动资金循环贷款、商业保理等系列金融创新产品。（人民银行长春中心支行、吉林银监局、各银行业金融机构负责）

（十四）扩大土地收益保证贷款试点，探索林权、水权和草场权等物权收益保证贷款。支持农村专业合作社、家庭农场及农业产业化龙头企业等农业民营规模化经济体利用物权融资。（省金融办、人民银行长春中心支行、吉林银监局、各银行业金融机构负责）

（十五）引导各金融机构加强与行业协会、商会、信用共同体等组织的合作，定期与小微企业举办融资洽谈会、恳谈会和项目推介会。各有关部门要加强与银行、担保机构的合作，鼓励各银行机构在民营经济和小微企业群体中发展信用共同体，促进银企良性互动。（省金融办、人民银行长春中心支行、吉林银监局、各金融机构负责）

四、进一步拓宽直接融资渠道

（十六）务实推进企业上市培育工程。支持小微企业优先列入“100户企业上市培育工程”和“300户中小企业融资服务工程”，推动民营经济和小微企业利用资本市场直接融资。积极支持已上市中小企业通过再融资、定向增发、并购重组等方式发展壮大。支持上市小微企业兼并收购上下游企业，优化资源。积极做好全国中小企业股份转让系统培育工作，推动建立快速、灵活的融资机制。加快区域性股权交易市场发展，推动创新型、科技型小微企业利用区域性资本市场融资。（省金融办、省工业信息化厅、省科技厅、吉林证监局负责）

（十七）设立股权投资引导基金支持民营经济和小微企业发展。加快股权投资基金与企业上市一体化互动发展。支持有条件的县（市、区）设立面向民营经济和小微企业的股权投资基金。鼓励支持域外股权投资基金投资我省民营经济和小微企业。（省金融办、省财政厅负责）

（十八）积极支持民营经济和小微企业，特别是高新区内符合条件的企业通过发行集合票据、集合债券、区域集优债、中小企业私募债等方式融资。鼓励大中型企业通过发行企业债、公司债、短期融资券、中期票据、非定向债务融资工具等进行融资。（省金融办、省发展改革委、省科技厅、吉林证监局负责）

五、积极发挥保险支持保障作用

（十九）保险公司要创新保险产品，针对小微企业的风险保障需求，大力发展企业财产保险、产品责任保险、雇主责任保险。支持保险机构开展“科技型中小企业短期贷款履约保证保险”和“个人商户小额贷款综合保险”等产品。（吉林保监局、各保险公司负责）

（二十）支持保险公司开展小额贷款信用保证保险。支持中小商贸企业投保国内贸易信用保险。大力发展出口信用保险，切实服务小微企业“走出去”战略。（吉林保监局、各保险公司负责）

（二十一）支持保险公司开展保单质押贷款服务。鼓励保险公司创新资金运用，支持保险公司通过投资企业股权、基金、债权、资产支持计划等多种形式服务小微企业。鼓励保险公司通过购买小额贷款公司的小额信贷资产包等形式，为小额贷款公司增加可放贷资金。（吉林保监局、各保

险公司负责）

六、积极培育和发展融资中介服务

（二十二）鼓励中小金融机构、股权投资基金、信用担保机构和小额贷款公司等金融服务企业入驻东北亚金融总部基地。通过各类金融机构、金融人才、金融服务等要素集聚，形成金融创新组团和专业服务组团。（省金融办、省工业信息化厅、省财政厅负责）

（二十三）发展债券信用增进机构，以第三方担保、抵（质）押担保、股权投入等形式增强企业发债能力，为债券融资提供发债主体信用增进与债项信用增进服务。（省金融办、省财政厅负责）

（二十四）设立金融资产交易平台。加快设立省、市（州）和县（市、区）物权交易融资登记托管机构。鼓励地方政府搭建多种形式融资超市，积极推动金融服务创新，逐步建立多层次、多功能、多板块、多元化融资服务平台。（省金融办、省财政厅负责）

七、继续加大政策支持力度

（二十五）强化吉林省金融业发展专项资金对小微企业金融服务的正向激励，在对金融机构小微企业贷款奖励标准基础上，适当加大扶持力度。金融机构小微企业贷款增幅高于其他各项贷款增幅 10% 以上的，由当地政府给予财政资金奖励补助。对设立新型农村金融机构、组建农村商业银行、股权投资基金等按照到位货币资本规模或注册资本规模给予专项经费补助。（省金融办、省财政厅，各级政府负责）

（二十六）省内银行业金融机构和担保机构发放小微企业贷款可按照《吉林省中小企业贷款风险补偿资金管理暂行办法》（吉财债〔2012〕12 号）申请风险补偿资金。贷款项目符合《吉林省支持中小企业和民营经济发展专项资金管理暂行办法》（吉财企〔2013〕184 号）和《吉林省省级财政贴息资金管理办法（试行）》（吉财预〔2012〕442 号）规定要求的，可申请中小企业发展专项资金贷款贴息。（省金融办、省工业信息化厅、省财政厅负责）

（二十七）自 2011 年 11 月 1 日起至 2014 年 10 月 31 日止，对金融机构与小型、微型企业签订的借款合同免征印花税。金融企业涉及的中小企业贷款损失准备金税前扣除政策继续执行至 2013 年 12 月 31 日。将符合条件的农村金融机构金融保险业收入减按 3% 的税率征收营业税政策执行期限延长至 2015 年 12 月 31 日。（省地税局、省财政厅负责）

（二十八）自 2013 年 1 月 1 日起至 2014 年 12 月 31 日，免收企业注册登记费、个体工商户注册登记费。取消企业年度检验费。降低和减免小微企业确权、认证、评估、担保、转让、审计、验资等服务收费。除登记费和工本费外，登记部门不得收取其他费用。继续使用同一抵押物申请贷款抵（质）押登记，距上一次登记未满 2 年的，登记费减半收取。评估机构收取的小微企业贷款抵（质）押物评估费不得高于现行有关规定收费标准的 50% 。（省工商局、省住房城乡建设厅、省财政厅负责）

（二十九）符合条件的小额贷款公司农户小额贷款享受国家农村金融有关税收政策。对符合条件的小额贷款公司农户小额贷款的利息收入免征营业税；对符合条件的小额贷款公司农户小额贷款的利息收入在计算应纳税所得额时，按 90% 计入收入总额。（省地税局、省国税局、省财政厅负责）

（三十）对设在县（市、双阳区、江源区）的小额贷款公司，涉农贷款额度达到总量 50% 以上的，由当地财政给予资金扶持，数额不超过其实际上缴营业税的 50% 。对发放小微企业贷款额度超过累计发放贷款总额 60% 的小额贷款公司，由省金融业发展专项资金给予适当奖励。注册资本金在 5 亿元以上且首期注资不低于 2 亿元的小额贷款公司，直接向省金融办申请设立，并可申请在全省开展业务。（各级政府，省金融办、省财政厅负责）

（三十一）区域内股权投资基金投资于省内的企业或项目，由地方财政部门按项目退出或获得收益形成的所得税地方分享部分的 80% 给予补助；区域内股权投资基金管理企业自缴纳第一笔营业税之日起，由当地财政给予专项资金扶持，前 3 年按营业税地方分享部分给予全额补助，3 年后按营业税地方分享部分减半补助。（各级政府，省金融办、省财政厅负责）

八、努力营造良好的小微企业发展环境

（三十二）制定金融服务小微企业综合考核办法和报告制度。各级政府、各有关部门要高度重视金融服务小微企业各项目标任务的分解落实，科学评价小微企业资本市场融资、运用保险资金、担保融资、小额贷款公

司融资情况，并将小微企业贷款覆盖率、服务覆盖率和申贷获得率纳入考核范畴，形成本级、本部门小微企业金融服务报告，定期逐级上报。省金融办负责汇总形成吉林省金融服务小微企业情况报告，由省政府按要求上报国务院。（各级政府，省工业信息化厅、省金融办、人民银行长春中心支行、吉林银监局、各金融机构负责）

（三十三）建立民营经济市场主体融资情况调查统计制度。加强民营经济市场主体融资运行情况监测，建立民营经济市场主体融资信息数据库，进一步完善统计调查、监测分析、定期发布制度。加强民营经济市场主体融资需求调查和金融机构对民营经济市场主体资金投放情况调度，及时解决融资难题，不断提高融资工作主动性、针对性和有效性。（省金融办、省工商局、省工业信息化厅、人民银行长春中心支行、吉林银监局、各金融机构负责）

（三十四）积极引导小微企业提高企业素质，改善经营管理，健全财务制度，增强信用意识，避免道德风险。实施小微企业融资培训计划，引导小微企业及时将企业所属土地、房产、设备、技术、专利等各类物权进行确权登记，明晰产权关系，着力改善小微企业融资条件，逐步增强信贷议价能力。（各级政府，省金融办、省工业信息化厅负责）

（三十五）加快推进信用信息交换平台建设。逐步推进企业信用记录和信用报告的应用工作。开展“诚信示范企业”创建活动。建立失信企业联合惩戒机制，防范企业失信行为，坚决制止逃废银行债务行为。防范跨市场、跨行业经营带来的交叉金融风险，坚决打击高利贷、非法集资、地下钱庄、非法证券等非法金融活动，构筑金融安全区。（各级政府，省发展改革委、省金融办、省财政厅、人民银行长春中心支行负责）

吉林省人民政府办公厅
2013年12月31日

九部门关于促进劳动密集型中小企业健康发展的指导意见

各省、自治区、直辖市及计划单列市、新疆生产建设兵团中小企业主管部门、发展改革委、财政厅（局）、人力资源社会保障厅（局）、商务厅（局）、国家税务局、地方税务局、工商行政管理局（市场监督管理局）、银监局，海关总署广东分署、各直属海关：

为贯彻落实《国务院关于进一步支持小型微型企业健康发展的意见》（国发〔2012〕14号），缓解劳动密集型中小企业面临的突出问题，促进企业健康发展，提出以下意见。

一、重要意义

我国是人口大国，大力发展劳动密集型中小企业是缓解就业压力、增加居民收入、改善生活条件的重要途径，是促进社会和谐稳定发展的重要保障。不断优化劳动密集型中小企业发展环境，提高企业创新能力和管理水平，引导劳动密集型企业重点或优先在中小城市发展，对实现城乡居民收入倍增目标和促进新型城镇化发展具有积极作用。各地要把解决当前劳动密集型中小企业遇到的用工成本上升、传统优势减弱、生存和发展压力增大、融资难等突出问题与推动企业转型升级结合起来，切实加大扶持力度，有效减轻企业负担，不断稳定和增加就业岗位，提高企业竞争能力，促进劳动密集型中小企业健康发展。

二、总体思路

（一）指导思想。以邓小平理论、“三个代表”重要思想、科学发展观为指导，深入贯彻落实党的十八大和十八届二中、三中全会精神，以及国务院关于促进中小企业特别是小型微型企业发展的一系列政策措施，充分发挥财税政策、产业政策的引导作用，加强公共服务，改善发展环境，支持劳动密集型中小企业加快结构调整，提高管理水平，增强竞争能力，走可持续的健康发展道路。

（二）主要目标。通过政府、企业、社会等多方共同努力，积极缓解当前劳动密集型中小企业遇到的用工成本上升、生存和发展压力加大等问题，着力激发创业创新活力，推动企业转型升级，促进就业岗位不断增加、市场份额不断扩大，形成有利于劳动密集型中小企业提升素质、良好成长的发展环境。

（三）工作范围。把轻工、纺织、机械、电子、批发和零售业、住宿和餐饮业、居民服务业、养老服务业以及现代服务业等行业中百万元固定资产就业人数 13 人以上（含 13 人）、人均年营业收入 45 万元以下（含 45 万元）的中小企业作为当前引导扶持的重点，努力营造良好的政策环境和社会氛围，促进劳动密集型中小企业转型升级和健康发展。

三、主要任务

（一）加快企业转型升级。鼓励劳动密集型企业积极探索和应用先进适用的企业管理、产品生产和市场营销技术，优化组织结构，提高自主创新能力。引导具有品牌、技术、特色资源和管理优势的企业以并购、产业联盟等方式，培育发展优质劳动密集型中小企业。支持企业加强信息技术应用，提升企业信息化水平，提高生产效率。鼓励劳动密集型中小企业运用电子商务、信用销售和信用保险，积极开拓国内外市场。支持企业淘汰落后工艺技术和设备，改善劳动生产环境，实现绿色环保发展。支持企业走“专精特新”和产业集聚发展道路。

（二）提高产品和服务质量。建立健全质量管理体系，严格执行生产许可、经营许可、强制认证等准入管理，不断增强诚信经营、质量保证、安全生产能力。鼓励劳动密集型中小企业提高专业化生产、服务能力和企业间协作配套水平。

（三）加强品牌建设。鼓励劳动密集型中小企业加强品牌建设，创建自主品牌。引导企业提高商标意识，在经济活动中注册和使用商标。支持企业改进竞争模式，提高其通过运用商标开拓市场和应对市场竞争的能力，加强技术创新、管理创新和商业模式创新，提高产品和服务质量，形成自身的核心竞争力。

四、政策措施

（一）引导民间投资发展劳动密集型企业。深入贯彻落实国务院关于鼓励、支持和引导个体私营等非公有制经济发展和鼓励引导民间投资健康发展的一系列政策措施，创造公平竞争、平等准入的市场环境。鼓励民间资本从事现代农业、基本生活服务业、养老服务业、广告、印刷、演艺、娱乐、文化创意、文化会展、影视制作、网络文化、动漫游戏、出版物发行、文化产品数字制作与相关服务。鼓励民间资本进入商品批发零售、现代物流领域，以及连锁经营、特许经营、电子商务等新型流通业态。

（二）切实降低企业税费负担。推动落实已出台的提高增值税、营业税起征点政策和小型微利企业所得税优惠政策，以及暂免征收部分小微企业增值税和营业税政策。进一步加强收费管理，坚决取消各种违法违规收费项目，严格落实已出台的行政事业性收费取消和减免政策，把涉及劳动密集型中小企业的乱收费行为作为治理“三乱”监督检查的重点。按照国家出口退税政策，及时办理出口退税。

（三）加大财政政策扶持力度。加大中小企业发展专项资金、中小商贸企业发展专项资金对劳动密集型中小企业的支持力度。切实落实职业培训补贴等相关政策，对劳动密集型中小企业新招用高校毕业生并组织开展岗前培训的，可适当提高培训费补贴标准。对企业招用就业困难人员、签订劳动合同并缴纳社会保险费的，按规定给予社会保险补贴。对小型微型企业新招用毕业年度高校毕业生，签订 1 年以上劳动合同并按时足额缴纳社会保险费的，给予 1 年的社会保险补贴，政策执行期截止到 2014 年年底。

（四）缓解融资困难。鼓励银行业金融机构提高对劳动密集型中小企业贷款的规模，积极开发适合劳动密集型中小企业特点的金融产品和服务方式，量身定制融资方案，合理确定企业贷款利率。对金融机构与小微企业签订借款合同免征印花税。积极开展融资培训及咨询服务，推动多种形式银企对接。鼓励信用担保机构、保险机构加大对劳动密集型中小企业的服务力度，符合条件的中小企业信用担保机构可按规定享受税收优惠政策。

（五）营造良好的市场环境。进一步提高通关效率，推动落实调减法定检验检疫目录等政策，为劳动密集型中小企业产品出口提供便利条件。推动落实政府采购促进中小企业发展的政策，鼓励劳动密集型中小企业积极参与政府采购，或与大企业组成联合体共同参加政府采购，拓宽市场空间。支持企业到境外参展办展，开拓国际市场。

（六）促进企业集聚发展。加快建设小企业创业基地、科技孵化器、商贸企业集聚区等，各类园区要集中建设标准厂房和仓储设施，积极为企业提供生产经营场地。对创办三年内租用经营场地和店铺的劳动密集型中小企业，符合条件的，给予一定比例的租金补贴。改善企业集聚发展环境，支持能源供应、排污综合治理等基础设施建设，支持建立技术、电子商务、物流、信息等服务平台。鼓励有技术、有市场的劳动密集型中小企业，有序从东部地区向中西部地区转移，提高产品市场竞争力。

（七）加强公共服务。支持建立公共服务平台，发挥平台积聚服务资源的作用。引导社会各类服务机构增强对劳动密集型中小企业的服务能力，增强政策咨询、创业创新、知识产权、投资融资、管理诊断、检验检测、人才培训、市场开拓、财务指导、信息化服务等各类服务功能。实施中小企业公共服务平台网络建设工程，支持各省（区、市）统筹建设资源共享、服务协同的公共服务平台网络，支持行业特色鲜明的中小商贸流通企业公共服务平台建设。建立健全服务规范、服务评价和激励机制，调动和优化配置服务资源，把为劳动密集型中小企业提供优质服务作为业绩考核的重点内容。鼓励信息化服务商搭建平台，为劳动密集型中小企业提供信息化服务。

（八）加强指导协调。充分发挥国务院促进中小企业发展工作协调机制的组织领导和政策协调作用，各相关部门要转变观念、强化服务意识，加强沟通和配合，集聚各类资源，细化配套政策，促进劳动密集型中小企业健康发展。

工业和信息化部
国家发展和改革委员会
财政部
人力资源和社会保障部
商务部
海关总署
国家税务总局
国家工商行政管理总局
中国银行业监督管理委员会
2013年12月31日